LISTEN

聆听心语

中小学导师心育指南

梅洁　主编

上海教育出版社
SHANGHAI EDUCATIONAL
PUBLISHING HOUSE

序 言

2022年,我有幸成为新一轮上海市学校心理健康教育名师工作室主持人以及黄浦区教育心理名师工作室主持人,与来自全市各区中小学的22名心理健康教育骨干教师组成合作研修团队。

我们的研修项目是"全员导师制背景下的教师心育能力的提升"。项目以全体导师心育能力提升为目标,以导师心育课程的开发和建设为载体,希望通过工作室资源的整合,形成立足校情学情的关注导师心育能力提升的心理健康教育系列课程,关注导师心育能力课程的系列化推进,关注实践成果的可推广性和可借鉴性,以期促进区域心理健康教育学科专业化水平的提升,促进学校心理健康教育有效性的整体提升,促进学生心灵的健康发展和终身幸福成长。

项目研究中,我们围绕全员导师制的推进和导师心育能力的提升,聚焦学生身心发展特点和规律,聚焦学生成长中遇到的问题和困惑,聚焦导师工作的重点、难点和痛点,面向中小学导师专业能力提升而开发建设培训课程,综合运用教育学、心理学、社会学等专业知识和技能指导教师破解学生成长中遇到的困惑和发展性问题,提升育人技巧。

在文献研究中,我们发现当前针对导师心育课程的开发和实践的参考资料非常有限,导师的心育培训课程尚缺乏系统性、整体性,只有零星的、个别的、不成体系的一些培训主题,这更增强了我们的开发动机。

我们开展指向中小学导师心育能力提升的问题和需求现状调研,形成调查研究报告;调查分析导师在学生发展指导和家庭教育指导方面存在的问题和需求,针对问题和需求开展研究和分析,形成课程开发依据。

我们开展指向中小学生导师心育能力提升的培训课程方案设计,在一遍遍磨课活动中不断完善课程培训设计方案。从中小学导师学生发展指导和家庭教育指导问题和需求出发,确定中小学导师心理健康教育指导的课程目标体系和系列化的心理健康教育辅导内容,开展课程方案的系列化设计。

我们开展指向中小学导师心育能力提升的学校心育课程开发和实施策略研究,形成系列化的行动策略。立足校情,制订指向导师心育能力提升的行动方案,推进有针对性、有特色的教育行动策略的实践。

我们努力提炼基于导师心育能力提升的学校学生发展指导的经验和案例,梳理总结积累的基于导师专业发展的学校心理健康教育的有效实践经验,形成可借鉴可推广的学校心理健康教育特色探索的经验和案例。

我们不断研究一线教师的学习需求和成长动机,力求在本书体例的设计上聚焦教师的需求和问题,使其对一线教师具有更大的启发性。

从教师教育大量培训实践中我们发现,能够调动教师培训积极性并能够促进教师积极运用的培训一般具有如下四方面特征。

一是具有操作性和工具性。即以"解决现实工作实际问题"为导向,基于教师教育教学工作实际的现实需要,提供具体方法、策略、诀窍、技巧等,帮助学员准确把握操作要点和关键节点。

二是具有启发性和思考性。即以"促进学员积极思考"为指向,基于学员教育教学现实生活中的常规问题或工作实践中的重点、难点和堵点,提出一种新的创新性解决思路,给予一定的解决问题的新思路和实践策略,帮助学员形成某种新的思考路径,形成新的思考方法和思维方式。

三是具有形象性和趣味性。即以"激发学员学习兴趣"为指向,通过一定的真实事件、典型案例、统计数据、影视素材、真实故事等,调动学生的感受,引发学员产生某些想法、看法和做法。

四是具有互动性和体验性。即以"强化促进学员行为"为指向,创新一定的问题情境,促进学员感受和体验,融入情景故事或游戏活动,从而通过亲身体验深化认识,产生行为改变的动机。

这是本书在体例设计上追求的目标,为此,我们强调从内容结构上环环相扣,层层深入,引发教师全情投入,全心参与。本书在章节内容呈现上强化如下环节。

问题导入,引出主题。选择导师工作实际中常见的真问题,以解决教育实践发生的真问题为导向,引发大家对主题的思考,从而激发学习的动机,明确学习的方向。

案例聚焦,引发思考。聚焦导师工作中的重点、难点、堵点问题和典型案例,调动学员的真实感受和思考,产生情境共鸣。

理论学习,深化认识。围绕问题的提出,立足理论观点,从心理学、教育学、社会学和管理学视角深度剖析问题的现状类型、原因分析,解决问题的新视角、新观点、新方法、新思路、新策略。

聚焦案例,对策建议。针对问题给出切实意见和策略,在培训者的引导下,结合案例情况分析,给出应用理论分析案例的新视角和解决案例问题的新观点、新方法和新技巧。建议要具有操作性和工具性。

实践思考,强化运用。围绕问题设计新的案例问题,鼓励学员从更多视角运用相关的前沿教育理念,开拓思维,更新方式。

资源链接,深化学习。提供相关学习资源网站、学习书籍、影视资源等,供学习者根据兴趣进一步学习。

本书是提升中小学导师心育能力的工具书,中小学导师可根据自己的工作需要选择适当的专题进行阅读,但这本书的适用对象绝不限于中小学导师,它对于全体中小学教师、青少年家长和教育培训工作者来说都是一份很好的学习资料。

本书撰写具体分工如下:

第一章导论部分由梅洁撰写,其中调研分析部分由齐越撰写;第二章由张祯撰写;第三章由陈剑超撰写;第四章由丁烨撰写;第五章由孔经纬撰写;第六章由齐越撰写;第七章由曹益英撰写;第八章由张梦卉撰写;第九章由颜佳萍撰写;第十章由杨静撰写;第十一章由秦青撰写;第十二章由钱月兰撰写;第十三章由王珺珂撰写;第十四章由杜晓雅撰写;第十五章由王瑷撰写;第十六章由李彩霞撰写;第十七章由余晓婷撰写;第十八章由季叶茂撰写;第十九章由龚卉婷撰写;第二十章由张寒玉撰写;第二十一章由叶玮琳、黄汝萍撰写。

全书由梅洁完成框架设计、统稿和编撰工作。

最后,鸣谢所有给予本书指导的专家和同行们!

梅　洁
2024 年 5 月

目 录

模块一：学习心理辅导篇

模块二:情绪辅导篇

模块三:个性辅导篇

模块四：行为辅导篇

模块五：危机应对篇

模块六：青春辅导篇

模块七：生涯辅导篇

模块八：家校沟通篇

模块九:自我成长篇

第一章 导 论

第一节 缘起:为什么要关注导师心育能力?

一、教育综合改革背景下育人方式变革的新挑战

为深入贯彻落实教育部、上海市教委关于推进教育综合改革和育人方式变革的系列文件精神,进一步提升中小学育人工作的主动性、针对性和实效性,形成全员育人、全程育人、全方位育人的工作格局,促进学生身心和谐发展,上海市于 2020 年 9 月制定了《上海市教育委员会关于推行中小学全员导师制的试点方案》,在 4 个区试点并逐步推广,至 2021 年 9 月在全市 16 个区全面试行。在试行了 2 年后,在基本实现初中全覆盖、小学和高中阶段重点年级落实的基础上,将全员导师制推广到中小学全学段,于 2023 年 7 月印发了文件《上海市中小学生全员导师制工作方案》(沪教委德〔2023〕25 号)。每所普通中小学校都要建立学生发展指导制度体系,对学生理想、心理、学习、生活、生涯规划等方面进行全面系统的指导,完善班主任与全员导师制相结合的学生成长服务机制。在此背景下,如何进一步提升导师的育人能力,尤其是提高全体导师的心理教育能力和家庭教育指导能力,推动教师人人成为学生健康成长指导者,成为心理健康教育教师需要积极思考和面对的挑战。

二、社会转型期学生心理健康教育的新需要

社会的转型与变革,时代的发展与挑战,家校的期待与要求,使当前中小学生面临前所未有的压力,要实现让每个学生身心健康快乐成长的目标,仍然面临诸多挑战。笔者多年从事学校心理辅导,在学校心理档案工作和学生个别心理辅导实践中发现,学生心理问题日益突出,若不能及时解决,不仅制约着他们学

习潜能的发挥和学业的成长,而且影响着他们身心的健康成长。如何在全面推进中小学全员导师制背景下,结合校情和学情,分析和了解学生的成长需要和特点,探索导师开展学校心育的特色和模式,亟需新的思考和突破。

三、全员导师制背景下学生发展指导的新探索

中小学全员导师制是中小学校全体教师按照一定机制与每一个学生匹配,通过与学生建立良师益友的师生关系、与家长建立协同合作的家校关系,对学生进行全面发展指导和开展有效家校沟通,促进每一个学生健康快乐成长的基础教育现代学校治理制度。其目的是通过建立“学生人人有导师、教师人人是导师”的制度体系,切实增强全体教师的育人意识和能力、优化教师与家长之间的家校沟通,缓解学生过度的学业压力、情感压力和家长的教育焦虑,重构与现代教育治理体系相适应的和谐师生关系、家校关系和亲子关系,全面建构中小学生身心全面发展的支持系统。如何充分发挥心理健康教育教师的特长和优势,帮助广大导师有效建立良好的师生关系和家校关系,如何针对学生心理特点和成长规律有效缓解学生过度的学业压力、情感压力和家长的教育焦虑,这些问题都有待我们深入思考和探索。

四、心理健康教育名师工作室团队成长研修项目的新突破

全员导师制在中小学校的全面推进,给我们的工作带来了新的问题和思考。在育人方式变革的新要求下,导师的育人定位和职责究竟是什么? 导师与学科教师、班主任和心理教师的职责存在什么样的差异? 全员导师背景下中小学导师胜任力现状、问题和需求有哪些? 心理教师如何发挥作用,助力导师成为学生的良师益友,成为家校沟通的指导者? 如何开发和实施适应导师需求的心育指导课程?

带着这样的问题和思考,以梅洁领衔的上海市学校心理健康教育名师工作室暨黄浦区教育心理名师工作室学员们开始了学习和思考。前期文献研究中发现,随着全员导师制的推进,有关中小学全员导师制的研究得到丰富和发展,然而有关导师制的研究主要围绕导师制的工作机制、工作方式等内容展开,已有的关于导师能力建设的研究相对匮乏,尤其是围绕导师心育能力提升的课程研究更是有待开发。为此,为充分发挥工作室成员在导师制推进工作中的专业优势,

工作室以全体导师心育能力提升为目标,以导师心育课程的开发和建设为载体,以期通过工作室资源的整合,形成基于问题解决的关注导师心育能力提升的心育能力建设系列课程,关注导师心育能力课程的系列化推进,提高全体教师的心育能力和家庭教育指导能力,促进教师心理健康教育专业化水平的整体提升,推动教师人人成为学生健康成长的指导者,促进学生心灵健康和谐发展和终身幸福成长。

第二节 调研:一线教师心育能力现状和成长需求

一、了解中小学导师胜任力发展现状

导师如何做好学生的发展指导? 当前中小学导师胜任力现状如何? 带着这样一些问题,上海市学校心理健康教育名师工作室梅洁工作室的全体成员,以项目为载体,抽样调查了上海中小学导师的工作现状与专业需求,数据结果为后续课程开发提供现实依据与实践路径,为切实提高全员导师的心育能力提供理论参考。

调研问卷采用上海学校心理健康教育名师工作室梅洁工作室编写的《全员导师制背景下中小学导师培训需求现状调研问卷》。问卷内容由在全员导师制工作中的导师胜任情况、导师职能的影响因素、导师沟通能力需求、导师工作内容需求及导师培训需求形式等五部分组成;导师基本情况主要有学段、学科、是否担任班主任或学校管理工作、工作年限、职称等维度。

面向上海市中小学生教师采用分层整群抽样,分学段抽取学校,其中包括小学 24 所,初中 8 所,高中 9 所;共计 2600 名教师参与调查,其中包括小学教师 1615 人,初中教师 628 人,高中教师 357 人。

将《全员导师制背景下中小学导师培训需求现状调研问卷》转换成电子格式,通过问卷星平台以网络测评方式进行调查。调查完成后,将系统自动生成的 Excel 形式的原始数据导入 SPSS 26 软件,运用百分比统计、均值检验等方法对数据进行统计分析。

（一）小学导师胜任情况最佳，学段越高，胜任力自评越低

三个学段中均有四成左右的教师自评"比较胜任"导师工作，总体胜任情况小学最高，初中其次，高中最低，且学段间差异显著（见表1-1）。

表1-1 全员导师制工作中不同学段的导师胜任情况

	1完全胜任	2比较胜任	3基本胜任	4不太胜任	5无法胜任	总体胜任情况（均值）	F
高中	74	141	104	33	5	2.31	
	(20.7%)	(39.5%)	(29.1%)	(9.3%)	(1.4%)		
初中	170	254	147	42	15	2.17	19.038***
	(27.1%)	(40.4%)	(23.4%)	(6.7%)	(2.4%)		($P<0.001$)
小学	569	590	361	76	19	2.00	
	(35.2%)	(36.5%)	(22.4%)	(4.7%)	(1.2%)		
总计	813	985	612	151	39	2.08	
	(31.3%)	(37.9%)	(23.5%)	(5.8%)	(1.5%)		

（二）心理教师的导师胜任情况最佳，语数外教师其次，不同学科间差异显著

不同学科的导师工作胜任情况：心理＞语数外＞音体美劳＞理化生信科＞政史地，且各类学科间差异显著，心理教师因专业优势自评导师胜任力最佳（见表1-2）。

表1-2 全员导师制工作中不同学科的导师胜任情况

	1完全胜任	2比较胜任	3基本胜任	4不太胜任	5无法胜任	总体胜任情况（均值）	F
语数外	556	639	390	89	20	2.04	
	32.8%	37.7%	23.0%	5.3%	1.2%		
政史地	36	62	40	12	3	2.24	3.843**
	23.5%	40.5%	26.1%	7.9%	2.0%		($P<0.01$)
理化生信科	61	101	53	18	9	2.23	
	25.2%	41.7%	21.9%	7.5%	3.7%		

（续表）

	1 完全胜任	2 比较胜任	3 基本胜任	4 不太胜任	5 无法胜任	总体胜任情况（均值）	F
音体美劳	141	157	121	30	6	2.13	
	31.0%	34.5%	26.6%	6.6%	1.3%		
心理	19	26	8	2	1	1.93	
	33.9%	46.4%	14.3%	3.6%	1.8%		
总计	813	985	612	151	39	2.08	
	31.3%	37.9%	23.5%	5.8%	1.5%		

（三）导师的工作年限越长，胜任情况越好

不同年限的导师工作胜任情况：三十年以上＞十到二十年＞二十到三十年＞三到十年＞见习期到三年，且各段年限间差异显著，基本上工作经验丰富的老师更加胜任导师工作（见表1-3）。

表1-3　全员导师制工作中不同年限的导师胜任情况

	1 完全胜任	2 比较胜任	3 基本胜任	4 不太胜任	5 无法胜任	总体胜任情况（均值）	F
见习期到三年	54	111	64	19	5	2.25	
	21.3%	43.9%	25.3%	7.5%	2.0%		
三到十年	149	273	171	44	10	2.22	
	23.0%	42.2%	26.4%	6.8%	1.6%		
十到二十年	240	280	181	36	11	2.06	12.792***（$P<0.001$）
	32.1%	37.4%	24.2%	4.8%	1.5%		
二十到三十年	189	195	125	41	7	2.07	
	33.9%	35.0%	22.4%	7.4%	1.3%		
三十年以上	181	126	71	11	6	1.82	
	45.8%	31.9%	18.0%	2.8%	1.5%		
总计	813	985	612	151	39	2.08	
	31.3%	37.9%	23.5%	5.8%	1.5%		

（四）不同职称的导师胜任情况不同，高级教师最佳

不同职称的导师工作胜任情况：高级＞中级＞初级＞见习期＞正高级，且差异显著。超三成的高级、中级和见习期教师自评"比较胜任"导师工作，近四成的高级教师自评"完全胜任"导师工作，超四成的正高级教师自评"基本胜任"导师工作（见表1-4）。

表1-4 全员导师制工作中不同职称的导师胜任情况

	1 完全胜任	2 比较胜任	3 基本胜任	4 不太胜任	5 无法胜任	总体胜任情况（均值）	F
见习期	15	27	28	7	3	2.45	
	18.7%	33.7%	35.0%	8.8%	3.8%		
初级	168	297	190	39	15	2.20	
	23.7%	41.9%	26.8%	5.5%	2.1%		
中级	500	542	324	89	17	2.04	9.585***（P<0.001）
	34.0%	36.8%	22.0%	6.0%	1.2%		
高级	129	117	67	16	3	1.94	
	38.9%	35.2%	20.2%	4.8%	0.9%		
正高级	1	2	3	0	1	2.71	
	14.3%	28.6%	42.8%	0.0%	14.3%		
总计	813	985	612	151	39	2.08	
	31.3%	37.9%	23.5%	5.8%	1.5%		

（五）全员导师制工作中导师职能发挥的影响因素

三个学段超七成的教师认为"教学任务重，没有精力担任导师工作"是影响导师职能发挥的首要因素，其次是"学生学习安排紧，没有时间和老师沟通"，且学段越高，影响越大。可见，教师的教学工作和学生的学习安排是影响导师工作开展的突出现实原因（见图1-1）。

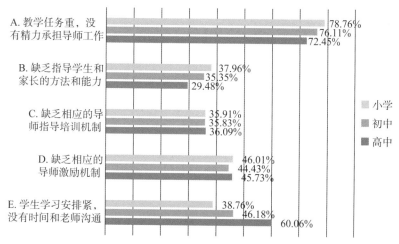

图1-1　中小学导师职能发挥的影响因素

二、数据说话:读懂中小学导师心育能力成长需求

(一) 提升与家长、学生的沟通能力是当前导师最迫切的需求

"与家长的沟通能力"是当前中小学导师最需要提升的能力需求,学段越低,需求越大;其次是"与学生的沟通能力",学段越高,需求越大。可见,低年段学生导师更需要提升与家长沟通的技能,高年段学生导师更需要提升与学生沟通的技能(见图1-2)。

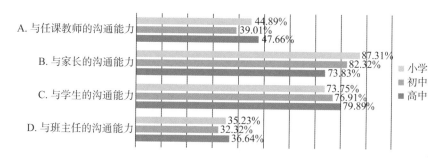

图1-2　中小学导师沟通能力的需求现状

(二) 时间不足和方法单一是当前导师与学生沟通的突出问题

约七成的中小学导师表示"与学生沟通时间不足,多以碎片化时间为主",超六成的导师表示"与学生沟通方法单一,多以谈话为主",有超五成的导师表示"与学生沟通流于表面,很难深入内心"。可见,充足的时间保障和丰富的沟通技巧是促进师生深入沟通的有效途径(见图1-3)。

7

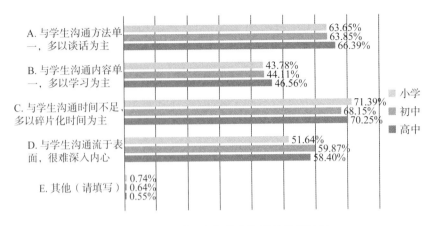

图 1-3 中小学导师与学生沟通的现状问题

（三）家庭教育基本理论与理念、青少年发展规律和沟通技能是当前导师在与家长沟通时的迫切需求

"家庭教育的基本理论、理念""青少年发展的基本规律与特点"与"与家长沟通的方法与技巧"是中小学导师在与家长沟通时的突出需求。家长越来越关注对孩子的心理健康教育，导师也逐渐在家校沟通与学生心育过程中承担起重要职责（见图 1-4）。

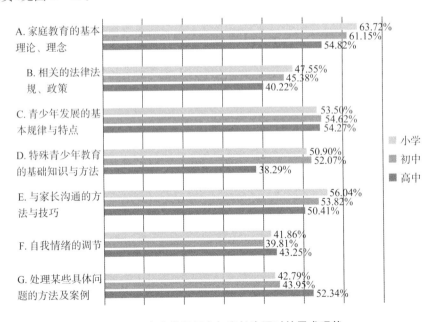

图 1-4 中小学导师在与家长沟通时的需求现状

（四）导师心育能力提升的培训内容需求

1. 心理疏导能力和思想引导能力是导师最想要提升的工作能力

超八成的中小学导师期望提升对学生的"心理疏导能力"，初中学段需求度最高，可见提升导师心育能力是当前全员导师制工作的重点；其次是"思想引导能力"，小学学段的需求度最高，导师正充分发挥着"良师益友"的引路人职责（见图1-5）。

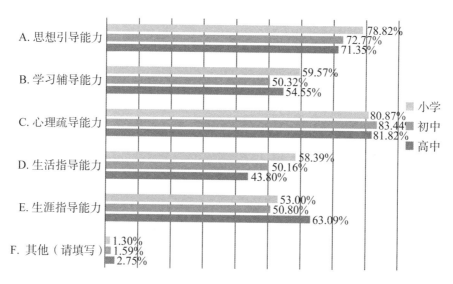

图1-5 中小学导师的工作能力需求

2. 心理韧性、责任感、乐观和希望是导师最为关注培养的学生积极心理品质

在积极心理品质的培养过程中，超八成的中小学导师关注培养学生的"心理韧性"，其次是"责任感"与"乐观和希望"，这也是当前中小学生心理健康教育的重心与难点（见图1-6）。

3. 提升对危机心理、焦虑抑郁强迫、厌学拒学等的识别与应对能力是导师识别与应对学生心理问题的主要需求

超七成的中小学导师急需提升对"危机心理""焦虑抑郁强迫""厌学拒学"等学生心理问题的识别与应对能力，这也是近年来学生心理问题低龄化、复杂化为导师心育带来的新挑战（见图1-7）。

4. 提升对情绪问题、挫折应对、个性完善的预防和辅导能力是导师预防和辅导学生心理问题的主要需求

超八成的中小学导师亟需提升对"学生情绪管理问题"的预防和辅导能力，

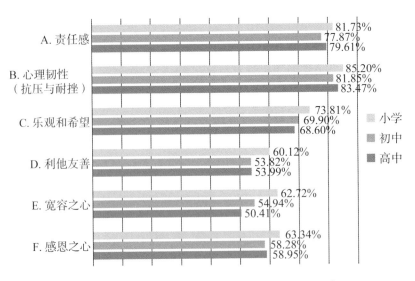

图1-6　中小学导师关注培养的学生积极心理品质

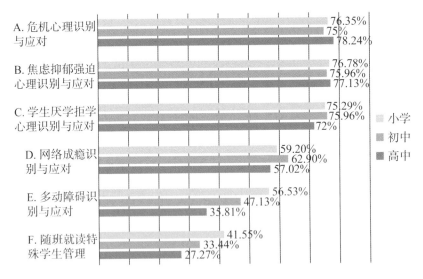

图1-7　中小学导师在识别与应对学生心理问题方面的需求

其次是"学生挫折应对"与"学生个性的完善",这也是新时代背景下学校心理健康教育与家庭教育的难点与要求(见图1-8)。

5. 提升对异性交往、体像烦恼和亲子冲突的指导能力是导师在青春期学生辅导中的主要需求

超七成的中小学导师期望提升"青春期异性交往指导"的能力,其次是"青春期体像烦恼指导"与"青春期亲子冲突指导"的能力,这也是中高年级学生导师在

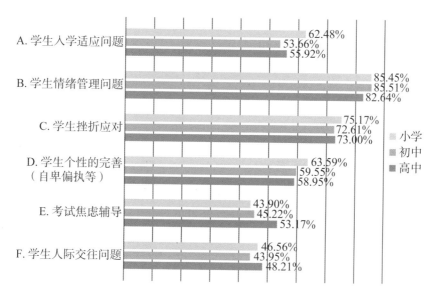

图1-8 中小学导师在预防和辅导学生心理问题方面的需求

面对青春期学生时的常见困境(见图1-9)。

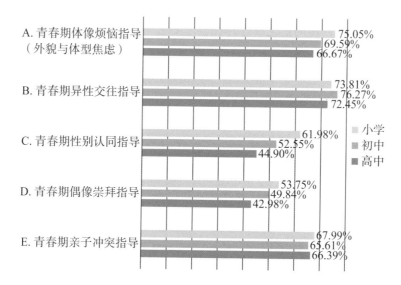

图1-9 中小学导师对青春期学生辅导中的需求

6. 认识学生心理特征和规律是导师在学生思想引导工作中的突出需求

超七成的中小学导师在对学生开展思想引导工作中期望提升对"学生心理特征和规律的认识",可见了解不同年龄阶段学生心理特征与发展规律是导师心育有效开展的重要基石;小学和初中导师对"家庭教育沟通指导能力提升"的需求也较为迫切,高中导师则更注重"学生心理特征和规律的认识",这与学生的年龄发展特点高度相关(见图1-10)。

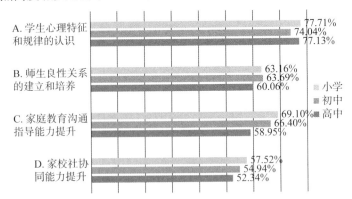

A. 学生心理特征和规律的认识 77.71% 74.04% 77.13%

B. 师生良性关系的建立和培养 63.16% 63.69% 60.06%

C. 家庭教育沟通指导能力提升 69.10% 66.40% 58.95%

D. 家校社协同能力提升 57.52% 54.94% 52.34%

小学 初中 高中

图1-10 中小学导师对学生思想引导工作的需求

7. 内驱力培养和自我效能感提升是导师对提升学生学习能力的突出需求

约八成的中小学导师在对学生开展学习辅导工作中关注"学习内驱力的培养",其次是学生"学习自我效能感的提升",这也是当前学生学习心理问题的突出表现,亟需校家社协同促进改善(见图1-11)。

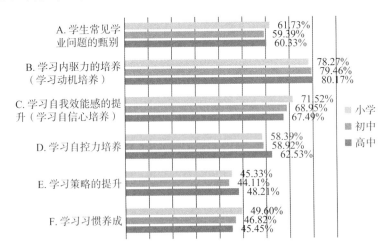

A. 学生常见学业问题的甄别 61.73% 59.39% 60.33%

B. 学习内驱力的培养(学习动机培养) 78.27% 79.46% 80.17%

C. 学习自我效能感的提升(学习自信心培养) 71.52% 68.95% 67.49%

D. 学习自控力培养 58.39% 58.92% 62.53%

E. 学习策略的提升 45.33% 44.11% 48.21%

F. 学习习惯养成 49.60% 46.82% 45.45%

小学 初中 高中

图1-11 中小学导师对提升学生学习能力的需求

8. 提升应对学生家庭变故、手机与网络成瘾及校园欺凌的指导能力是导师对学生开展生活事件指导的突出需求

超七成的中小学导师在对学生开展生活事件指导工作中期望提升"应对学生家庭变故"能力,其次是如何"应对学生手机与网络成瘾"(中高年级)与"应对

学生校园欺凌"(低年级)(见图 1-12)。

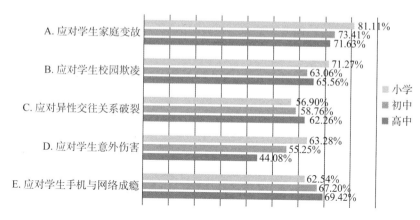

图 1-12 中小学导师对学生开展生活事件指导的需求

9. 引导学生了解职业兴趣、能力与个性是导师对学生开展生涯教育的突出需求

超七成的中小学导师在对学生开展生涯教育工作中期望"引导学生了解自己的职业兴趣、能力和个性",其次是如何"提升学生的生涯意识"与"设计适合学生的生涯体验活动",且小学学段导师需求度最高,可见生涯教育在导师工作中的需求日益提升,学段逐步向下延伸渗透(见图 1-13)。

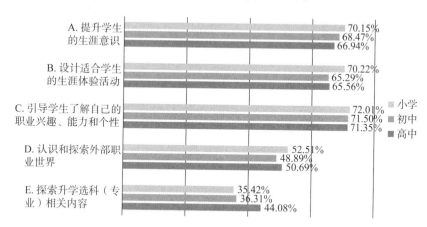

图 1-13 中小学导师对学生开展生涯教育的需求

10. 压力与情绪的自我觉察与管理是导师自我身心发展的突出需求

超八成的中小学导师表示"导师的压力与情绪的自我觉察与管理"是在全员导师制工作中自我身心发展的突出需求,其次是"导师人际沟通和协调能力的培养"与"导师积极思维品质的培养",且小学学段导师需求度最高。可见,全员导

师制工作在高效开展的同时也带给教师不少压力与挑战,特别是低年级学段,导师也需要关注呵护自身的心理健康(见图1-14)。

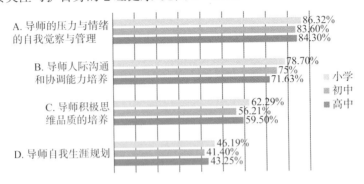

图1-14 中小学导师自我身心发展的需求

（五）全员导师制工作中的导师培训形式需求

六成五的初中与小学学段的导师更倾向于"讲座式培训",六成左右的高中与小学学段的导师更倾向于"研讨式培训"与"体验式培训","网络微课式培训"也颇受各学段导师的青睐。导师培训形式可根据培训主题与培训对象需求特点灵活切换,以最大程度激发导师的学习动机,提升培训参与度与目标达成度,让导师们学以致用、用以促学(见图1-15)。

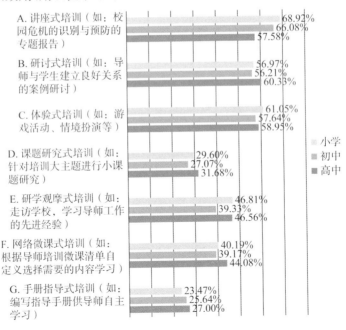

图1-15 中小学导师的培训形式需求

第三节　赋能:做实导师心育能力提升的专业支持

一、开发课程,赋能导师提升工作效能

调查结果显示,时间不足和方法单一是当前导师在与学生沟通时出现的突出问题。导师要在建立良师益友般的师生关系基础上,在日常的教育教学工作中找到适合的育人契机,适时开展学生理想、心理、学习、生活、生涯规划等方面的指导。鼓励教师在与学生的日常点滴相处中,充分利用碎片化时间、运用非正式的交流,借助师生共同经历来深化和学生之间的情感联结。

围绕学生成长中的问题、困惑和成长需求,开发系列心育成长课程,助力导师了解学生心理发展特点和年龄特征,掌握心理教育方法和智慧,提高家校沟通技巧和指导能力,提升识别和应对新时势下学生心理发展的新问题、新挑战的能力。

随着教育数字化转型不断深化和信息技术、人工智能的赋能,教师教育教学的效率将不断提升,也将拥有更多时间与学生相处、开展情感交流和学生发展指导,逐步实现"轻负担、高效能"的"教书"与"育人"的统一。①

二、分层分类开展导师心育规范化与专业化培训

调研显示,心理疏导能力和思想引导能力是导师最想要提升的工作能力,积极心理品质的关注培养与青少年情绪行为问题的早期发现是导师工作的突出需求,提升导师心育能力成为当前全员导师制工作的重点。

了解学生的身心发展规律和个性差异是导师与学生建立良好师生关系的基础,也能促进导师适时开展全方位、个性化的学生发展指导,因此在导师心育培训中必须注重分层分类,区分不同学段、不同种类的学生发展性问题与障碍性问题,结合时代背景与学生实际问题,开展有意义、有对策、可实践的导师培训,切实给予导师最直接最有效的支持与帮助;同时根据不同培训主题与对象调整培

---

① 王枫.落实中小学全员导师制几个关键问题的辨析[J].现代教学,2023(22):4-8.

训形式,"体验式培训""研讨式培训""讲座式培训"与"网络微课式培训"均是导师接受度较高的培训形式,新颖活泼的培训形式也能最大程度激发导师的学习动机,提升培训参与度与目标达成度,让导师们学以致用、用以促学。

三、构建以需求为导向的导师家庭教育课程体系

我们在问卷调研中发现"家庭教育的基本理论理念""青少年发展的基本规律与特点"与"与家长沟通的方法与技巧"是中小学导师在与家长沟通时的突出需求。家长越来越关注对孩子的心理健康教育,导师也逐渐在家校沟通与学生心育过程中承担起重要职责。

学校在实践过程中,可以根据学段特点构建以需求为导向的导师家庭教育课程体系,聚焦导师工作需要,对其展开点面结合的家庭教育指导。面上的家庭教育培训课程可以针对导师在家校沟通中遇到的真实困难与问题,通过集中的专题讲座或互动体验给予指导与建议,有效促进共性问题的预防与解决;点上的家庭教育指导可以将具有相似家庭背景情况的学生导师分为一组,由专业的家庭教育指导师或学校心理教师深入小组中,针对具体难点进行手把手式的指导与示范,通过实际的案例问题解决帮助导师掌握家庭教育介入的手段与方法。①

四、完善校家社协同育人体系,助力导师职能发挥

成为良师益友和做好家校沟通是导师育人的关键职责,其中导师也要积极与其他教师相配合,争取家庭与社区资源的支持,学校与家庭、社会相协同,共同努力为学生构建健康的教育环境和生态。学校是教育主阵地,导师在校家社同育人系统中可以充分发挥主人翁意识,利用学校教育及活动资源与学生建立良好的师生关系,同时提升家校沟通能力与家庭教育指导能力,学校则需要提高对社会资源和家长资源的利用与整合能力,构建并完善校家社协同育人大环境,助力导师职能的更优发挥。

全员导师制也并非要求每一位教师都成为专业心理咨询师和生涯规划师,更不是要求教师通过学科补习为学生提供学习指导,而是立足教师的言传身教和关心关怀,达到全面指导和育人的目的。比如,对学生的心理疏导,并不要求

---

① 万志超.全员导师制视角下的家校协同育人新思考[J].上海教育,2022(Z1):176.

教师都取得心理辅导资质,而是需要教师关心关怀学生,及时为存在心理困扰的学生排忧解难;而对存在特定心理障碍的学生,则只需要导师通过及早识别和发现,由心理健康教育教师提供专业指导或转介到区域心理治疗专业机构。①

五、推进导师制落实开展的组织保障与人文关怀

调查结果显示,教师的教学工作和学生的学习安排是影响导师工作开展的突出现实原因,压力与情绪的自我觉察与管理是导师自我身心发展的突出需求。全员导师制工作在高效开展的同时也带给教师不少压力与挑战,特别是在低年级学段,导师也需要关注呵护自身的心理健康。

在提升教师育人意识和育人能力的同时,要增强教师担任导师育人的积极性、主动性,还需要匹配相应的激励和保障制度。各校应切实将导师开展学生发展指导的专业伦理纳入教师研训的内容体系,将学校落实全员导师制的工作情况纳入教育督导评价体系,将教师担任导师的经历和成效作为教师职称晋升、评先评优的重要参考,鼓励学校优化导师的绩效分配和激励制度,积极开展优秀导师和育人典型案例的经验交流与宣传推广,同时也从促进教师身心健康的视角,加大对教师的人文关怀、生活保障和专业服务资源供给,如学校层面可以开设以情绪调节、自我成长、人际关系等为主题的系列教师团体辅导活动,帮助导师放松解压,以期能有更多"阳光教师"培育出更多"阳光学生"。②

第四节 增效:导师如何用好这本书?

面对新时代教育综合改革以及高考改革对育人方式提出的新要求,如何结合校情和学情,积极整合资源,科学有效地推进学生发展指导,构建全员、全程、全方位的育人工作体系,促进每一个学生的健康幸福成长,已然成为当前教育工作需要积极面对和思考的问题。本书作为导师心育能力提升的培训课程,如何更好地提升使用成效,有待我们进一步探索。

---

①② 王枫.落实中小学全员导师制几个关键问题的辨析[J].现代教学,2023(22):4-8.

一、把握指导原则,明确课程理念方向

《上海市中小学生全员导师制工作方案》明确指出,中小学生全员导师制是中小学校全体教师按照一定机制与每一个学生匹配,为学生提供全面发展指导、为家长提供家庭教育指导的制度和育人方式。其宗旨和目标是通过建立中小学生全员导师制,全面提高全体教师的育人意识和能力,持续优化师生关系、亲子关系和同伴关系,加强教师对每一个学生的关心关怀和陪伴指导,健全学校家庭社会协同育人机制,促进全体学生德智体美劳全面发展,提高育人的科学性、针对性和实效性。

为此,我们认为,导师能力课程建设的定位需要遵从如下四点原则:面向全体学生,关注学生全面发展;遵循心理规律,科学开展导育工作;尊重个性差异,因人施导促进发展;服务终身成长,有效设计课程内容。具体来说,包括以下四方面指导原则。

1. 全面性原则。课程面向教师全员、惠及学生全面成长,帮助导师全面、深入地了解学生在学业、心理、生活、健康、成长等各方面的问题和特点,掌握沟通协调方法技巧,帮助导师开展师生沟通和家校沟通,共同协商,确定符合学生实际的发展目标和路径,促进学生德智体美劳全面发展。

2. 教育性原则。课程依据学生身心发展特点和规律,综合运用教育学、心理学、社会学等原理和方法,注重人本性、渐进性、系统性,科学指导学生全面、和谐、健康成长。

3. 个性化原则。课程关注学生个性差异,发现、研究学生在兴趣爱好、能力特长方面的差异,根据学生的性格个性、成长经历等方面的差异因材施教、因人施导,促进学生实现个性发展。

4. 服务性原则。提供面向全体学生终身成长的全学段的个性化服务,研究、遵循学生身心发展特点及认知规律,循序渐进、科学施导,促进学生的健康成长和终身发展。

二、明晰导师职责,关注核心能力提升

《上海市中小学生全员导师制工作方案》中明确导师开展工作的关键职责有两项。

1. 成为良师益友。导师要与学生建立尊重平等、相互了解、亦师亦友的师生关系,面向学生提供陪伴式的关心关怀和成长支持,适时适当地开展理想、心理、学习、生活、生涯规划等方面指导,同时促进学生间的同伴互助。

2. 做好家校沟通。导师要与学生家长建立真诚互动、相互支持、紧密合作的协同关系,通过家校沟通和家庭教育指导,引导家长树立正确的教育观念、掌握科学的教育方法、构建和谐的亲子关系,为学生的健康成长和全面发展创设温馨的家庭环境。

导师对学生发展指导包含三项重点工作:学生家访、谈心谈话和书面反馈。

1. 学生家访。导师应根据学生的实际情况,每学年至少进行 1 次家访,全面了解学生成长的家庭环境,开展个性化的家庭教育指导。

2. 谈心谈话。导师应了解学生实际需求,经常与学生谈心谈话,尤其在开学、毕业、考试前后和学生生活发生重大变故等重要时间节点,开展针对性指导,对需要进一步专业支持的学生,应及时与学校相关部门沟通。

3. 书面反馈。导师应挖掘学生"闪光点",提供成长建议,每学年结束时向学生及家长进行书面反馈,增强成长动力。

为此,导师科学开展学生发展指导,需要按照对学生"思想引导、学业辅导、心理疏导、生活指导、生涯向导"的总体要求,坚持以人为本的原则,着眼于为每一位学生的人生发展奠基,让每一个生命个体绽放精彩,为每一个学生的思想进步、学业提升、身心健康、成长发展提供有利条件,实行思想品德教育与文化知识传授相结合,课堂教育与课外教育相结合,共性教育与个性教育相结合,严格管理与言传身教相结合,促进学生全面发展。重点关注如下五个方面核心能力提升。

1. 思想引导能力。引导学生坚定理想信念,正确认识并学会处理自我、他人、社会和国家的关系,积极践行社会主义核心价值观,树立正确的世界观、人生观、价值观,形成良好的思想道德品质。

2. 学业辅导能力。定期帮助学生进行学业分析,发现问题,提出建议,指导学生自主制订学习与发展计划,激发学习动力,培养良好学习习惯,改进学习策略和学习方法,提高学习效率。

3. 心理疏导能力。关注学生的心理健康和成长需求,通过个别谈心、座谈等多种渠道及时了解学生心理状况,帮助学生创设宽松的心理环境,疏导不良情绪、化解心理压力,正确对待成长中的挫折和烦恼,培养学生调控情绪、应对挫折、适应环境的能力,培育积极心理品质。

4.生活指导能力。经常性地与学生及家长沟通,了解学生的家庭情况,力所能及地帮助学生解决生活中的困难。掌握学生在家庭中的表现,配合家长指导学生养成健康的生活习惯并科学合理地安排日常生活,培养学生自立、自主、自理的能力。

5.生涯向导能力。帮助学生分析自身特点,全面认识自我;明确发展方向,不断完善自我;确立成长目标,真正实现自我。根据学生个性特点,做好学生生涯规划指导,为学生的终身发展引路和奠基。

三、调研需求先行,系列设计课程主题内容

当前中小学导师胜任力现状如何? 影响导师职能发挥的因素有哪些? 导师专业能力发展培训需求有哪些? 带着这样一些问题,上海市学校心理健康教育名师工作室梅洁工作室的全体成员,以项目为载体,在文献分析、分学段访谈调研、多频次研讨的基础上,编写了《全员导师制背景下中小学导师培训需求现状调研问卷》,问卷内容由导师工作胜任情况、导师职能的影响因素、导师沟通能力需求、导师工作内容需求及导师培训需求形式等五部分组成。面向上海市中小学生教师采用分层整群抽样,分学段抽取学校,其中包括小学 24 所,初中 8 所,高中 9 所;共计 2600 名教师参与调查,其中包括小学教师 1615 人,初中教师 628人,高中教师 357 人。数据结果为本书课程开发提供现实依据与实践路径。

问卷调查结果显示:提升与家长、学生的沟通能力是当前导师最迫切的需求;家庭教育指导、青少年发展规律和沟通技能是当前导师在与家长沟通时的迫切需求;心理疏导能力和思想引导能力是导师最想要提升的工作能力;心理韧性、责任感、乐观和希望是导师最为关注培养的学生积极心理品质;危机心理、焦虑抑郁强迫、厌学拒学是导师识别和应对学生心理问题的主要需求;情绪问题、挫折应对、个性完善是导师预防和辅导学生心理问题的主要需求;异性交往、体像烦恼和亲子冲突指导能力是导师在青春期学生辅导中的主要需求;认识学生心理特征和规律是导师在学生思想引导工作中的突出需求;内驱力培养和自我效能感提升是导师对提升学生学习能力的突出需求;应对学生家庭变故、手机与网络成瘾及校园欺凌是导师对学生开展生活事件指导的突出需求;了解职业兴

趣、能力与个性是导师对学生开展生涯教育的突出需求;压力与情绪的自我觉察与管理是导师自我身心发展的突出需求。

课程需求的调查结果,为导师能力课程主题内容的选择和系列化设计提供依据和参考。我们围绕九大模块二十个专题开发了六十一个主题课程,建议后续学校或导师在使用本课程时,可根据本校师生的成长需求和具体学情,结合自己的专业经验和兴趣,选择适合校情的主题内容,开展课程学习。

四、完善导育机制,赋能导师专业成长

项目组开发系列公众号"导师心锦囊"宣传教育课程、分学段分单元主题的导师视频微课以及专题系列讲座等,多种形式开展导师能力课程资源建设。为更好地推进导师制的实施,激发教师在工作实践中不断学习、研究、反思和成长,在实践中赋能导师专业成长,学校通过不断推进和完善导育机制建设,促进导师在实践中学习、反思和成长。

1. 摸底调研机制。学校通过成立全员育人导师制领导小组和工作小组,引导各年级各班级导师团队,定期开展摸底调研。针对学校整体情况、年级情况、班级情况进行摸底调研,梳理各类需要重点关注的学生和典型问题,围绕典型问题破解,开发沙龙式导育课程。

2. 档案跟踪机制。建立导师育人工作档案,追踪学生成长轨迹,记录育人工作过程和实效。具体内容可包括:学生家庭及社会关系基本情况;学生的个性特征、行为习惯、道德修养、兴趣爱好的一般状况;学生心理、身体健康状况等。导师可根据受导对象的不同分别从学业成绩及成因、品德行为及成因、兴趣爱好及发展潜力等方面进行分析,制订发展措施。导师可通过研究学生成长案例,在反思中获得成长经验和动力。

3. 谈心辅导机制。导师定期与学生进行个别谈心,及时了解学生思想状况,在学习时间、方法等方面帮助学生制订切实可行的计划,并结合受导学生以成长周记的形式向导师反馈的生活学习情况,记录师生活动成长全过程,在沟通交流中磨炼导育技巧。

4. "会诊"协商机制。充分发挥班主任在班级管理中的主导、统筹作用,以班级为单位,由班主任每月组织召开"会诊"协商会或专题协调会,如特殊学生协商会、班级作业协商会、双新课程推进协商会、五项管理落实协商会等,以及以班

主任为核心、育人导师参与、家委会代表和学生代表参加的班级教导会,共同会商班级学生整体状况和导师工作开展总体情况,交流学生在思想、学习、生活等方面的具体情况,解决班级管理和学生发展中存在的问题,不断提高导师工作的针对性和实效性,促进班级管理和导师工作的协调推进。

5. 个案研讨机制。年级组定期召开导师专题会议,交流经验,反思问题。集中组织导师进行个案分析,对重点案例进行集体研讨,针对存在情况研究对策,提出解决办法,对工作效果显著的个案进行宣传推广。

6. 家校联系机制。充分形成教育合力,最大程度提高教育效果。导师主动接待家长来访,并定期和不定期地进行家访和电话联络,及时与家长沟通,反馈学生的在校表现,取得家长的配合和支持,并帮助和指导家长改进家庭教育,在家校沟通联系中学习、反思与成长。

模块一：

学习心理辅导篇

第二章 撕去"不爱学习"的标签

学习,是每个学生都绕不开的话题。在初中阶段,学业不良可能会带来低自我评价、同伴关系不良、情绪困扰,甚至厌学等一系列问题。据中国青少年研究中心 2007 年公布的调查数据显示,我国约有 70% 的儿童存在不同程度的厌学心理。2020 年,李璐瑶等人对云南地区初一学生的学习动机展开调查,结果显示学生整体学习动机处于中低水平①,这些都说明了在初中学生群体中至少有一部分学生并不如我们所期待的那样"爱学习"。

其实,在看似雷同的"不爱学习"的行为背后,其原因各不相同,有因为缺乏目标与兴趣而产生的"不想学"问题;有因连续遭遇挫败、逐渐失去自信心而带来的"不敢学"问题;还有因学习困难、情绪问题导致的"不能学"问题。

智慧的导师应避免草率地给学生贴上"不爱学习"的负面标签,而是要耐心倾听、深入理解,探寻学生在学业不良背后隐藏的真正原因,以便为学生提供更精准的陪伴和支持。

 本章学习目标

一、激发学生学习动机,挣脱"不想学"的束缚

二、助力学生积极看待学业挫折,突破"不敢学"的困境

三、支持学生走出学习困境,跨越"不能学"的障碍

---

① 李璐瑶.初一学生学习动机、学习拖延和学业成绩的关系及干预研究[D].昆明:云南师范大学,2021.

第一节　导师如何激发学生学习动机?

案例聚焦

　　乔乔是一名初一男生,他从小学四五年级开始就不喜欢写作业,上课的时候总是无所事事。进入初中后,他的各门课成绩很不理想,而且几乎只有当老师和家长坐在边上督促时,他才能动笔。他也直言不知道为什么要天天来学校。这让家长和老师非常头疼。与此形成鲜明对比的是,他非常喜欢打游戏,只要有机会,他可以坐在电脑前不吃不喝甚至不睡打游戏。

理论分析

　　学习动机,指激发个体进行学习活动、维持已引起的学习活动,并导致行为朝向一定的学习目标的一种内在过程或内部心理状态。[①] 学习动机对学生的学习至关重要。通过对乔乔的分析,我们发现他对学习没有动力,但是对游戏很感兴趣,面对学习的任务表现出的似乎更像"不想学"。

一、"想"和"不想"背后藏着孩子的需要

　　一些孩子会表现出对学习不感兴趣,却对游戏、追星、动漫表现出无比的热情。如果老师和家长急切地希望通过阻止、教育甚至批评来扭转这种现象,未必能够取得良好的效果。心理学家马斯洛认为动机就是需要,他主张每个人都有五种需要,即生理需要、安全需要、归属和爱的需要、尊重需要和自我实现需要,前四种为基本需要,后一种为成长需要。一般而言,当基本需要得到满足后,人才会追求成长需要。基本需要在得到满足后强度会减弱,但成长需要在满足后不但不会减弱,还会不断增强。

　　在"不想学"和"只想玩"的背后一定多少隐藏着孩子对某种需要的期待和渴望,这也许正是激发学习动机,促进终身学习、自主学习的契机。

---

　　① 吴增强.学习心理辅导[M].上海:上海教育出版社,2000:76.

二、学习动机与学习表现密不可分

心理学家耶克斯（Robert Mearns Yerkes）和多德森（John Dillingham Dodson）的研究，向我们展现了动机与效率之间关系的规律，即耶克斯-多德森定律（见图 2-1）。

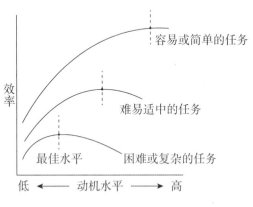

图 2-1　耶克斯-多德森定律曲线

第一，动机的强度与任务效率之间存在一种倒 U 型曲线的关系，且中等强度的动机最能激发个体完成任务的效率。我们经常在工作中发现，对学习表现出漫不经心和太在意学习结果的孩子往往都不能获得最佳的学习表现。

第二，最佳动机水平因任务而异，随着任务难度的增加，最佳动机的水平在变低。所以，我们在日常中反复提醒学生对简单的任务要特别"谨慎用心"，而对难的挑战反而要"相信自己""放轻松"，遵循的就是这条规律。

鉴于学生的学习动机和学业表现密不可分，每个学生只有找到不同学习任务分别对应的最适切目标，才有助于激发动机，激励学生采取积极的行动，反之，不合理的学习目标则很容易消磨学生的学习意志，让他们逐渐丧失动力。

📖 应对策略

一、"看见"需要，寻找学习中的可替代行动

当导师关注到学生对学习不感兴趣，以及对某些事物的热情投入所显现出强烈的对比后，我们不急着先进行思想教育，可以和学生先聊一聊，具体了解这些事物究竟能给他带来何种满足感。

比如,学生特别痴迷游戏,我们就问问他觉得最有意思的部分是什么。也许他会说"我玩游戏很厉害,排名非常靠前""有同学要和我一起玩""我可以独立创造属于我自己的世界"。通过进一步追问,我们可以发现学生在喜欢游戏的背后其实有着"希望得到他人认可,获得自信""渴望亲密的同伴关系""独立且创造性地解决问题"等完全不同但又同等重要的成长需要。

接着,我们可以试着把这种发现分享给学生,让他们"看见"自己的积极部分,感到被理解和接纳,激发其愿意和导师一起寻找在生活和学习上同样满足这种需要的方法和行动,迈出主动学习的第一步。

此外,导师也要定期通过聊天和观察,关心学生在生活中是否有基本需要缺失或受阻的情况,如发现有因亲子关系紧张导致的不安全感、社交技巧缺乏带来的同伴交往问题等,可试着通过沟通技巧练习、家校沟通来尽量消除其负面影响。对于少部分学习动机过高的孩子,导师可以通过发现他在学习过程中或生活中其他方面的闪光点与优势的方式,引导其理性、全面地看待自我价值。

二、挖掘意义,探索个性化的学习兴趣

学习是需要有信念与理由的,而这也是大多"不想学"孩子所缺乏、感到迷茫的。作为导师,可以试着从以下三个方面和学生开展探讨。

生涯发展:结合学生的兴趣、能力、性格、价值观等方面,找一找他喜欢的、认为有价值的未来具体职业方向,再用倒推的方式找到学习任务和个人发展之间的关联。

应用价值:从自己的学科出发,和学生分享这些知识和技能在生活中的实际作用或益处。

个人优势:从学生擅长的事物着手,找到其可迁移、复制的优势,如不错的记忆力、毅力、记笔记习惯等,并探讨该优势如何在学习中得以发挥。

三、改善基础,设置个性化挑战性目标

学习兴趣的长期不足,势必导致学生的学习基础不牢固,甚至相当薄弱,为这样的学生设置的任务要特别关注"两增两减",以保护其学习热情。

增成就感:设置的学习任务的难度最好高于学生现有水平,又不至于难以完成,特别要注意布置任务时要具体且数量得当,比如可以从一天背 5 个单词、做

5道计算题开始。

增掌控感:请学生准备一本本子,将细化后的任务进行记录,完成一项,划去一项,每天在中午、放学、睡前三次核对完成情况。

减疲惫感:在学生尚没有对一门科目建立起足够多的学习兴趣前,一次性学习的时间不宜过长,最好不要超过半个小时,学习后可适当增加休息时间。

减陌生感:如果学生愿意,可以引导他们从某门学科开始,采用课前预习或了解一些与学科相关的知识开始,与学科相关的熟悉度能促进学习动机的产生。

这样学生在被扶着走、带着跑的过程中能更多体验成功、补足基础、培养自主。

实践思考

小希,预备年级男生,上课不认真听讲,注意力也很难集中,容易走神发呆,有时甚至会在课堂上睡着。他每天写回家作业基本看心情,只要一遇到要动脑筋的题目,他就很容易烦躁然后选择放弃。但他很喜欢读书,特别是科技类读物。

如果您是小希的导师,您怎么看待他的行为,准备如何支持、帮助他?

资源链接

1.[法]安德烈·焦尔当.学习的本质[M].杭零,译.上海:华东师范大学出版社,2015.

2.李璐瑶.初一学生学习动机、学习拖延和学业成绩的关系及干预研究[D].昆明:云南师范大学,2021.

第二节　导师如何助力学生积极看待学业挫折?

案例聚焦

小亮很喜欢数学,小时候曾经多次参加市区级数学比赛,获了不少奖项。进入初中后,第一次数学测验的成绩就很不理想,这让小亮深深产生了挫败感,后

来几次考试也都发挥得很不好。久而久之，小亮开始上课不认真听讲，作业不按时完成，对考试成绩也抱着无所谓的态度。

📑 理论分析

从案例中可以看出小亮正在经历的除了学业打击，还有自我怀疑和对学习与考试的担心和害怕，这些导致他没有办法集中精力去面对学习与挑战。

一、成败归因比结果本身更重要

心理学家韦纳提出了归因概念，指的是寻求事件的原因。他把归因分为三个维度，即内外源、稳定性和可控性，在这个基础上归结出归因的三维度和六因素（见表 2-1）。

表 2-1　韦纳成败归因理论

因素	维度					
	内外源		稳定性		可控性	
	内部	外部	稳定	不稳定	可控	不可控
能力	√		√			√
努力程度	√			√	√	
任务难度		√	√			√
运气		√		√		√
身心状况	√			√		√
外界环境		√		√		√

韦纳指出，对成败的不同归因将会影响个体后续的动机与行为。相对而言，在成功时，稳定的归因将提升个体再次成功的期望并激发其努力行动，而不稳定的归因将使人降低成功期望及努力，在失败情境下则呈现出完全相反的情况。图 2-2 以语文考试的成功与失败情境为例，结合具体归因，说明其对后续期待的不同作用。

那些"不敢学"的学生往往多少存在不恰当的归因方式，如习惯于把成功归因一些不可控的、不稳定的因素，如运气、这次卷子简单等，而将失败归因于稳定因素，如自身能力差等。归因对学习动机的影响会在生活中的每一个小的成败

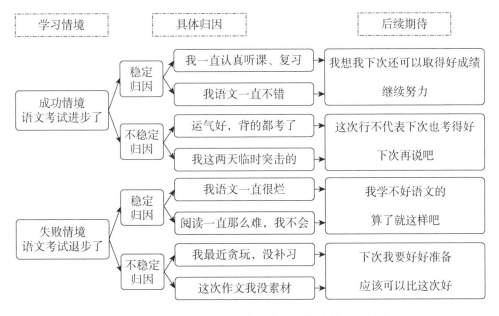

图 2 - 2　语文考试情境下归因与后续期待关系示意图

之后发挥作用,从而潜移默化地增强或削弱学生学习的主动性及积极性。

二、成长型思维能保护学习动机

　　心理学家德韦克教授曾经做过一个简单的实验:给两组孩子做一些简单的题目。孩子们做出来后,一组被夸奖聪明,另一组被夸奖努力。在下一轮实验中,孩子们可以自由选择题目的难度。结果,"聪明组"的孩子更倾向于选择容易的题目,而"努力组"孩子更倾向于选择有挑战性的题目。他的研究发现,仅仅是夸奖的方式,就会导致儿童对后续任务难度及自我表现的不同选择与期待。

　　由此,德韦克教授提出了固定型思维和成长型思维,持有成长型思维的个体认为能力是发展变化、可提高的,因而也更坚信通过后天努力能够改进不足,他们在遇到阻碍时更能坚持并付出努力,追求成功的动机更强烈。反之,持有固定型思维的个体通常认为能力是固定而不变的。

　　在学校中学生也会反映出类似的模式,当成人及学生本人过分关注学习和考试的结果时,当学生反复经历学业挫折时,也许都会强化固定型思维及避免失败的动机,久而久之不利于学生成长型思维模式的培养,也不利于学生积极面对学习中的挑战。

📠 **应对策略**

一、调整认知,分析成败培养积极归因

对成败的不恰当归因可能导致学生产生缺乏学习自信、回避难题、害怕学习和考试等一系列问题。导师可以先从自己任教的学科开始,从关注过程的角度抓住机会,对学生哪怕很微小的成功或失败进行合理归因引导。成功情境下,关注引导学生将成功归结为可控的、稳定的原因,而将经历的失败归结为不稳定原因。

通过长此以往的积极归因练习,学生更容易体验到成功的学习结果是源自自己的努力付出及其带来的能力提升,慢慢建立起稳定的学习自信及对成功的期望。引导学生意识到失败的学习结果是因为自己这段时间不够努力、自己还有薄弱环节、这次题目有点难等原因,仍有进步的机会和空间。

反复的、经常的练习能促进学生在"论成败原因→引积极归因→导努力方向→增耐挫能力"的一次次循环中,养成以更积极的方式看待成败,并能尝试从导师激励走向自我激励。

二、借用工具,练习成长型思维

在学生遇到挑战、经历挫折、面对他人成功、看待批评和看待努力时更容易出现固定型思维,导师可以通过聊天及日常观察,发现学生容易出现固定型思维的情境,通过讨论问问他:"你觉得成长型思维和固定型思维分别会如何看待这件事情? 固定型思维会带来什么影响?"(见图 2 - 3)

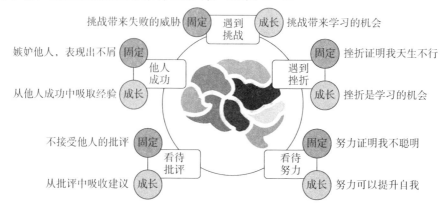

图 2 - 3　五种情境中成长型思维及固定型思维的常见想法

导师还可以教授学生练习使用"我要挑战一下""他是怎么做到的?""到目前为止还没有""从错误中学习""困难正是变强的机会"等小口诀来重新改写自己的固定型思维。通过生活中长此以往的自我发现、自我提醒及自我对话,可以促进学生更灵活、积极地看待挑战与挫折,保护并增进学习动机。

三、家校携手,关心结果更要关心过程

对于"不敢学"的学生,导师还要关注其家长对其学习效果的评价。如果家庭中确实出现了只看成绩、经常比较、将成绩与孩子价值关联的情况,要及时开展家校沟通,传递正确的学习观和家庭教育理念。

导师可邀请家长多参与孩子的学习过程,特别是在孩子遭受学习挫折时,弱化对学习结果的直接评判,先听听孩子怎么说,共情式地理解孩子的感受,共同寻找解决问题的方法,关注自己可以为孩子提供哪些资源与支持。当发现孩子进步时,导师可以试着多与家长及时沟通,给予家长正向反馈,引导家长肯定孩子在成功中的努力、方法与能力。

📖 实践思考

从小学开始,萌萌的成绩优良,家人也总是骄傲地说她挺聪明的,不怎么学习也有好成绩。进入八年级后,她就渐渐开始感觉不对劲,各科一直在退步,尤其是数学和新学的物理越来越听不懂。父母看到成绩后叹气的表情,就像刺一样扎在她心上,她越来越害怕考试,上课也不敢和老师互动。

如果您是萌萌的导师,您会怎么看待她最近的行为,会如何支持、帮助她?

📖 资源链接

1. 吴增强.学习心理辅导[M].上海:上海教育出版社,2000.

2. 张孔明.浅谈初中生学习动机的心理辅导[J].当代教育科学,2012(12):51-52.

第三节　导师如何支持学习困难学生？

案例聚焦

中央电视台播放的纪录片《我不是笨小孩》中的主人公校校在小学二年级时被确诊为多动症，全家非常努力，却并没有换来他成绩的提高。通过进一步检查发现，原来校校还患有阅读障碍，他记不住字，写作业的时候不仅慢，还错字连篇。在高强度的学习、持续的学业不良、日增的压力与挫败之下，校校越来越不愿意学习，特别是对读书和写字产生了很大的抵触。

理论分析

一般而言，表现出"不能学"的孩子，较多是由学习困难和情绪困扰引发的。从案例中可以看出，校校除了面临着注意力及阅读方面的学习困难，还由此引发了一系列消极情绪，越来越不愿意学习。

一、关注学业不良背后也许存在的学习困难

和校校类似的孩子，除了表现出学业成绩落后外，还会在阅读时漏字、跳行、理解困难，书写时写错别字、笔画写反等。

学习困难一般又称特定学习障碍，指在获得和运用听、说、读、写、推理、数学运算能力方面表现出严重困难的一组异质性障碍，是一种或多种基本心理过程的障碍，不包括由视觉、听力、神经功能障碍、智能缺陷、情感障碍，以及环境、文化、经济因素造成的学习问题。[①]

据胡真等人于 2019 年至 2020 年间运用学习困难筛查量表对北京市 12 所公立初中的初一、初二学生的筛查，发现学生学习困难的发生率为 7.0%，男女生发生比为 2.2∶1，具体类型上阅读理解困难和数学推理困难的发生率较高，分别

---

① National Joint Committee on Learning Disabilities. Learning disabilities：Issues on definition-revised[J]. Journal of Learning Disabilities，1987，20(2)：107－108.

为 5.0％和 4.6％。① 可见,在初中生群体中,学习困难的现象并不罕见,"不能学"也许正成为困扰青少年学生健康成长和发展的常见问题之一。

二、关注学生情绪困扰给学业带来的挑战

学习困难学生的焦虑水平显著高于非学习困难学生②,而焦虑情绪会对学习中的认知过程产生消极作用。所以,对学习困难的学生而言,缓解其焦虑情绪不仅有利于积极心理发展,更有助于提升学习自信及学业水平。

此外,学生本身情绪问题引发的学业水平低下同样不容小觑。《2022 年国民抑郁症蓝皮书》显示,我国青少年抑郁症患病率已达 15％至 20％,抑郁症患者中 18 岁以下者约占 30％。青少年中还有约占 24.4％至 34.2％③的存在明显焦虑情绪但尚未达到诊断标准的学生群体。当学生出现了明显的情绪困扰后,他们在学习上也会有诸多实际困难,如容易感觉疲劳、注意力难以集中、记忆变差,甚至伴随头痛、胸闷等生理不适,从而对学习丧失兴趣,甚至与成人对抗,这些行为容易被误解为"不要读书""青春期叛逆"。

📖 应对策略

一、及时识别,努力消除负面标签

在初中学校,普遍存在班额大、学生差异大的现状,因此导师的作用十分关键。当发现一位学生"脑子不笨",在学习上也比较努力,但仍然收效甚微,甚至还在不断退步时,导师就要对这样的学生加以关注,通过谈心谈话了解他究竟遇到怎样的实际困难,是阅读时候容易漏看、错看,还是计数困难、不能理解数字符号,抑或是经常写错、默写困难,还是情绪持续低落导致的专心度与记忆力下降。

导师首先要做的是与家长、任课老师共同探讨在他们身上发现的与努力不相符的学习效果,以及他们或许正在经历的实际困难,尽力澄清在他们身上容易

① 胡真,余小鸣,李榴柏,等.北京市初中生学习困难现况[J].中国学校卫生,2022(1):92-95.
② 俞国良,王浩.学习困难学生焦虑的元分析[J].中国特殊教育,2016(4):53-59.
③ 张露,范方,覃滟云,等.快速城市化地区青少年焦虑性情绪问题及影响因素[J].中国临床心理学杂志,2013(3):434-438.

出现的"不认真""不听话"等误解和抱怨,为进一步提供有效的引导、帮助打下基础。

二、联合团队,共同研讨并商量对策

专业医生团队对学习困难进行评估时,也需要如儿童神经科医生、发育行为儿童医生、儿童心理学家等多科会诊。所以就学校而言,发现学生可能面临的学习困难和情绪困扰后,导师需要及时联系班主任、心理老师,从专业的角度对学生进行全方面的评估,以便更好地获取具体的对策与建议。一旦评估小组一致认为对学生的干预已经超越自己的能力范围,则需要联系家长转介到专业机构,必要时配合专业的药物治疗与心理治疗。

若通过评估,发现学生自身并不存在太大困难,而是由于家长不能接受孩子做完学校作业后的"浪费时间"而导致的家庭压力过重、家庭学习环境过分嘈杂而导致的注意力不能集中、家庭冲突不断导致持续产生不良情绪等原因,那么导师应将工作重点放在家校共育,通过与家长共同探讨,调整家长对孩子学业的期待、引导家庭关注孩子的全面发展、提供家庭处理亲子冲突的适宜方法等具体策略,改善家庭教育环境,提升家长家庭教育能力。

三、温柔坚定,参与过程专注点滴进步

"不能学"的学生更需要温柔的态度和坚定的引导。导师可利用自己的专业或者个人特长,直接参与到学生日常学习中。如:针对阅读困难的孩子,可设置每周一小段共同阅读的时间,让孩子带着好奇,用互相提问的方式共同理解文中大意、谈理解;针对数学困难的孩子帮助其巩固基础,就不理解的部分多加练习;就书写困难的孩子,多关注默写、抄写,巩固点滴进步;对有情绪困扰的孩子,多听听他们的烦恼,以自己经历引导他们看到情况的普遍性,用恰当的方法引导其正确归因,对他们的学习和心理重回正轨提供一份支持。

最后,正在经历孩子学习困难和情绪困扰的家庭也十分不易。作为导师,除了关注家庭教育理念的传递,还要关注家长的感受、体谅他们的难处,在家庭支持不下去的时候鼓励家长,将孩子的进步及时传递给家庭,力所能及地为家庭提供支持与能量。

实践思考

初中二年级的莉莉最近的学习状态越来越糟糕,她的家庭成员之间因为不理解而产生很多的谩骂、冲突,对莉莉更是只关注学习的结果,一旦不理想就是指责。

导师王老师关注到了这一点,在联合心理老师开展家校沟通后,莉莉的父母带孩子就诊,并确诊其为抑郁状态,需按要求服药。虽然莉莉的一些症状得到了改善,但学习状态仍不理想。

如果您是莉莉的导师,您会如何支持、帮助莉莉?

资源链接

1. 曹爱华.儿童学习障碍的早期筛查、诊断与干预[J].中国儿童保健杂志,2023,31(6):590-594.

2. 俞国良,王浩.学习困难学生焦虑的元分析[J].中国特殊教育,2016(4):53-59.

第三章　突破厌学拒学的困境

相关研究显示,全球大约 17.8％的儿童和青少年存在拒学及其相关问题。中国青少年研究中心与北京师范大学教育系也在全国做过中小学生学习与发展的大型调查,发现因"喜欢学习"而上学的初、高中学生仅为 10.7％和 4.3％。

青少年厌学和拒学会对其身心健康发展造成一系列短期或长期的不良后果。从短期来看,厌学拒学可能会导致青少年学业成绩下降甚至辍学;从长期来看,拒学可能会对青少年成年后的身心健康、人格养成、择业就业、婚姻恋爱等方面均产生不利影响,可能导致长期的社会心理适应困难。

作为导师,如何更早发现学生厌学的迹象并开展针对性的工作? 本章将从心理学的角度,从学生厌学的早期识别、学生厌学的心理分析与应对、厌学拒学的预防三方面与各位导师分享对于厌学拒学学生的工作经验。

本章学习目标

一、了解学生厌学拒学的早期信号

二、学会识别和应对学生的厌学与拒学行为

三、未雨绸缪早防患,做好学生厌学拒学的早期预防

第一节 导师如何识别学生厌学拒学的早期信号?

案例聚焦

小安今年读初二,开学一段时间后她就很难准时完成学校的数学作业,很多作业都不会。一次与导师谈心时,她就对导师吐露心声:"老师,我可能真不是学数学的料,我看到学数学真的好害怕,我该怎么办?"

作为导师的您是否曾碰到学生类似的提问? 您会如何回答这个问题呢? 您对待"学生对某一学科学习感到很害怕"这个问题是怎么解读和回应的呢?

理论分析

相信导师多少遇到过类似小安这样的情况。您碰到的学生未必害怕的是数学,也可能是其他任意考试学科。当学生表达出对学习不知所措、很担心,甚至有点恐惧的时候,其实已经向导师发出厌学的早期信号。

那到底什么是厌学? 有哪些厌学的早期信号? 厌学是指学生对于学习感到厌倦的心理现象,是学生对学校的学习生活不能满足自己需要而产生的一种不满意、不愉快、厌烦学习生活的情绪、行为和认知表现。

在情绪情感上,对学习有紧张、焦虑、讨厌、反感、惧怕、厌恶、抵触、苦恼的情感,可能也会有容易愤怒暴躁的情绪,甚至无所谓、麻木。

在行为上,厌学的学生往往上课不专心听讲,不做或乱做笔记,上课总是迟到或者早退,作业经常不能按时、按要求完成;学业成绩不理想或下降明显;经常请假,严重的会长时间无法到校上课,无法继续完成学业,只能休学甚至辍学。还有些学生表现得相对隐蔽,可能看上去一直坐在课桌前,在学习上也花了很多时间,但是往往不专注,学习效率极低,想学但学不进。

在认知上,他们不知道学习的意义,也不知道学习的目的是什么,他们会怀疑自己的努力是否值得,怀疑自己的学习能力,甚至对自己的智商感到怀疑。他们往往会觉得自己努力了也没有什么用,产生自己做什么都很失败,自己很没有用的自卑感和挫折感。他们也可能把几次考试失败就归结为自己的失败、一生的失败,产生夸大、以偏概全的认知偏差。

学生厌学按照严重程度主要分为三类——轻度厌学、中度厌学、重度厌学。第一类为轻度厌学。一般来说,轻度厌学的学生基本可以正常上学。这一类学生主要表现为学习的动力不足,有选择性地喜欢某一门学科或者部分学科,或明显表现出只喜欢听某一位老师的课,不喜欢某些课程。第二类为中度厌学。中度厌学的学生会以各种理由拖延上学的时间。他们就算被迫按时到达学校,也很难在上课铃响起时回到教室,而是在学校的各个角落游荡,拖延回班级上课的时间。中度厌学的学生通常都有比较严重的偏科现象,学习态度比较懒散,上课容易发呆,注意力很不集中,做作业拖拖拉拉,偶尔因头疼、肚子疼等需要回家休息,但是绝大多数时候还是能坚持来校上课。第三类为重度厌学。这类学生已经可以说是拒学。他们往往会伴随一些比较明显的躯体表现,比如一提到学习就会头晕、头痛、肚子痛等,或者对学习产生非常强烈的抵触情绪,他们也会拒绝学习并用言语和行为进行反抗。他们逃避在学校的学习,无论家长、老师如何劝说都不愿意来校学习。有的会在家里沉迷于网络游戏、刷小视频,作息日夜颠倒,等等。

 **应对策略**

作为导师,如何能够尽早识别学生的厌学?

第一步,察言观色

导师可以从情绪、行为两方面进行观察。从情绪方面,可以观察学生在学校的精神状态是饱满还是萎靡不振,情绪总体情况是开心的时候多还是不开心的时候多,一提到学习是否会很紧张、害怕或者烦躁;是否内心讨厌做作业或者讨厌某个老师,是否对于去学校感到不安甚至抵触。我们需要时刻关注学生的情绪状态,尤其是当他们对学习表现出以上提到的抵触、讨厌、紧张、害怕等负面情感时,这可能就是早期厌学的情绪信号。此外,我们还需要观察学生的行为变化,比如是否经常迟到、早退、请假,是否无法按时完成作业,是否在课堂上无法集中注意力,是否会说诸如“我不想学习”“做作业好烦”“看到学习好害怕”,甚至“每天都不想去学校”等言语。这些都是学生厌学可能表现出的行为信号。

第二步,促膝长谈

导师需要与学生进一步深入地沟通,以了解学生对于学习的更深层的看法、感受。首先导师需要选择一个安静、不受干扰的谈话环境。一杯暖茶、一些小点心或许能让学生感受到导师的温暖和关心,营造出宽松、舒适的谈话氛围。有深度的谈话可以帮助导师从认知上进一步了解学生对于学习的真实看法,当学生认为自己再努力也学不会,自己很没用,感到很自卑,对自己未来也保持着悲观、消极的态度,那可能就提示导师学生出现了厌学的认知信号。

第三步,做出判断

厌学是一个逐渐升级、不断发展的过程。它经历一个从量变到质变的过程。按照厌学的发展阶段可划分为四个阶段,即焦虑阶段、怀疑阶段、恐惧阶段和自卑阶段。

焦虑阶段是指学生因为没有实现预定目标而产生冷淡和焦虑意识。适度的焦虑能为学生带来压力,而适度的压力又能转化为他们努力学习的动力,推动他们不断前行,从而在学习之路上取得持续的进步。然而,当焦虑过重,或是频繁出现,学生的学习心理便可能步入下一个阶段——怀疑阶段。

怀疑阶段是指学生由于在学习上多次失败,常常不能实现自己或老师设定的学习目标,进而对自己的学习能力产生怀疑,觉得自己不是一块适合学习的材料。此时,若有学习成功的机会出现,学生的学习信心和自信心便可能重新焕发。然而,如果他们经过努力仍然不断失败,那么他们的学习心理可能会进入下一个阶段——恐惧阶段。

恐惧阶段是指学生在学习上产生明显的障碍,怀疑自己的学习能力有问题,从而对学习产生恐惧心理。在恐惧阶段,学生的内心充满了逃避学习的冲动。当他们内心充满恐惧,却又无法逃避学习时,他们的心理可能会进入下一个阶段——自卑阶段。

自卑阶段是指学生把学习上的失败全部归结于自己学习能力低下,从学习能力扩大到自我评价以至于彻底失去学习信心。这种学习上的"心死"不仅影响他们的学习效果,还可能影响他们的整个学校生活,使他们的整个学校生活都笼罩在自卑的阴影之中。如果学生厌学日益严重,最终会从厌学转变为拒学。

导师需要根据学生情绪、行为、认知三方面的情况初步判断学生厌学所处阶段和严重程度。如果学生社会功能正常,即能够正常地来校学习,导师可以继续留心观察,从认知上对学生进行适当调整。如果学生因睡眠、饮食问题、情绪和

行为对学习出现较严重的抵触,无法正常来校上课,那需要及时和班主任、心理老师沟通,转介给心理老师,由心理老师做进一步的干预。

作为导师,可以从厌学发展的四个阶段来了解学生的厌学程度,同时也可以从情绪、行为、认知三方面来初步判断学生是否发出了一些厌学的信号。导师要尽可能做到早发现、早干预。

第二节　导师如何应对学生的厌学拒学?

案例聚焦

进入初中后,小一的数学成绩总是不理想,花了很多时间也不见效。初三一模考时,她数学又没及格。她告诉导师:"老师,我实在不想学了,我该怎么办?"

理论分析

学生出现以上心理问题,可能由以下四方面原因导致。

一、学习受挫与学习动力不足

小一就是在学习过程中受到挫折,对学习悲观失望,毫无信心,然后产生厌学心理。有些学生学习很努力,但在学习上存在困难,一次次失败,鲜少体验到成功的快乐,从而对学习产生了挫败感,甚至认为自己天生愚笨,根本不是学习的材料,陷入习得性无助之中;有些学生曾经取得过自认为可以的成绩,但与学习好的同学相比还是有些差距,因而很少得到老师和家长的认可与鼓励,长期被忽视,便逐渐丧失了自信心。当学生学习成绩不良时,学校、家庭以及周围环境的评价、态度都会影响学生的自我评价与自我效能感。

学习动机缺失也可能是导致学生厌学的重要原因之一。有的孩子认为学习是家长要我学、老师要我学,学习处于被动状态,当遇到学习困难和阻碍时,因为自身缺乏动力,对自己的未来感到迷茫,更加重了无意义感。

二、人际关系问题

有些学生性格内向,不善于与人交际,没有朋友,不参加活动,在学校的体验很不好,感到非常孤独、格格不入;有些学生可能曾遭遇过被同学排挤、孤立,甚至被校园欺凌等;还有些学生当由于某种原因对某位教师产生不满,内心充满负面情绪又无力化解时,不听他讲的课以及抵触上学就成为报复老师常用的一招了。根据马斯洛的需要层次理论,人有归属和爱的需要。这包括:友爱的需要,即人都需要伙伴之间的融洽关系和结交朋友,获得友谊;归属的需要,即人都有一种归属于一个群体的感情,希望成为群体中的一员,并相互关心和照顾。这种需要属于较高层次的需要。初中阶段的学生由于在校的时间加长,同伴和良好的师生关系对学生的在校学习体验会产生非常大的影响。

三、家庭原因

家庭环境对孩子的学习有着不可忽视的影响。安静、整洁、充满书香的家庭环境,往往能够激发孩子的学习欲望。相反,嘈杂、混乱、缺乏学习氛围的家庭环境,可能会让孩子对学习产生烦躁的情绪。因此,家长应该尽力为孩子创造一个良好的学习环境,让他们能够在安静、有序的环境中专注于学习。

父母的教育方式也是影响孩子学习的关键因素。家庭给孩子带来的松弛感、鼓励和支持能够助推学生健康成长。如果家长很专制,对孩子过度干涉或放任自流,或过度责备和批评,会让学生处于一个压抑的环境中。此外,家庭氛围也产生着很大的影响。和谐、温馨、充满爱的家庭氛围,能够让孩子感到安全和自信,从而更加积极地面对学习。相反,冷漠、争吵、缺乏关爱的家庭氛围,可能会让孩子感到无助和失落,从而对学习失去兴趣。

除了家庭环境、教育方式和氛围外,家长自身的情绪状态也会影响孩子的学习态度。如果家长情绪不稳定,经常对孩子发火或情绪化地对待孩子的问题,可能会让孩子感到害怕和不安,从而影响他们的学习效果。

总之,学生的家庭环境、父母的教育方式、氛围以及家长自身的情绪状态都会成为孩子厌学的影响因素。

四、学生的身心健康

学生的身心健康与其学习状态紧密相连。当学生长期处于身体不适、疲劳状态时,他们往往会对学习产生厌倦感,影响学习的兴趣和动力。例如,疾病带来的疼痛、因需要就医或休息而导致学习进度落后、作业堆积、贫血、营养不良、睡眠不足等,都可能导致学生在学习时精神无法集中,学习能力下降,甚至产生厌学情绪。

除了以上提到的身体原因,当学生的心理问题比较严重时,学生正处于"不是我不想学,而是我没有办法学"的状态,此时,学生厌学拒学的背后隐藏着各种情绪问题和症状表现,如焦虑、抑郁等。

综上,导致学生厌学的原因错综复杂,有时候互相交织。只有深入了解学生的实际情况,提供个性化的帮助和支持,才能帮助学生走出厌学的困境,重新找回学习的乐趣和动力。

应对策略

一、面对学生学习受挫与学习动力不足

此时,作为导师要理解学生的不容易,切忌讽刺挖苦学生。要对学生进行学习方法的指导,让他们了解学习的本质,关注学习过程本身,而不是为成绩所累。要多看学生的优点和长处,增加学生的自我效能感,给予学生更多的理解和宽容。

长期学习任务繁重、家长期待过高,一些学生升学压力大,在学习过程中体验到的是无穷的痛苦,这让学生难以承受,产生心理疲劳,出现厌学情绪或状态。家校沟通时,导师可以建议家长降低对孩子的期待,不要给孩子过多的压力,引导孩子在家劳逸结合;保护孩子的自尊心和好奇心,多摸索生活中各种好玩的东西,让孩子对学习抱有求知的欲望,才能让孩子在学习中得到快乐。

二、面对学生遇到人际关系问题

导师要引导、鼓励学生多参与集体活动,融入班集体,学习沟通技巧,勇敢表达自己的感受和想法。必要时导师可寻求心理老师的帮助,帮助学生提升人际交往的能力,增加社会支持。另外,学会感恩是提升人际关系的好方法。感恩的

具体方法包括如下几种。

1. 写感恩日记

（1）准备一本专用的笔记本，或者利用手机文档编辑软件。

（2）每天记录3件想要感恩的事情，目的是让我们发现生活中的美好，即使是遇到困难也不再吐槽，不再抱怨生活，而是把注意力专注在事物的更多积极面上。

（3）先记录事情，可以是同学帮助你的一个小忙，或者是妈妈每天给你做的晚餐，也可以是你遇到的困难和失败，甚至是路边为你盛开的花，一切事情都可以记录，写下这件事情给你带来的感受，然后进行感恩。

（4）发自内心地去感恩

例1：今天同学借给我一块橡皮，让我少错一道题。非常感谢我的同学，今天是幸运美好的一天。

例2：今天下雨，我的鞋子被淋湿了，但雨水滋养了路边的花草，感恩大自然的赐予！

（5）坚持半年

每天写感恩日记，坚持一段时间，比如半年，你会发现生活中的一草一木都是那么美好，只是我们忽略了，所以才总觉得自己不幸运，自己很倒霉。学会感恩，让我们的心更加包容、柔软，人际关系自然而然会有改善，也会让我们越发幸福！

2. 用行动表达感恩

感恩不一定要用语言，但一定要让对方知道你对他（她）的感谢。比如：在对方遇到困难时，施以援手；在对方生日时，送一个小礼物；说一句赞美的话，给一个拥抱……这些不同的方式，需要你在不同的情况下加以运用。

3. 感恩"小确幸"

感恩并不是说要感谢多么重要而伟大的事情，很多时候，感恩是对生活中一些确定的、微小事情的感谢，这被称为"小确幸"。比如：感恩一个温暖而舒适的午后小憩，感恩学习到了一个有趣的新知识，感恩自己今天发现了一种美食……这些令人感动的小事，常常能够持久地温暖我们的心。

4. 感恩自己

感恩不单是对别人，感恩自己同样可以提升自信和自我满足感。

导师可以让学生经常问问自己：我今天帮助了谁？我做的哪些事情减轻了别人的痛苦？我的幽默感给大家带来了多少欢乐？在感恩中，每个人都是一个连接点，由此连接起你和我！

三、面对学生碰到家庭困扰

学习其实是一件极其辛苦的事，当孩子心理无法满足情感要求时，会出现众多情绪困扰，产生内耗，导致无心学习。甚至有些孩子会因为得不到家庭的温暖和家人的呵护，而产生自暴自弃的心理，于是自我放纵，沉迷网络、不良交友混社会等，把学习抛在脑后。

遇到这类问题，首先，导师需要在伦理守则的范围内保护学生的家庭和个人隐私。其次，导师需要鼓励孩子多表达自己内心的感受、想法。有些孩子会把家庭矛盾归因到自己而产生很深的内疚和自责；有些家长也会把家庭的纷争和矛盾以及自己的情绪归责给孩子。此时导师可以作为一个耐心的倾听者、陪伴者、安慰者。当然，也可以鼓励孩子不仅仅求助导师，自己的亲人、信赖的好友、班主任、心理老师等都可以成为很好的支持者。最后，导师需要联合班主任，对家庭进行适当的家庭教育指导，稳定家庭的氛围，减少家庭矛盾对孩子成长的影响。家庭教育指导可以从营造学习型家庭环境、温馨的家庭氛围、稳定的家庭情绪，以及传授科学的教育方式等方面着手。

面对学生遇到的家庭困扰，导师需要发挥自己的专业优势，联合班主任和家长共同为孩子创造一个良好的成长环境。通过营造学习型家庭环境、温馨的家庭氛围和稳定的家庭情绪，以及传授科学的教育方式，我们可以帮助孩子更好地应对家庭困扰，促进他们的健康成长和发展。同时，我们也要关注孩子的心理健康和情感需求，给予他们足够的关爱和支持，让他们感受到家庭的温暖和力量。

四、面对学生的身心问题

当导师了解到学生有比较严重的心理问题后，首先，导师自己要放松心情，稳定自身情绪，把专业的事交给专业的人，把出现这种情况的学生转介给专业医疗机构去寻求帮助，包括进行心理诊断、治疗等。其次，导师可以试着理解学生，理解学生这些不当行为的背后是疾病，同时建议学生积极地向学校的心理老师、专业的医疗机构等寻求帮助。当孩子的情绪得到缓解，厌学、拒学的情况也会得到改善。

第三节　导师如何做好学生厌学拒学心理预防?

📖 案例聚焦

2023 年 10 月,中国教育学会高中教育专业委员会理事长、北京四中原校长刘长铭在中国教育三十人论坛主办的首届青少年心理安全论坛的演讲中提到:"我们的教育今天遇到的最大挑战是什么? 是学生厌学,是学生不想上学。"

《中国国民心理健康发展报告(2021—2022)》(心理健康蓝皮书)数据显示,在对全国范围内超过三万名青少年的调查数据进行了分析后,发现青少年中有14.8%存在不同程度的抑郁风险。心理健康对青少年的认知、社交、学业等多方面产生影响。严重的心理问题也是导致学生辍学的重要原因之一。

📖 理论分析

《黄帝内经》有云:"圣人不治已病治未病。"从心理学的角度来看,预防学生厌学拒学的关键是提前干预,即未雨绸缪早防患。在学习的道路上,每个学生或多或少会遇到一些困难,从而感到迷茫、疲倦,甚至想要放弃。但别担心,积极心理学是帮助学生重新找回学习乐趣的法宝。积极心理学是一门研究人类优势和潜力的科学,它关注如何让人更好地发展、生活得更幸福。它的诞生,也让心理学的研究重心由疾病转为看到人身上的优势和力量。当学生能够更好地发展,幸福感得到提升,对于学习自然而然会由抗拒转为喜欢。因为学习是人类生存的本能。我们可以从培养学生积极的情绪、创设积极的学习环境、增强学生学习能动性和自我效能感等方面开展工作。

📖 应对策略

一、建立支持性人际关系网,增加学生的心理韧性

导师需要引导学生建立良好的同伴关系、师生关系、亲子关系等。良好的人际关系可以使学生在面对危机得到更多的资源和更多的支持性力量的支撑。这里着重介绍如何建立良好的师生关系,读懂学生的内心需要,从而使学生更信赖你。

教师首先要关心学生的需求和感受。在与学生交往时,教师应该关注他们的内心世界,了解他们的兴趣、爱好和困难,鼓励学生多找导师、信赖的老师和家人谈谈。

除了在课堂上传授知识外,导师还可以与学生建立起真诚的友谊。要尊重学生的个性,与他们分享自己的生活经验和知识,从而建立起相互信任的关系。这样,学生就会更加愿意与导师交流,两者亦师亦友,从而促进良好师生关系的形成。

不带有批判的色彩去耐心倾听,与学生谈谈他(她)所面临的困扰和难处。在心理咨询中,倾听有一些特别的注意事项和技巧,它们同样也可以运用在导师与学生谈话的过程中。

(1) 侧面对着学生(squarely)。导师与学生分别坐于办公桌或者课桌相邻的两边。借助桌子的缓冲,给学生营造安全的人际空间。这样的座位布局相比面对面坐着,又显得不那么严肃和有距离感。

(2) 身体姿势开放(open)。代表无条件地包容与接纳,消除学生的害怕、不安。此外,导师开放的身体姿势会带动学生身体与心理的开放。老师的身体若封闭,就会让学生慌乱、退缩而无力。

(3) 身体稍微倾向学生(lean)。这种姿势传递出导师对学生的关心,让学生感动之余愿意开放自己,说说自己的心里话。如果导师身体后仰,紧贴椅背,会散发出对学生的冷漠与傲气,扼杀学生的勇气,使学生因气馁、心生畏惧而无力再谈。

(4) 良好的目光接触(eye)。导师与学生的眼神接触,传达出对学生的重视。当学生感受到导师散发的温暖与支持,就会有勇气,愿意勇敢地面对任何问题。如果导师的眼光闪烁不定,就会让学生的眼神无法凝聚,心思涣散,导师会觉得学生虽身与自己同在,而心另有所属。

(5) 身体放松(relaxed)。导师放松的身体姿势传达出其心境平静,学生受到导师这种姿态的感染,自然能够放松。如果导师的身体表现得很僵硬,紧握拳头,双眉紧锁,将会使学生更加紧张。

总之,导师要尽可能地理解学生,无条件地在心理上支持学生,多一份包容和允许,以学生身心健康为第一位。导师可以利用以上五个倾听技巧,让学生感受到被尊重和被关注。当导师能够理解并尊重学生的感受时,学生也会更加积极地参与到学习中去,从而形成良好的互动关系。

对有需要的学生应及早进行校、家、社、医联合支持,以防患于未然。

二、保护学生的求知欲,提供深度学习的机会

习近平总书记在科学家座谈会上指出:"好奇心是人的天性,对科学兴趣的引导和培养要从娃娃抓起,使他们更多了解科学知识,掌握科学方法,形成一大批具备科学家潜质的青少年群体。"孩子天生就对未知的事物有各种好奇心和探索欲,如何在学校学科教学过程中,通过课堂设计,促进学生积极参与、全身心投入,获得健康发展的、有意义的学习过程,也是导师正在探索和思考的领域。

比如,通过跨学科学习和项目化学习,让学生完成有挑战性的学习任务与活动,掌握学科基础知识与基本方法,体会学科基本思想,构建知识结构,理解并评判学习内容与过程;能够综合运用知识和方法创造性地解决问题,形成积极的内在学习动机。

三、设定明确目标,提升学生的自驱力

设定目标的意义和重要性不言而喻。然而,如何设定明确的目标,让目标能真正地激励到学生,激发学生的内在动力,以及让目标能够去实现,这是目标设定的关键和难度所在。

作为导师,我们可以根据设定目标的 SMART 原则,帮助学生明确他们的学习目标,并确保这些目标是具体、可衡量、可实现的(见表 3 - 1)。只有这样,学生才能有动力去努力,才能有成就感去坚持。

表 3 - 1　目标管理方法详解

SMART	代表	详细
S	具体 (Specific)	目标越具体,越容易集中精力达到。 例如,"我要多学习"是一个很模糊的目标。而"我每天下午 2 点到 4 点学习"就是一个具体的目标,并且给出了一个可行的计划。

（续表）

SMART	代表	详细
M	可度量 （Measurable）	目标是数量化或者行动化的。 例如,"我要努力学习"是无法实际衡量的。如果学生制定的目标是通过每天阅读 1 小时来使语文成绩提高5 分,那么这个目标是可衡量的。
A	可实现 （Attainable）	目标在付出努力的情况下可以实现,避免设立过高或过低的目标。 例如,学生现在每周学习 2 个小时。如果将目标定为每周学习 10 个小时则是不太现实的。我们可以增加学习时间到每周 3—4 个小时。
R	相关性 （Relevant）	目标是与学生的人生目标是相关联的。 例如,学生的长期目标可以是考入某所高中,中期目标是体育中考成绩满分。
T	有时限 （Time-bound）	注重完成目标的期限性。 例如,学生的短期目标可以是在周五晚上 8 点前跑步2 次,每次 10 分钟。

接下去继续分享设定目标的两个实用技巧,帮助学生增加控制感和学习自驱力。

1. 目标的可视化

对于有些学生来说,写下一个简单的目标列表就很有效,而对于另一些学生来说,把目标变得可视化会更有效。在一项有趣的心理学实验中,有一组参与者被要求在一段时期内每天都弹奏钢琴音阶,而另一组参与者则被要求在没有实际演奏的情况下,靠想象来演奏这些音阶。研究人员发现,两组参与者都表现出与手指运动相对应的大脑区域的增长。可视化包括把目标变成图像(如拍成照片打印出来)以及想象成功之后的结果。例如,小安去学校上课很容易丢三落四,比如忘记带作业本、红领巾等,导致学习准备工作不充分或者上课容易迟到,导师就可以建议学生把完全准备好的出门状态拍一张照片,然后打印出来贴在家门上,包括着装和书包里面的分类等。

2. 心智对比技术

心智对比技术是由纽约大学的加布里埃尔·厄廷根开发,这是一种帮助学生设定切合实际的目标的方法。

第一步,让孩子设定属于他自己的目标。这不是一个班级的目标,也不受老师、家长的影响。这个目标是既可行又具有挑战性的。

第二步,写下希望产生的结果。这个结果是随心所欲写下任何想要的东西,不需要瞻前顾后,左思右想。

第三步,考虑自身内在的障碍。

比如,学生往往会把成绩作为自己的目标,如小 A 同学原先数学成绩是 90 分上下,父母希望她能考到 110 分,那这个目标是她父母的目标而非她自己的目标。第一步,学生确定她的目标为 92 分。这个分数既符合现实,又具有挑战性。如果她之后能考到 92 分,那她就像攀岩一样,"锁定"住。(大多数攀岩者会攀爬一段后锁定,随后再攀爬,再锁定,循环往复。一旦掉了下来,也最多下落几米,而非五六十米。)第二步,写下希望产生的结果,可能是"细心""自信"或"专注""冷静"。第三步,当考虑自身内在的障碍时,学生可能会写下"匆忙""压力"和"迷茫"。这样做的好处是学生在心理上已经在准备应对考试,还会想象一下那种压力或混乱究竟会是什么样的。然后他们就会想象自己克服或者面临这些障碍的情景。这些想象有助于学生更有效地去应对挑战。比如,当遇到不会的难题,需要留出多少时间思考这道题? 当考试时间有点来不及时,如何把时间分配到剩余的题目上? 先做哪些题可以拿到更多的分数? 开始思考内在障碍时,学生已经预见到潜在的挫折,也能接受发生意外状况,这将有助于他们更有效地去应对挑战。

四、评价维度多元化,探寻学生生涯新规划

"尺有所短,寸有所长。"每个人都有自己独特的优点和才能,因此,对学生的评价不能仅仅局限于学业成绩,而应该从多个维度出发,全面、客观地评价学生的能力和潜力。这种评价维度的多元化,不仅有助于发现学生的优点和特长,更能激发学生的自信心和学习动力,促进他们全面发展。

随着科技的发展,人工智能时代的来临,现在的就业选择面更宽广、更多变、更灵活,预计之后学生的择业就业更会产生翻天覆地的变化。学校的生涯教育也应该紧跟时代的潮流。导师可以利用导师的学科优势和学生自身的兴趣、特长以及学生对自身的了解,因地制宜地指导学生设想对自己未来的规划。这种规划应该既考虑到学生的短期目标,也关注他们的长期发展,并帮助他们发掘自身的潜力和优点。同时,还需要指导学生不断提升自己的综合素质,包括学业能

力、社交能力、实践能力等,以更好地适应未来的职业需求,为他们的未来发展打下坚实的基础。关于生涯指导这部分更详细的内容,导师可以根据需要翻阅相关章节的内容进行借鉴和进一步探讨。

此外,我们还应该鼓励学生积极参与各种社会实践和志愿服务等活动,以拓宽他们的视野、锻炼他们的实践能力。这些活动不仅可以让学生更好地了解社会、认识自我,还能培养他们的社会责任感和公民意识,为他们的未来发展积累宝贵的经验和资源。评价维度的多元化和学生生涯规划的新思路是现代教育发展的重要方向。作为教育工作者,我们应协力积极探索和实践这些新的教育理念和方法,为学生的全面发展和未来的成功奠定坚实的基础。

建立良好的人际关系、保护学生的求知欲、设定明确的目标、评价维度多元化等都是导师可以践行的方法。预防学生厌学拒学需要我们从多个方面入手,这个工作颇具挑战,但意义非凡。作为导师应怀揣爱学生的初心,用耐心、细心和恒心去对待每一个学生,用爱去温暖每一个学生的心灵,激发他们的学习热情,唤醒他们的潜能,让他们在学习的道路上走得更远、更稳、更好。只有这样,我们才能真正做到未雨绸缪,助力学生健康、快乐地茁壮成长!

实践思考

小李是一个入学一个月左右的预备年级新生。一开始他在英语课堂上发言很积极,但同学们总嘲笑他发音不标准,还给他起了难听的绰号,渐渐地,小李有点讨厌去学校上课了。

请试着分析小李厌学的原因可能是什么。如果您是他的导师,您会怎么做呢?

资源链接

1. [美]克里斯托弗·A.科尼,[美]安妮·玛丽·阿尔巴诺.孩童厌学:治疗师指南/父母自助手册[M].彭勃,王晓菁,付丹丹,译.北京:中国人民大学出版社,2010.

2. 金忠明,周辉.厌学的孩子:12招妙计让孩子不厌学[M].上海:华东师范大学出版社,2011.

3. 刘亮.父母做这9件事,孩子从厌学变爱学[M].北京:中国妇女出版社,2020.

第四章　跨越学业的迷茫困顿

在前期针对导师的问卷调查中发现,导师对学生内驱力的培养、自我效能感的提升、学习自控力的培养等方面的培训有较大的需求。然而,学生在学业上出现困境,往往有不同的表现和原因,导师如何有针对性地提供切实可行的方法和策略?

学生学业困惑主要表现为以下四种类型。

"挫败无助"生。这类学生往往经历过太多的挫折和失败,在屡次遭遇"碾压"和"毒打"后,产生了"习得性无助"的现象,在学业方面丧失自信,自我效能感不足。

"困顿迷茫"生。这类学生看似是校内最普通、最不引起关注的一个群体,与其仔细交谈后,发现他们对学业没有追求和目标,长期处于"困顿迷茫"的状态。

"忙碌疲惫"生。在学校的诸多场合都能看到这类学生的身影,但忙碌的"赶场"往往让他们迷失方向。同时,低效的时间管理和事务管理也使得这类学生显得"忙碌而疲惫",成长的步伐停滞不前。

"低效磨蹭"生。这类学生整体而言自我管理能力较弱、学习效率一般,在学习的自主性和行动力方面需要进一步提升。但他们难以觉察自己的学习习惯问题,对于学习方法的调整策略也不够明确。

在本章,我们就以上四种情况结合案例逐一探讨学生学习表现背后的心理特点,以及导师可以采取的应对策略。

📌 本章学习目标

一、掌握助力"挫败无助"生重拾学习信心的策略和方法

二、掌握助力"困顿迷茫"生感受学业意义的策略和方法

三、掌握助力"忙碌疲惫"生聚焦学习规划的策略和方法

四、掌握助力"低效磨蹭"生开启高效学习的策略和方法

第一节　导师如何助力"挫败无助"生重拾学习信心？

目前,越来越多的中学生对学习有畏难心理,从表面看他们的学习行为不够积极主动,深入了解后发现学生外显行为背后是情绪的困扰和对努力学习这一行动与学业结果的错位认知。因此,针对这类"挫败无助"的学生,导师可以从积极视角入手,助力学生重拾信心,提升学习行动力。

案例聚焦　"挫败无助"的吴昕昕

吴昕昕同学明天就要进行期中考试了,她对此感到焦虑和担忧,但又认为即使努力也无法提高学习成绩。原来,她近几年在学业上遭遇了几次重大的挫败后对自己缺乏信心,认为自己没有能力应对和完成学业。

理论分析

一、习得性无助

习得性无助,指个体经历某种学习后,在面临不可控情境时形成无论怎样努力也无法改变事情结果的不可控认知,继而导致放弃努力的一种心理状态。

二、自我效能感

自我效能感,指个体对自己是否有能力完成某一行为进行的推测与判断。

吴昕昕同学在长期多次挫败下自我效能感较低,且有习得性无助的心理特点,认为自己即使努力学习也无法提高学习成绩、实现学业目标。

应对策略　重拾信心,促进行动

一、积极反馈

导师对学生的学习行为给予积极而具体的反馈,可以帮助学生产生激励效果,同时学生能够及时得到有关自身学习状况的信息,发现自己的优势和能力,提升学习动机。

积极的反馈需要尽可能具体、细致。例如,学生说:"今天的内容太难了,这个题目我怎么也做不出来。"数学导师可以表达为:"今天立体几何课上讲解辅助线的添加时,你在认真思考,还做了笔记。所以,你今天这道题目的辅助线是对的,说明你有了初步的思路。"这样,学生能够从导师这里获得积极、具体的关于学业的反馈,关注到自己的正向评价。

二、体验成功

低自我效能感的学生往往会怀疑自己的能力,进行自我贬低,因此导师可以帮助学生根据实际学业水平设置合理目标,创设成功体验,增强学生愿意尝试的意愿。这个目标需要由学生自己设定,使得学生更愿意为之付出努力。同时,导师结合"积极反馈"步骤肯定学生每一个微小的进步,帮助学生感受细微成功的愉悦感和成就感。

导师可以给学生布置1分钟作业:每天发现一项做得还不错的地方。让学生在潜移默化中"内化",使得"我不是学习的料,怎么努力也学不好"的想法,能够自发地转化为"我发现在背诵的时候采用的联想记忆法对自己很有效""我对在化学实验制气体类型题有一些解题思路和方向"。

三、榜样学习

观察和模仿是学生常用的一种学习方式,榜样学习对提升学习动机非常有效。因此,导师可以与之讨论同该学生情况贴近的榜样案例。在此过程中,需要注意案例有真实性,贴近学生实际,榜样有针对性,符合学生需求目标,以及榜样的多元化。

导师可以给学生布置1分钟作业——句式转换与思考:"我不擅长"→"我怎么做才能擅长……",使得学生在提升动机意识的同时,能促进行动力和积极学习行为的发生。

导师可以通过以上"三步法"针对吴昕昕的情况给予更多的支持和帮助,让吴昕昕通过外界鼓励和发现自身优势,逐步转化并内化,最终提升动机和行动力。

📝 **实践思考**

请试着根据上述方法,引导身边挫败无助的学生重拾信心。在此过程中,导师可以问自己以下几个问题。

1. 他在哪些方面具有优势和能量？给学生 5 条以上积极、具体的反馈,来肯定学生的微小进步。

2. 我能为他提供哪些机会,让他体验学业上的细微成功？

3. 有哪些与他情况相似的榜样案例,能为他提供动力,引领他前进？

第二节　导师如何助力"困顿迷茫"生感受学业意义？

对于刚刚踏入高中的学生来说,新的校园、新的同学、新的老师,一切都是全新开始。初中四年的拼搏,完成了中考这个命题后,有不少同学升入高中后一下步入了迷茫期,他们会开始思考人生的意义、学习的意义、高考的意义。导师在与学生交流过程中,如何引导这类学生将青年期的哲思联系实际生活,过好当下的每一天,成了一个重要议题。

📝 **案例聚焦　困顿迷茫的吴依依**

吴依依同学是高一年级的新生,作为一名最普通的学生,她既不惹事,也不出挑,按照老师和父母的要求参加学校各项活动。但她经常感到迷茫,不能理解学习的意义,中考后也没有了学习的动力和目标,处于困顿迷茫的状态。

📝 **理论分析**

一、学习动机不强

动机是激发和维持有机体的行动,并将使行动导向某一目标的心理倾向或内部驱力。

从案例的表层来看,吴依依同学的学习动机不强,在学习方面提不起劲、不是特别想学习,虽然她能够按照外界的要求开展学习、参加校园活动,但对此的主动性比较低,无法长期促进学习行为的生成。

二、学业目标缺失

目标可以提供希望感,冲散对于未知事物的不确定性,同时让个体感觉自己一直朝着一种更好的、更有意义的未来在前行。

吴依依同学处于目标达成后的"失落真空"阶段,作为初中生的她在达成中考这个重大目标后,陷入没有方向、缺乏目标的"真空状态",因此对自己的学业和生活显得困顿而迷茫。

三、意义感

结合加里·T.雷克(Gary T. Reker)和保罗·T.王(Paul T. Wong)在1988年对意义感的研究[①],以及 Roy F. Baumeister 教授于 2002 年提出的新观点[②],生活的意义感主要由四个维度构成:目的性(一系列目标)＋重要性(目标是有价值的)＋自我效能(有能力和行动)＋连贯性(串联完整)。

从深层来看,吴依依同学的情况主要是意义感缺失导致的学业动机削弱和无目标状态。

应对策略 兴趣入手,寻找意义

一、发现兴趣

俗话说"兴趣是最好的老师",同样,"兴趣是最好的动力"。因此,导师可以在个别沟通、集体座谈、团体活动等多样化活动中发现学生的兴趣点,畅谈他(她)的兴趣爱好、人生榜样,同时可以鼓励学生积极参与校内外的各种活动,在发现兴趣的同时,寻找志同道合的同伴。

导师通过与吴依依沟通,发现该学生对模型以及香料方面很有兴趣。

---

① Reker, G. T., & Wong, P. T. Aging as an Individual Process: Toward a Theory of Personal Meaning[M]. In: J. E. Birren, and V. L. Bengtson (Eds.), Emerging Theories of Aging. New York, NY: Springer, 1988: 214 - 246.

② Baumeister, R.F., & Vohs, K.D. The Pursuit of Meaningfulness in Life[M]. In: C.R. Snyder, and S.J. Lopez (Eds.), Handbook of Positive Psychology. New York, Oxford University Press, 2002: 608 - 618.

二、形成联结

满足联结感,即满足和他人交往以及与世界建立联结的社会需求。

(一) 知识性联结

导师可以帮助学生与世界建立联结,即学以致用。当学生能自主地将知识用于解决生活问题,又或者将所学的语言文字用于记录生活、抒发情感、交流沟通时,他们就看到了学习的意义,就能从中得到更多的联结感与快乐。

例如,"模型制作"这一兴趣爱好,可以与各门学科建立联结。

物理:力学结构、榫卯结构

艺术:建筑与美学、设计学、榫卯结构

政治:文化自信与国际关系

地理:气候环境与建筑特点

历史:当代历史与建筑特色

英语:国外文化

科技:国防军事、科技制作

语文:高一语文教材梁思成篇目、导览撰稿、媒体报道

拓展:课题研究与写作

导师可以尝试引导吴依依同学将兴趣爱好与学校学业相结合,找到关联学科,并与学科老师做进一步沟通,启发生涯兴趣方向。

(二) 关系性联结

同伴间的分享、合作以及互相影响,父母、老师的信任与支持都会促使孩子更愿意去学。导师可以鼓励学生发展社会关系,在各项兴趣爱好上寻找"同频"的人。例如:

- 同伴分享,建立社交圈
- 担任社长,成立兴趣社团
- 开设账号,互联网上志趣相投
- 家庭中的分享,亲人信任与支持
- 导师的倾听,给予鼓励和引导

三、初定目标

目标对个体而言有着重要的意义,它可以帮助人们明确自己的方向和目的,

设定目标的过程可以激发人们的动力和热情。导师可以基于学生的初步探索，与学生共同讨论高中阶段的学业目标。这个学业目标并非一些成绩或一组"死气沉沉"的数字，而是富有生命力的"目标"。

比如，结合学生的兴趣点和同伴、家人的建议，对未来的专业、学校进行初步的了解、探索，并结合具体的学业情况，不断调整、细化自己的学业目标。

通过以上几个方面，导师可以帮助吴依依在学业生活中通过体验发现，感受生活和学业的趣味，在联结中增强学习动机、制订学业目标、感悟内在的意义与价值。

总之，导师可以建议吴依依同学在高中阶段广泛参与各项活动，发现兴趣和特长，将兴趣点与周围的群体进行联结，找到志同道合的群体，将兴趣点与学业学科相联结，发现学习的意义，鼓励她设定初步目标，体验学业生活中的意义感。

📖 **实践思考**

请试着根据上述方法，引导身边迷茫无措的学生找到意义与目标。在此过程中，导师可以问自己以下几个问题。

1. 他（她）有哪些兴趣、爱好、特长？ 对此他（她）自己是否了解？

2. 他（她）的这些兴趣爱好是否得到父母、老师、同伴的支持？ 他（她）是否融入了有同样兴趣的群体？

3. 如何引导他（她）发现兴趣爱好并将其与学科知识相联结？

4. 针对兴趣爱好与关联学科，如何与他（她）讨论设定初步的学业目标？

第三节　导师如何助力"忙碌疲惫"生做好合理规划?

高中丰富多彩的校园生活和多元化的学业选择，会让学生感到充实而富有趣味。但其中有一部分同学却因为参与过多的项目，难以合理安排自己的时间与事务，显得身心俱疲。而且学生往往没有明确的学业方向和规划，因此他们容易"东一榔头，西一棒子"。因此，导师可以帮助同学重新梳理高中生活和学业的重点发展方向，在此基础上学习时间管理的策略，合理规划学业生活。

 **案例聚焦 "忙碌疲惫"的吴桂华**

吴桂华同学是典型的"大忙人",作为社团负责人,他忙着设计并组织大家开展活动;英语和化学老师想推荐他参加比赛,他需要修改讲稿、刷化学竞赛题;他爱好动漫、模型和摄影,放学后经常和朋友讨论一些"新番"或爱好中的技术问题,一聊就很久;还要进行日常的错题询问订正,完成课后作业、背诵等。他经常像"赶场"一样到处跑,有时还会因"撞车"被很多人找。细心的导师发现,每节课间忙忙碌碌的吴桂华开始变得状态不佳,上课打瞌睡情况严重,成绩略有下滑。吴桂华自己对此非常苦恼。

理论分析

一、时间管理与事务管理

高中生在全面发展自我的过程中,往往会遇到"时间管理"这个议题。从浅层次看,吴桂华同学就遇到了这个问题,他每天的时间都安排得非常忙,一个任务做到一半又要开启另一个角色身份投入另一项事务中。因此,导师可以有针对性地引导学生进行事务管理。

二、学业目标与规划

高中阶段的学业规划能够帮助学生明晰三年的学习进程和重点。吴桂华同学并不仅仅是受事务管理的困扰,深层次的问题是他对自己的学业目标和学业规划不够清晰,什么任务都要做,最后却什么都没做好。因此,导师可以引导学生开展目标重设与规划。

应对策略 聚焦规划,明确重点

一、聚焦目标

合理的时间安排和事务安排一定是基于目标或计划的。因此,导师需要通过与学生讨论,帮助其明确目标。

对于高中阶段的学生而言,三年发展的目标除了学业能力、学科成绩、重大考试等以外,他们会更多关注综合素养方面的发展,如健身、摄影、手工等爱好方面;或同伴交往等人际关系方面,或管理能力、工作能力等学生工作方面。因此,导师可以引导学生明确自己的三年目标、短期目标、近期目标,这些目标可以动态调整,但是要具体、合理、可行,以帮助学生在聚焦目标的过程中有所侧重和选择,有的放矢。

二、重要排序

引导学生更好地开展时间管理和规划。在设置阶段性合理目标的基础上,对其重要程度进行排序,并依据完整时间和零散时间的高效利用策略进行事务安排。

任务优先级方面,要按照"要事第一"的原则,优先完成重要的事情。导师可以指导学生设计日程安排,并为各项事务的优先级和重要性标记☆,☆越多则优先级越靠前。

三、监控调整

指导学生建立时间"账本",记录下浪费的时间、消费的时间和"储存投资"的时间,帮助学生总结、反思自己的时间管理情况(见表4-1)。导师在指导过程中,可以引导学生关注细节,讨论管理时间过程中的收获和改进策略,让学生获得更多的时间掌控感,体验时间管理的益处,形成良性循环。

总之,针对吴桂华的情况,导师可以从学生个人感受入手,引导学生在学业中做到有所选择、有详有略,明确自己远期和近期的重点发展方向。在此基础上,引导学生开展时间管理与事务规划,让学生能更笃定、更坚定地过好高中三年。

📖 **实践思考**

请试着根据上述方法,引导身边忙碌疲惫的学生聚焦目标、合理规划。在此过程中,导师可以与学生讨论以下几个问题。

1. 学生是否有明确、具体、合理、可行的近期目标和远期目标? 当前的任务与目标是否相关?

2. 学生日常是否有时间管理的意识和方法? 尝试进行每日任务优先级

排序。

3. 学生是否能劳逸结合，妥善安排时间？试着和学生一起记录并监控吧。

表 4 - 1　时间"账本"

时间分配	消费的时间		"存储投资"的时间		消费的时间	
日期	使用情况	调整方向	使用情况	调整方向	使用情况	调整方向

第四节　导师如何助力"低效磨蹭"生开启高效学习？

高中阶段的学业对学生的学业能力、学业习惯、学习技巧和策略都有更高的综合要求。因此，更合理地自主安排学习是高中生在高中初始阶段需要尽快掌握的一种自主安排能力。导师可以通过问题的诊断、策略的指导，协助学生提高自主安排能力和学习效率，更好地促进自主学习的开展。

案例聚焦　"低效磨蹭"的吴兴东

吴兴东同学是一名高三学生，他和家长共同商量后将自己心仪的大学和专业作为学业目标。在此基础上，他制订了详细的学习计划，也在父母的协助下尝试执行。但是，吴兴东同学在自主学习时效率并不高，往往无法按照计划完成阶段复习。导师和吴兴东深聊后发现，吴兴东在自主学习过程中存在不少问题……

理论分析

如何帮助学生找到适合自己的学习策略与方法？学生的学习习惯、学习方法、学习策略都有可能影响学习效率。导师可以通过与学生讨论，帮助学生发现自己面临的困扰和问题的症结，提出有效的建议、策略，引导学生提高学习效率，养成良好的学习习惯,培养自主学习能力,进而取得理想的学习效果。

应对策略　找寻原因,对症增效

一、发现问题

导师可以协助学生探索学习过程中的状态,了解学生效率低下的具体情境和原因,以进一步采用适合的方法、策略应对。可以采用自我检测方式让学生了解现状。

附:学习低效自我检测题

(1) 学生知道具体需要复习什么(作业、学科、章节、题型)

或者,学生知道大概需要复习什么

(2) 学生知道完成这项后,接下去的学习内容

或者,学生每次都需要考虑很久

(3) 学生能立刻投入这项任务中

或者,磨蹭很久,喝水、上厕所

(4) 学生能用合适的时间完成项目

或者,有多少时间就花多少时间

(5) 休息时长比较合适

或者,一旦休息会停不下来

(6) 休息之后精神较好

或者,休息很久还是头晕困倦,注意力无法集中

二、找寻方法

1. 途径与形式

(1) 学生团体智慧

导师可以组织学生开展团体讨论交流活动,针对学习效率这一议题说说自己的困扰、策略和具体做法,在彼此分享中找到团体支持的力量以及他人的优秀做法。

(2) 家庭力量支持

导师依据对学生家庭氛围、亲子关系的了解,有针对性地指导家长开展家庭

教育。在亲子关系和睦的情况下,家长能够积极应对学生学习磨蹭的情况,他们可通过适度的监督管理、恰当的家庭指导、关怀的家庭氛围成为学生学业的有力支撑。

（3）学生个体能量

导师除了借助外力帮助学生掌握良好的学习方法、提升学习效率,也要激发学生个体的动机,发挥其主观能动性,让学生基于问题查找、经验总结,积极思考可行的、适合本人的优化方法。

（4）导师针对指导

导师可以依据学生的情况有针对性地给予学生一些学习策略和方法指导,帮助学生培养自主学习能力,调适学习效率。

2. 学习策略参考

（1）化整为零

能够将学科任务做拆解。例如,同学说复习数学,可以将任务细化、具体化、可操作化。如:复习数学立体几何、三角函数、椭圆函数、概率中的哪一章节? 具体做哪一类题型? 做几道题? 或是进行笔记整理、错题整理? 当学生对需要复习科目的具体内容感到迷茫时,可以尝试这个方式。

例如:立体几何2页复习题;英语单词30个,听力一篇,作文每周二、周六各一篇;化学实验题3题;语文300实词1页。

（2）任务清单

利用任务清单,将每天要执行的学业任务梳理出来,并依据优先级顺序进行标记。这个方法可以协助学生确定先做哪一项任务。

（3）2分钟行动法则

指在培养一个新习惯时,不妨先开始一个所需时间不超过2分钟的低难度活动。如想要跑步3千米,先从换运动鞋下楼开始;复习一章节化学,先从翻开课堂笔记开始。这个方法可以针对学生磨蹭拖延的情况应用。

（4）对抗"干扰怪"

可以邀请学生以做游戏的方式找出学习过程中的"干扰怪",了解其"攻击方式",并思考"打怪秘籍",来对抗自主学习过程中那些影响自己注意力、干扰或中断学习的情况(见表4-2)。

表 4 – 2 对抗"学习干扰怪"

隐藏怪	攻击方式与特点	打怪攻略与秘籍	打怪掉落的资源
电脑	Steam 游戏诱惑	1. 删除桌面快捷方式 2. 占用电脑内存,使其无法运行	1. 高效线上学习 2. 查找学习资料
手机	各类消息的提示音、振动、亮屏 游戏类、视频类、社交互动类 App 诱惑	1. 开启静音、非振动模式,屏幕向下放置 2. 学习时断网、关机或远离 3. 安装番茄 todo、Forest 等限制类 App 4. 使用只有查找单词功能的专用学习手机 5. 请父母监督	1. 专注查找学习资料 2. 提高自律能力 3. 学习—休息严格区分
猫	到处溜达 诱惑我去撸猫	关到其他房间,并给它玩具	休息时作为奖励,开心地撸猫来作为放松方式
桌上的零食	吸引注意力 边吃边学降低效率	学习的环境(书桌、房间)内严禁出现零食	休息时作为奖励,更开心专注地吃零食

三、实践反馈

在导师个别辅导或团体活动中,探讨交流学习策略调整后的情况。

总之,导师可以通过与吴兴东同学的交谈,以及吴兴东同学的自我反思,找到效率低下、干扰行动力的几大源头,并对症提出改善策略,对其进行学习方法上的指导,帮助他提升居家学习效率。

📖 实践思考

请试着根据上述方法,引导身边低效磨蹭的学生提升行动力和效率。在此过程中,导师可以与学生、家长共同思考以下几个问题。

1. 学生低效磨蹭的主要原因是什么?

2. 学生能够运用哪种策略与方法进行调整,以提升学习效率呢?

3. 导师可以运用哪些策略与方法指导学生开展学习调适,提升学习效率?

📖 资源链接

1.董奇.知心育人:适合每位教师的心理健康教育指导手册(中学版)[M].北京:教育科学出版社,2021.

2.[美]罗伯特·斯莱文.教育心理学(第10版)[M].吕红梅,姚梅林,等译.北京:人民邮电出版社,2016.

3.[美]詹姆斯·克利尔.掌控习惯[M].迩东晨,译.北京:北京联合出版公司,2019.

模块二：

情绪辅导篇

第五章　走出情绪风暴

　　作为导师,您是否碰到学生有如下情况:"前一秒好好的,后一秒却突然崩溃""在学校表现正常,在家却总和父母发脾气""明明各方面都很好,却总是容易'EMO'"……这些表现都与高中生的情绪问题相关。那么,高中生情绪发展的特点有哪些? 导师平时应该关注的重点是什么? 遇到学生有情绪困扰,导师应该如何辅导? 本章将为各位导师一一解答这些问题。

　　基于高中生情绪发展的相关特点,本章将聚焦高中生的情绪和情绪问题,分别从学生情绪问题的识别、导师如何应对学生的情绪困扰,以及导师如何帮助学生培养积极情绪这三个方面展开。

 本章学习目标

一、认识和了解高中学生情绪特点,学会识别和发现学生的情绪问题

二、掌握和运用应对学生情绪困扰的方法和策略

三、提升学生情绪觉察和情绪管理能力,培养积极情绪,树立阳光心态

第一节 导师如何识别学生的消极情绪?

📖 **案例聚焦**

晓琳是一名高二女生,作为副班长,她成绩优秀,一直都是老师和同学眼中的好学生。一天,晓琳的导师张老师随口问了她一句:"最近怎么样啊?"没想到这么一句简单问话却让晓琳崩溃,大哭起来,她一边哭一边说自己"真的很差劲,什么都做不好"。张老师很疑惑:"她怎么突然崩溃了?"经过了解才发现,原来晓琳最近月考成绩不理想,自己为学校艺术节精心排练的节目也落选了。她虽然表现得和往常一样,但内心却很失落、挫败。张老师想知道:导师应该如何识别学生的情绪问题,避免再出现像晓琳这样突然崩溃的情况?

📖 **理论分析**

大多数人在生活中既能体验到开心、喜悦、幸福等积极情绪,也会感受到难过、抑郁、焦虑等消极情绪。消极情绪一般会随着时间推移而消退,但也有学生如案例中晓琳那样,消极情绪没有及时排解,长期积压,造成不同程度的情绪问题。有关研究调查显示,焦虑和抑郁是我国高中生最为突出的情绪问题。[1][2] 高中生的情绪表现更具内隐性,他们的内心感受不一定明白地"写"在脸上,这就给导师识别学生情绪问题增加了难度。

中国科学院心理研究所发布的《2022 年青少年心理健康状况调查报告》显示,抑郁是青少年最为多见的一种心理健康问题,约 14.8% 的青少年存在不同程度的抑郁风险。该数据虽较 2020 年的抑郁检出率略有下降,但抑郁、焦虑等情绪问题依然是困扰青少年的重要心理健康因素之一,也会对他们的认知、社交、学业等多方面发展产生消极影响。

---

① 赵霞.陷入"谷底"的高中生心理健康——基于中美日韩四国的比较[J].中国青年研究,2022(9):106－113＋80.

② 于晓琪,张亚利,俞国良.2010～2020 中国内地高中生心理健康问题检出率的元分析[J].心理科学进展,2022,30(5):978－990.

应对策略

针对张老师的疑问,导师可以通过多种方法或途径了解学生的情绪状态,及时提供帮助。

一、多方面观察

导师作为和学生相处时间较多的人,可以从行为表现、身体状况等方面进行观察。

1. 行为表现是否符合情境或事件

例如,上课老师提问,学生 A 回答错误。老师没有批评他,继续上课,小 A 坐下后却低头啜泣。啜泣的表现明显不符合高中生课堂上答不出题的情境,这提醒导师小 A 内心可能正遭受负面情绪的困扰。学生 B 在课代表收作业时突然对课代表大发脾气,说:"凭什么要我交作业?"这种无故发火的表现明显也不符合课代表正常收作业的情境。

2. 日常活动是否明显增多或减少

例如,原本安静、友善的学生 C 却频繁与同学发生冲突、口角,小 C 的表现属于日常活动突然增多的情况。学生 D 明明身体状况良好,却数次请假不做早操,不上体育课,在教室里趴着,这属于日常活动明显减少的表现。这些情况都值得导师关注。

3. 睡眠是否明显增多或减少,有无入睡困难或频繁早醒等情况

案例中晓琳的任课老师反映她最近在课上总是无精打采、趴着睡觉。张老师后来通过询问她的睡眠情况,了解到她在睡前总想着月考成绩和被刷掉的节目,不断地自我否定,导致情绪低落,入睡困难,睡眠时间明显减少。

4. 是否存在胃口变差,厌食、拒食或暴食等情况,体重是否在一段时间内明显增加或减轻

例如,学生 E 最近总是不去食堂吃饭,面对平时喜欢吃的食物突然变得没胃口,不想吃。

5. 是否有头痛、乏力、胸闷、心悸、呼吸急促、莫名身体疼痛等情况

大多数人在考试前都会感到紧张、焦虑。如果有学生一遇到考试就腹泻,除了生理不适外,还可能是过度焦虑引起的情绪问题,需要导师进一步了解,提供

帮助。

二、多渠道了解

导师除了对学生进行多方面的观察外,还可以从不同的渠道了解学生的心理状况。

1. 在学生中选出有助人意愿、同理心强的学生担任类似心理委员的角色,及时了解同学的情绪状况。

2. 不定时地和学生的班主任、任课老师、家长、同伴等交流,听取他们关于学生近期情况的反馈,及时了解学生动态。

3. 通过学生的作文、周记等作业了解学生近况。

三、重要时间点的主动关心

个体在面对重大事件或压力情境时会有相应的情绪变化,可能因此产生情绪问题。因此,导师在一些重要时间点,如考试前后、开学前、学生家中发生重大生活变故(如父母离异、亲人离世)等,可以主动开展一些与了解情绪相关的活动,及时了解学生情绪状态,提供帮助。

例如,导师在考试前后,利用资源链接中的简易情绪词汇表,组织学生根据近期主要的情绪感受,在词汇表上圈选出能描述自己感受的情绪词,并给自己的情绪强度打分(1—10分)。导师通过学生圈选的情绪词和评分,可以快速了学生的情绪状况和强度。

虽然高中生的情绪不会明白地"写"在脸上,但导师可以从学生自身的行为表现、睡眠、饮食、身体状况等方面入手,进行多角度的观察,还可以从同伴、班主任、任课教师、家长等学生的重要他人以及作文、周记等渠道了解到学生近期的情绪状况。另外,导师在一些重要的时间点(如考试前后)可以主动关心学生,及时提供支持。

📖 实践思考

小明的父母反映他最近在家总是为一点小事大发脾气,父母很难与他沟通,于是向导师求助,但他在学校里看起来似乎和以前差不多。作为小明的导师,试分析可以通过哪些方法或途径了解小明的情绪状况。

📖 资源链接

简易情绪词汇表

请回顾自己最近两周的主观情绪体验,圈出能描述你情绪的词语,并在括号里为这种情绪的强度打分(1—10分,1分最轻微,10分最强烈)

自在( )	平和( )	冷静( )	安慰( )	舒服( )	平静( )	放心( )
安详( )	满足( )	温暖( )	快乐( )	兴奋( )	幻想( )	狂热( )
惊喜( )	激动( )	活力( )	同情( )	担忧( )	抱歉( )	吃惊( )
害怕( )	绝望( )	烦躁( )	焦虑( )	脆弱( )	压迫( )	威胁( )
不安( )	紧张( )	悲伤( )	接纳( )	体谅( )	忠诚( )	自豪( )
尊敬( )	自信( )	无惧( )	主动( )	喜欢( )	被支持( )	被需要( )
无私( )	感谢( )	茫然( )	麻木( )	惊愕( )	失控( )	生气( )
发怒( )	痛苦( )	记仇( )	挫败( )	反抗( )	厌恶( )	恼羞成怒( )
忧郁( )	气馁( )	丧气( )	阴沉( )	恶心( )	孤立( )	孤独( )
困惑( )	慌乱( )	嫉妒( )	羡慕( )	害羞( )	迟疑( )	疲惫( )
空虚( )	无力( )	内疚( )	自责( )	幸运( )	欣慰( )	渴望( )
其他_____						

第二节 导师如何应对学生的情绪困扰?

📖 案例聚焦

阿哲是一所市实验性示范性高中的高一学生。最近他总是很烦躁,对即将到来的期末考试感到担心,害怕考砸,压力很大。但是,每次想复习时,他一看到10门功课又不知道从哪里下手,既着急又焦虑。每天放学后的打游戏时间让他能暂时放松,但有时打得太晚,又影响了睡眠,导致第二天在课上打瞌睡。这样的恶性循环让他更加烦躁、压力倍增,于是阿哲向导师张老师倾诉了自己烦恼。张老师安慰他别给自己太大压力,劝他少打游戏,好好复习,但效果一般。张老师想知道:除了让阿哲"少打游戏,好好复习",他还能做些什么呢?

📖 理论分析

随着认知水平的进一步发展,高中生在情绪发展上呈现以下四个特点。

1. 情绪体验更加丰富、细腻

例如,如果考试没考好,高中生在情绪上除了有懊悔自己没努力的自责外,还可能产生对不起父母或老师的愧疚感。相比于初中阶段,他们的情绪体验更加复杂、细腻。

2. 情绪表现更为内隐

高中生更关注外界的反馈,特别是同伴对自己的看法。他们内心的真实感受往往不会直接显现在脸上,而是通过写作、绘画等创造性活动,或者打球、打游戏等宣泄类方式来表达。

3. 情绪控制还不成熟

个体大脑负责情绪反应的"情绪脑"——边缘系统在高中阶段已发育至较成熟的水平,但控制情绪的"理智脑",也就是大脑前额叶皮质却还未发育成熟。因此,外部环境的些许变化可能就会引发他们强烈的情绪反应。他们情绪多变,时而忧伤,时而兴奋,表现出情绪易波动、不稳定等特点。

4. 自我认同危机加剧情绪问题

高中是一个人探索"我是谁""我要成为怎样的人"等问题的重要发展阶段。在探索自我的过程中,高中生面对学业压力、同伴关系等挑战,可能会遭遇自我认同危机,陷入自我怀疑、角色混乱中,有些高中生找不到生活意义,不清楚自己到底要成为什么样的人。这些矛盾和困惑使学生产生强烈的负性情绪体验,加剧了情绪问题。

人的情绪不是一成不变的,与阿哲一样,每个人都可能在某个阶段经历情绪的困扰。压力、烦躁、焦虑等消极情绪对个体发展有一定积极意义,但如果任其过度发展,将会影响人们的身心健康、学业成绩、人际关系等。相比于其他年龄段,青少年更容易体验到极端情绪,且情绪感受更加频繁、强烈。有研究显示,高中生遇到情绪困扰时,通常使用的调节方法有视听娱乐(如听音乐、看电影、打游戏)、睡觉和忍耐。[①] 前两种是相对中性的情绪调节策略,而忍耐则无法及时排解压力,可能导致压力积聚甚至爆发。因此,当学生向导师倾诉烦恼时,导师要关注学生的情绪状态,帮助他们拓宽视角,积极应对情绪问题。

---

① 赵霞.陷入"谷底"的高中生心理健康——基于中美日韩四国的比较[J].中国青年研究,2022(9):106-113+80.

应对策略

情绪是个体内部的"信使",消极情绪也在向外界传达重要信息并提醒我们及时解决。面对向我们倾诉烦恼的学生,导师除了运用自己的学科智慧和带班经验帮助他们解决现实问题外,还可以尝试以下应对情绪问题的办法。

一、积极倾听,接纳支持

积极倾听不止是聆听,还需要导师关注学生的情绪状态,并对学生的表述及时做出反应,包括目光接触、点头等非语言交流。

例如,案例中的阿哲在向张老师倾诉烦恼时,导师除了看到他没有好好复习,打游戏影响第二天上课这个事实外,还要关注他打游戏行为背后的情绪困扰——自责、焦虑和迷茫。

同时,导师在倾听时,应适当地使用开放性问题,引导学生觉察情绪并分析自己的情绪状态。

例如,学生 A 向数学老师倾诉"自己明明很努力学数学,但分数总是提不上来"这个学业困扰时,老师会如何利用开放性问题帮助他呢?面对学业困扰,数学老师可能会先了解情况,问小 A:"你平时是怎么学数学的?上课听讲、做笔记、作业完成情况怎么样?"然后,数学老师会将学数学的困难具体化,问小 A:"哪个章节学起来比较难?"或"什么题型做起来有困难?"最后,数学老师会询问他已做的努力,具体都是怎么做的,找到问题症结,如:"你都用了哪些方法提分?哪些方法是有效/无效的?"

同理,当阿哲向导师倾诉"最近觉得很烦躁,压力很大"这个情绪困扰时,导师张老师可以使用类似的开放性问题帮助他分析自己的情绪状况。张老师可以先了解情况,问阿哲:"你平时情绪状况如何?"然后,张老师可以将他的情绪困扰具体化,问他:"哪些情况下感觉特别烦躁或压力大?"最后,张老师了解他针对这个问题已做的努力,可以问阿哲:"你用了哪些方法来缓解烦躁/压力,哪些方法是有效/无效的?"

青少年是成熟和幼稚的矛盾统一体,作为成年人的导师有时可能并不理解他们产生情绪问题的原因。但导师可以接纳学生"有情绪困扰"这件事,并相信他们正处在困境中,需要外界的支持。接纳学生的情绪并不代表导师完全认同

学生产生情绪的原因,而是在接纳的态度下,给予学生一定的情绪缓解空间,并传达"你需要帮助的时候可以找我"的信息。

案例中,张老师并不认可阿哲放学打游戏而不复习的做法,但导师要看到阿哲确实"压力很大"这件事,并以接纳他情绪的态度,用一些具体可操作的方法来支持他应对情绪问题。

二、初步评估,分级处理

导师是学校教育系统中的一个重要组成部分,在面对学生的情绪困扰时,和其他工作一样,也需要先评估,再分级处理,必要时和其他老师、部门协同工作。

1. 一般情绪困扰

导师发现学生可能存在情绪问题后,可以先通过上一节中提到的方法或途径进行日常观察,搜集行为表现、情绪状态以及生理状况等信息来判断是否需要进一步干预。当发现学生在一段时间内各方面情况都有所缓解,可以给予学生时间,让学生自行解决。

例如,刚进入高中,不少新生可能出现紧张、焦虑,甚至失眠等情况。但随着对高中生活的适应,大多数紧张、拘谨的新生逐渐放松,在新班级交了新朋友,睡眠也恢复了正常。

但若导师发现学生有加重的趋势时,则需要介入,提供适当的帮助。

案例中,导师发现阿哲经常在课上打瞌睡,看起来很疲惫,就需要与他沟通,提供指导和帮助。

2. 需要转介的情况

如果导师发现学生存在严重的情绪问题,且已经持续一个月及以上时间,或已经严重影响正常生活、学习,就需要将学生转介至学校心理辅导室或医院等专业机构。

例如,面对考试,大多数人都会感到紧张、焦虑。如果学生焦虑到无法迈入考场,就需要转介给专业人员或机构做进一步评估。

3. 需要上报的心理危机

在与学生交流时,导师若发现学生言语中流露出伤害自己或他人的倾向(如"活着真没意思,还不如死了算了"),或知道学生已经有伤害自己的行为(如用刀划手臂),应当立即上报学校危机干预小组并提供相关信息,配合危机干预工作。

三、寻找资源,促进问题解决

每个人都处在不同的社会子系统中,都有着各种可以支持自己的资源。但当个体遭遇情绪问题时,往往更容易只看到困难,而忽视了自己拥有的资源。因此,导师要引导学生看见自己拥有的资源系统,鼓励他们主动寻求同学、家长、老师等的支持,帮助学生建立多元的社会支持系统,促进问题的解决。

案例中,针对阿哲有时打游戏打得太晚,影响睡眠和第二天学习的情况,导师可以和他探讨在家如何控制游戏时间,如请父母设置闹钟,及时提醒。对阿哲不知道从何处下手复习的情况,导师可以引导他与相关学科老师交流,找到适合自己的复习方法。

四、创设良好环境,合理调节情绪

导师可以根据学生情况,组织一些有益身心健康的活动,如电影鉴赏、看画展等,充实他们的日常生活。在了解学生兴趣爱好的基础上,导师可以引导学生转移注意力、合理宣泄情绪,如打球、跑步等。

案例中,阿哲压力太大反而无法集中注意力复习,导师可以鼓励他先用自己感兴趣的方式缓解压力,如打球、骑行。导师也可以组织有类似情绪问题的学生一起观看一部轻松、有教育意义的电影,帮助他们舒缓压力。

当我们知道学生存在情绪困扰时,先积极倾听,接纳情绪,支持他们,然后导师可以通过各种信息来初步判断是否需要干预或转介、上报。我们还可以帮助陷入消极情绪的学生寻找积极资源,促进他们的问题的解决。最后,导师可以主动创设良好的环境,组织适合学生的活动,鼓励学生合理调节情绪。

实践思考

玲玲近期因一些误会被同学冤枉,虽然同学向她道歉了,但她还是感到很委屈,有时还会为此事哭泣。如果你是玲玲的导师,请试着使用一些开放性问句表达对她情绪问题的积极倾听。

资源链接

董奇.知心育人:适合每位教师的心理健康教育指导手册(中学版)[M].北

京:教育科学出版社,2021.

第三节　导师如何培养学生的积极情绪?

案例聚焦

　　小美是一名高二的女生,虽然成绩在班级排名前10,但只要有一次考试没考好,就觉得"自己一无是处"。导师张老师发现小美有时半夜发朋友圈,说自己又"EMO"了,或开始"网抑云"。张老师想知道:面对小美这样的学生,该怎么帮她走出"EMO",培养积极情绪?

理论分析

　　消极情绪对个体生存和发展有一定积极的适应意义,例如突然发生地震,恐惧的消极情绪能让人不顾一切往外冲,即"战或逃"模式。但过度的消极情绪会破坏个体身心健康,扰乱正常的思维和行动。

　　相关研究显示,喜悦、感激、希望等积极情绪能拓宽人们的注意范围和思维广度,提高认知灵活性。[①] 积极情绪还可以提高人体内的多巴胺水平,加强免疫系统的运作,并降低人体对压力的炎症反应。更容易产生积极情绪的人可以更好地从压力和消极情绪中迅速有效地恢复,更灵活地适应环境,是心理健康的重要保护因素。弗雷德里克森等研究者发现经历"9·11"事件的美国大学生中体验到更多积极情绪的人能够有效减轻抑郁。积极情绪还能使组织中的成员以积极心态参与活动,形成相互信赖的人际关系。

应对策略

　　面对像小美这样容易"EMO"的学生,导师除了运用第二节中的方法应对她的消极情绪外,还可以运用下面的方法或活动引导学生主动调适,培养积极情绪,树立乐观心态。

---

　　① 王艳梅,郭德俊.积极情绪对任务转换的影响[J].心理学报,2008(3):301-306.

一、换个角度看问题,锻炼积极思维

心理学有关理论认为,导致个体产生不良情绪的并不是事件本身,而是人们对事件产生的消极想法。例如,面对即将来临的考试,有的学生会对未来过度担忧,产生"这次考试我一定会考砸"的想法,正是这种消极的想法导致其情绪问题。因此,导师在与学生交流时,可以通过不同角度的提问帮助他们转变看待事情的消极观念。

例如,学生 A 对数学老师说"我肯定学不好数学"时,数学老师会通过分析他作业情况、课堂表现、历次考试成绩等多方面表现,告诉他"虽然现在还没有达到班级均分,但作业正确率一直在提升"或"虽然期末考试考得一般,但三角函数周测成绩超过了班级均分,说明三角函数学得不错",等等。数学老师通过分析学生不同情况下的数学表现,挑战小 A"我肯定学不好数学"的绝对化想法,帮助他重拾学习数学的信心。

同理,小美没考好时会产生"自己一无是处"的消极想法。导师可以和她一起从多个角度分析这个情境:"和我成绩差不多的同学,有没有没考好的情况?一次没考好就能证明他们就是一无是处吗?""这次没考好,除了是我一无是处外,还有什么其他原因吗?""这段时间虽然考试没考好,有没有哪些方面是我做得还不错的地方?"通过不同角度的思考,改变小美"自己一无是处"的绝对化想法,帮助她从狭窄的消极自我评价中拓宽视野。

积极思维就是从积极的角度理解自己的处境,面对半杯水,有人想到的是"只剩半杯水了",有人则想到"还有半杯水呢"。导师可以开展多种形式的活动来锻炼学生的积极思维。

导师可以提前收集学生的常见烦恼,通过小组讨论集思广益,学习如何用积极视角看待学生遇到的问题。例如,面对"秘密被好朋友说出去"的情境,学生通过小组讨论,可以看到这件事里有不那么糟糕,甚至好的一面,如"这个秘密若是我的困扰,说出去反而有更多人可以帮助我""通过这件事知道以后交友、说话要谨慎"。

导师还可以组织学生进行"数数我的福气"活动,带领学生发现生活中自己已经拥有的幸福。例如,有学生在活动中这样写下生活中的"小确幸"——"冬天早晨喝到一杯热腾腾的牛奶""朋友知道我没带化学书,立刻帮我去隔壁班借了一本"。

二、多种形式记录,发现愉快生活事件

每天晚上回忆当天经历的愉快事件并记录下来是一种有效培养积极情绪的方式。这样的记录可以提高个体对愉悦情绪的敏感性,形成积极的信息偏好,消除一些不必要的担忧。一项针对大学生的研究显示,实验组大学生进行四周愉快事件记录后,他们的积极情绪和主观幸福感显著高于没有记录愉快事件的大学生。[①]

导师可以根据学生特点,运用多种手段、途径鼓励学生记录愉快事件。例如,在学生群里发布"寻找快乐"打卡小任务,引导学生记录生活中的愉快事件;定期组织相关主题活动,鼓励学生彼此分享近期的愉快事件,并投票选出最能带给大家快乐的愉快事件,制作成当月的"快乐热搜榜"。

三、发掘闪光点,积极参加活动

消极情绪,如抑郁可能会导致个体缺乏行动力,而缺乏行动力又反过来加剧消极情绪。积极心理学家马丁·塞利格曼认为,打破这个恶性循环最有效的方法就是找到一个人的爱好、特长,鼓励他去参加与之相关的活动。马斯洛需要层次理论认为,人人都有自我实现的需要。当一个人能发挥自己潜能时,他就会产生极大的喜悦、自豪、满足等积极情绪。

导师要看到学生身上的潜能和闪光点,鼓励他(她)们参与校内外能发挥潜能或特长的活动,培养积极情绪。案例中小美除了学习外,平时喜欢读诗歌,导师可以鼓励她参加学校的诗社,找到志同道合的同学一起读诗、写诗。对个性敏感、细腻、同理心强的学生,导师则可以推荐他(她)们担任导生中的心理委员,发挥个人优势。

四、适度运动,练习放松

许多证据表明,适度的体育锻炼能促进内啡肽分泌,使人感到平静安乐,有效缓解抑郁、焦虑等消极情绪。导师不妨带领学生进行适合的体育活动,每个学生身体情况不一样,但无论如何请鼓励学生先动起来。

---

① 王艳梅.积极情绪的干预:记录愉快事件和感激的作用[J].心理科学,2009,32(3):598-600.

　　高中生在面临学业和人际压力时,难免会感到紧张、焦虑,有学生可能会突然出现呼吸急促、四肢僵硬等反应。导师可以指导学生通过深呼吸等方式缓解焦虑,也可以鼓励易焦虑的学生尝试适合自己的放松法,提前进行练习。

　　消极情绪对人的发展虽然有一定适应意义,但过度则会影响人的身心健康。而积极情绪能扩展学生的思维广度,有益身心健康,还能让人在逆境中更好地恢复。因此,导师可以通过多种形式的活动和方法鼓励学生积极、主动地调适情绪:换个角度看问题,锻炼积极思维;引导学生回忆愉快的生活事件;发现学生的闪光点,鼓励他们参与相关活动;带领学生适度运动,练习适合自己的放松方法。在导师的鼓励、陪伴和认可下,学生能主动、积极地自我调适,有效培养积极情绪,乐观、健康地成长。

📖 实践思考

　　1. 找一段适合自己的正念冥想音频/视频,做一次放松练习。

　　2. 假如你是案例中的张老师,请以锻炼学生的积极思维为目标,组织一次有五名学生参与的导生活动。

📖 资源链接

　　[美]芭芭拉·弗雷德里克森.积极情绪的力量[M].王珺,译.北京:中国人民大学出版社,2010.

第六章　揭开情绪的灰色雾霾

青春期常常被人们称为"暴风骤雨期",由于学生生理和心理的快速不平衡发展,也导致这一阶段更容易出现心理健康问题。研究表明,近20年来,中小学生心理健康问题有所增多,其中情绪问题增幅最大,行为问题增加较多,中学生的焦虑、抑郁水平逐渐上升,且程度随年级升高而增加。[1] 俞国良教授课题组于2021年初开始对2010—2020年来检索到的初中生心理健康相关文献进行了元分析,结果表明:焦虑的检出率为27%,抑郁的检出率为24%,学会调控情绪情感是该学段心理健康教育的关键之一。[2]

学生紧张焦虑,如何识别与疏导?学生情绪低落是抑郁了吗?发现学生有强迫倾向时,该怎样展开沟通?当学生出现严重心理问题时,导师又该如何寻求校内支持?本章围绕学生常见情绪与行为问题的识别和应对展开。

本章学习目标

一、导师学会识别和应对学生焦虑情绪

二、导师学会识别和应对学生抑郁情绪

三、导师学会识别和应对学生强迫倾向

---

① 吴增强.医教协同构建中小学生心理健康服务体系[M].上海:上海科技教育出版社,2020:2.
② 俞国良,何妍.中小学生心理健康问题检出率及教育策略[J].中小学心理健康教育,2023(4):4-9.

第一节　学生紧张焦虑，如何识别和疏导？

导师在与学生的日常沟通辅导过程中，常常会遇到受焦虑情绪困扰的学生，他们有程度不同的特征表现，焦虑来源也不尽相同。

📖 **案例聚焦**

小江是一名初二男生，学习认真刻苦，成绩在班级名列前茅。下周就要期中考试了，但因为最近几次数学阶段反馈练习成绩都不太理想，小江开始有点怀疑自己的能力，一上数学课就非常紧张，课上容易走神，害怕遇到难题。晚上也睡不好，现在只要一听到考试就很烦躁，看到其他同学的进步，内心压力更大。

📖 **理论分析**

一、焦虑的常见类型与典型表现

焦虑是由紧张、不安、忧虑、担心、恐惧等感受交织而成的复杂情绪状态。正常的焦虑情绪体验，是一种预期即将面临威胁性处境时的紧张、恐惧和不愉快的情绪反应，具有一定的适应意义。每个人在生活经验中几乎都有过这种经历和体验。[1] 考试焦虑、社交焦虑等是初中生常见的焦虑情绪问题，比较多见的考试焦虑特指在应试情境刺激下，以学生对考试成败的担忧和情绪紧张为主要特征的心理反应状态，包括考前、考中和考后焦虑。社交焦虑主要表现为害怕和回避社会交往活动，感受到较强的人际压力，对复杂的、众多的人际互动感到紧张担忧。

焦虑障碍是病理性焦虑状态，也称焦虑症。它与正常焦虑状态不同，没有明确刺激，但出现过度紧张和恐惧的精神及躯体反应，且达到一定的时长与频次。根据临床症状可分为广泛性焦虑和惊恐障碍（见图 6-1 和图 6-2）。

---

① 吴增强.班主任心理辅导实务（中学版）［M］.上海：华东师范大学出版社，2009：68.

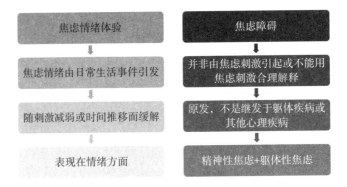

图 6 - 1　焦虑情绪与焦虑障碍

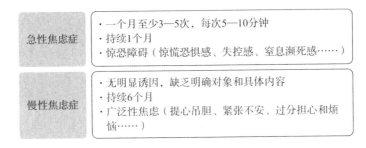

图 6 - 2　焦虑障碍的分类

二、适度焦虑有一定的积极意义

虽然焦虑情绪带来不少负面的情感体验,但它对学习也并非都是消极影响。从耶克斯-多德森定律(见图 6 - 3)中可以看到焦虑水平与学习效率的关系呈"倒

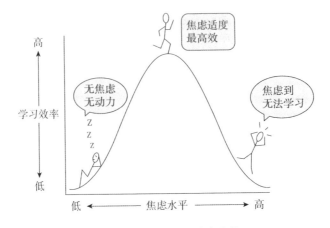

图 6 - 3　耶克斯-多德森定律

U型曲线",中等水平的焦虑可以激发内在学习动机,适度的压力也能帮助学生集中注意力,提高大脑兴奋度,有助于学习能力的充分发挥,也就是说适度的焦虑有一定的积极意义。

应对策略

焦虑情绪影响着学生的学习、生活以及社会功能,严重的焦虑问题会对学生的身心健康产生广泛不良影响。作为导师,如何识别和应对学生的焦虑情绪?

第一步　评估和识别

导师在察觉学生的焦虑情绪后,先根据症状表现评估焦虑程度:

如果是正常的焦虑情绪体验如考试焦虑、社交焦虑等,则先引导学生尝试接纳自己的焦虑,认识到焦虑的积极意义,同时倾听学生的焦虑内容,分析其背景与原因,对于过度的焦虑情绪展开针对性的辅导(见"第二步")。

如果学生已经出现焦虑障碍的典型症状,而且已影响到正常学习生活,导师初步判断是较为严重的心理问题,则启动校内"导师—心理老师转介机制",将该学生情况及时与班主任进行沟通,同时报告年级组及学校心理教师。由心理教师对该学生的焦虑问题做进一步筛查和评估,考虑是否需要转介至医院和专业机构。针对学生的严重心理问题,导师的职责仅仅是早期的识别和发现。

第二步　了解焦虑源

青少年的焦虑情绪,有的是学生的个性因素造成的,有的是受外界环境或应激事件的影响导致的,尤其是学业压力、同伴竞争、人际关系和亲子冲突等因素。导师在了解学生的焦虑内容后,需进一步判断焦虑原因。中学生常见的焦虑源有如下三方面。

(1)认知偏差,错误归因。看待事情的观点过于绝对化,对于原因的分析过于简单、消极,如将学习挫败仅归因于自身,或仅归因于外界影响,那这就是认知偏差与错误归因产生的焦虑。

(2)过高的学习动机与目标。适当的动机和恰当的目标可以激发一个人的内在动机,但持续高强度学习动机往往带来压力与疲惫。有些同学过于理想化或急于求成,为自己设立了超出能力范围的目标,还有些同学基于之前的学习经验,目标设立得一高再高,难以接受失败或停滞不前,高压下学习效果反而不好,陷入负性循环。

(3)意志力薄弱与自信心匮乏。意志力弱的学生难以将注意力集中在特定对象或活动上,易受客观因素影响而无法专注学业;自信心匮乏的学生,有自暴自弃、自我贬低的倾向,而这样的负面评价又会加剧学业焦虑。

第三步 支持和辅导

针对学生不同的焦虑源,导师的应对策略宜各有不同,在处理不同程度的焦虑问题时,导师的辅导要点也应各有侧重。

(1)客观评价,合理归因。以小江的考试焦虑为例,如果学生将成绩不佳归因于自身能力不足,从而产生对学习或考试的过度紧张与担忧,导师可以和学生进一步分析考试失利的切实原因,看看是否还有其他可控因素(如努力程度)以及客观因素(如任务难度、外界环境),而接纳客观因素,并抓住能够改变的部分是改善焦虑的突破口。

(2)自我评估,调整目标。当学生是因设置过高的学习目标而带来压力与焦虑,导师可以与学生充分讨论当前的学习状态,明确优势与困难,适当调整对自己的要求,制订一个可以通过努力达到的小目标,让目标发挥激励与促进的积极作用。如果发现过高的目标来自家长的要求,导师可以适当建议家长充分了解孩子对于目标的感受与接受程度,调整学业期望,同时与孩子一起探讨关于未来的规划与目标。

(3)专注行动,提高自信。如果导师发现学生的抗挫力较弱,面对困难或挑战易退缩逃避,缺乏自信心与意志力,可以在沟通中多关注细节,肯定学生的优点与进步,引导学生看见自己的优势与潜力;同时引导学生聚焦当下,专注于学习,注重过程体验,积极行动起来,增强对学习的掌控感与自信心。

(4)放松解压,缓解焦虑。在学生的焦虑情绪体验过于强烈、难以平和沟通时,可以先带领学生进行放松练习,逐渐平复情绪、疏解压力。这里介绍三种放松解压方法——呼吸放松法、肌肉放松法和正念冥想法。

呼吸放松法

① 呼吸要深长而缓慢。

② 用鼻吸气,用口呼气。

③ 一呼一吸掌握在 15 秒钟左右。即深吸气(鼓起肚子)3—5 秒,屏息 1 秒,然后慢呼气(回缩肚子)3—5 秒,屏息 1 秒。反复多次以达到放松状态。

肌肉放松法

① 找到一个舒服的姿势,在安静的环境中进行练习,尽量减少无关的刺激。

② 放松的顺序:手臂部→头部→躯干部→腿部。

③ 每个部位:尽量紧绷肌肉,坚持 10 秒后立即放松。接着放松 15—20 秒,注意感受肌肉绷紧和放松时的不同感觉。

正念冥想法

① 选择一个可以注意的对象,可以是一个声音,或者单词,或者一个短语,或者自己的呼吸、身体感觉、运动感觉。

② 舒服地坐着,闭上眼睛,进行一个简单的腹部呼吸放松练习(不超过一分钟);然后调整呼吸,将注意力集中于所选择的注意对象。无论头脑中出现任何与注意对象无关的实物、事件或想法都不用担心,只需要将注意力简单地返回到呼吸上来就可以。像这样训练 10—15 分钟之后,静静地休息 1—2 分钟,然后再从事其他正常的学习活动。

(5) 关怀支持,积极沟通。学生如转介后被确诊为焦虑障碍,在就医服药治疗和接受心理干预的同时,回到学校继续学习,导师需要保持对学生的重点关注:在与学生的日常沟通中,耐心倾听学生的心声,接纳学生的消极想法和负性感受,表达尊重与理解,给予鼓励与支持,通过与学生建立信任安全的师生关系真正成为学生的"良师益友"。

学生焦虑情绪问题的识别与应对流程

当面对学生焦虑情绪问题时,导师可以参照识别和应对流程(见图 6-4)给予学生支持与帮助,过程中导师还可以和班主任、心理老师、家长以及校外专业机构共同合作,校家社协同促进学生情绪改善。

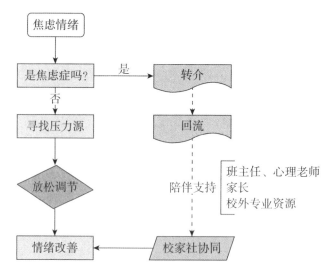

图6-4　学生焦虑情绪问题的识别和应对流程

第二节　学生情绪抑郁,导师怎么应对?

当学生出现持续的情绪低落,学习生活状态不佳,就是抑郁了吗? 准确识别抑郁的特征表现、把握不同情境的操作要点是导师应对学生抑郁情绪的重点。

案例聚焦

小宁是一名初一女生,她性格内向、敏感,自尊心强,小学成绩在班级里名列前茅。进入初中后,成绩开始出现下滑,特别是升入初一以来,小宁整日忧心忡忡,上课经常发呆,下课就趴在桌子上睡觉,午餐也吃得很少,最近上学经常迟到。导师觉察到小宁的情绪状态每况愈下,担心她是不是抑郁了,不知该如何帮助小宁……

理论分析

负性情绪体验是正常的情感过程,学生的抑郁情绪通常由一些日常生活事件引发,如考试成绩不佳、与同学发生冲突、学习压力过大、亲子关系紧张等。这样的情况很普遍,几乎在每个学生的身上都会发生。但随着外来负性刺激的消弱,学生低迷抑郁的情绪状态也会随之逐渐缓解。

而抑郁障碍则不同,它是一种以情绪低落为主的常见心理障碍,临床可见心境低落与其处境不相称,情绪的消沉可以从闷闷不乐到悲痛欲绝、自卑抑郁,甚至悲观厌世,可有自杀企图或行为。同时,抑郁障碍作为一种心理疾病,情绪低落的情况至少持续两周以上,甚至几个月、几年。抑郁情绪与抑郁障碍的对比见图 6-5。

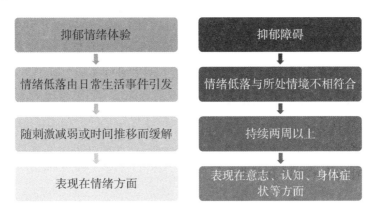

图 6-5 抑郁情绪与抑郁障碍

抑郁障碍不仅仅会表现在情绪方面,还会体现在个体的意志、认知、躯体症状等方面。抑郁症有三大核心精神症状,并伴随食欲不振、疲劳失眠、注意力下降等躯体症状以及自我贬低、自暴自弃甚至悲观厌世、自伤自杀等轻生意念与行为,严重时按心理危机处理(见图 6-6)。

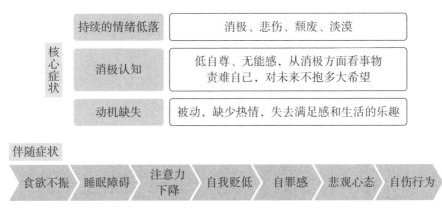

图 6-6 抑郁障碍的鉴别

📖 **应对策略**

抑郁情绪影响着学生的学习、生活以及社会功能,严重的抑郁问题会对学生的身心健康产生广泛不良影响,甚至危及生命。作为导师,如何识别与应对学生的抑郁情绪呢?

第一步 评估和识别

导师在发现学生有抑郁倾向时,可进一步搜集情绪、认知、躯体症状表现等方面的信息以评估抑郁程度,并判断是否有危机征兆。

如果有具体的诱发事件,消极表现主要集中在情绪方面,初步判断是轻度的抑郁情绪体验,导师应耐心倾听学生的心声,接纳学生的消极想法和负性感受,表达尊重与理解,给予鼓励与支持,对于抑郁情绪展开针对性的辅导(见"第二步")。

如果学生已经出现抑郁障碍的核心症状,且已影响到正常学习生活,甚至伴有极端意念与行为,导师评估为严重的心理问题,则启动校内"导师—心理老师转介机制",及时与班主任沟通该学生情况,同时报告年级组及学校心理老师。由心理老师对该学生的抑郁问题做进一步筛查和评估,考虑是否需要转介至医院和专业机构或启动危机干预机制。针对学生的严重心理问题,导师的职责仅仅是早期的识别和发现。

第二步 支持和辅导

经过初步识别,如果学生是由日常生活事件引发的普通抑郁情绪体验,导师可以这样应对。

1. 注意负向思维:接纳现实,合理认知

导师在与学生的沟通交流过程中,发现学生的抑郁情绪主要由自身的消极认知(如过度担忧、自我怀疑、自我否定,糟糕化、绝对化、概括化等不合理信念等)引发,则注意引导学生觉察自己的负向思维模式,学习停止负循环,转变思维方式,培养积极乐观的心态。对于不能改变的部分,增强适应,尝试接纳现实;将重心放在能够改变的部分,给予自己积极的心理暗示。

2. 寻找乐趣：丰富课余生活，发展优势特长

针对学生兴致低落、感到空虚无意义情况，导师可以引导学生保持规律的作息时间，获得足够的睡眠、饮食和锻炼；还可以选择喜欢的运动方式，每天保持一定时间的运动；做力所能及的事，把大任务分解成小块、更容易做到的任务，制订切合实际的完成时间表，获得成功体验；做自己喜欢的事，例如阅读、看电影、听音乐，或者参与感兴趣的活动。这样可以帮助转移注意力和提升情绪愉悦度。导师还可以鼓励学生尝试之前好奇但还未尝试的事，探索新事物也会带来兴奋体验与愉悦感；发展自己已有的优势特长，设定小而可行的目标，逐步实现它们。这样可以提升成就感和自信心，减少抑郁体验。

3. 寻求支持：促进情感表达，丰富支持系统

如果学生的负面情绪无处消解，缺乏有力的支持资源，导师可以引导学生多多与家人、朋友或老师交谈，表达内心的感受和困扰，以获取支持和理解；也可以通过绘画、写日记等方式将内心的负面情绪和想法抒发出来；鼓励学生参与正常社交活动，和朋友亲人保持沟通，与他人分享经验，获得情感支持。同时导师可以主动与家长联系，与家长及时沟通孩子的困难与诉求，寻求家长的支持与配合，提升对孩子的积极关注与有效陪伴。如果情绪状态持续糟糕或越来越差，指导学生向心理专业人士寻求建议与帮助，积极求助，及早干预。

第三步 跟踪和协同

学生如转介后被确诊为抑郁症，或涉及心理危机，在就医服药治疗和接受心理干预的同时，回到学校继续学习。在这种情况下，导师需要保持对学生的重点关注。

1. 陪伴支持，积极沟通

面对正在治疗中的抑郁障碍学生，导师可以定期主动询问学生近况，让学生真切感受到导师的陪伴与关怀，建立稳定的双向沟通渠道；同时多多引入积极资源——可以是一本正能量的书或者一部暖心的电影，也可以在行动中发掘学生的闪光点，引导学生看见自己的进步与成长，提升自我悦纳与自我认同，增强适应能力。

2. 风险监控，确保安全

导师应重点关注学生情绪的动态变化，实时监控其是否有极端意念或行为

的风险,如有上述情况须第一时间与监护人和班主任沟通,并报告校方,校内协同以确保学生安全为第一要务。

3. 协同督促,理解包容

对于抑郁问题严重的学生,配合医院和学校,对其开展药物治疗和心理辅导,这一点至关重要。导师须提醒学生及家长遵医嘱服药,根据需要辅助开展心理咨询辅导,同时关注睡眠饮食问题以及社会功能恢复情况;对于服药治疗带来的药物初期反应如嗜睡、上课注意力不集中等及时与任课老师沟通解释,给予理解与包容,耐心陪伴学生度过困难期。

学生抑郁情绪问题的识别和应对流程

当面对学生抑郁情绪问题时,导师可以参照识别与应对流程(见图 6-7)给予学生支持与帮助,过程中导师还可以和班主任、心理老师、家长以及校外专业机构共同合作,校家社协同促进学生情绪改善。

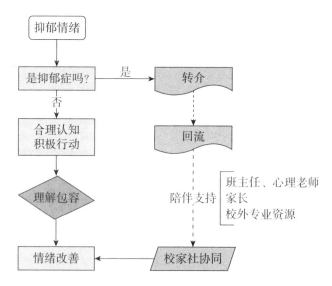

图 6-7 学生抑郁情绪问题的识别和应对流程

第三节　学生"停不下来",是强迫吗?

反复洗手、反复擦写、反复检查,忍不住一直想一直想……学生出现这些行为表现是强迫的征兆吗? 导师遇到强迫倾向的学生该如何识别和应对?

案例聚焦

小梦是一名初三女生,性格细腻敏感,自我要求高。随着中考临近,各个学科的复习强度日益递增,每次做练习卷时小梦都会反复检查很多遍,生怕因自己粗心犯错或者漏答题,但渐渐地她用在检查上的时间越来越多,刚刚才检查的题目又忍不住想要去检查,明明已经确认过也还是停不下来,耽误了很多做题时间……

理论分析

强迫倾向主要表现为强迫思维和强迫行为。强迫思维指当事人身不由己地思考他不想考虑的事情,如强迫怀疑、强迫联想、强迫回忆等;强迫行为指当事人反复去做他不希望执行的动作,如果不这样想、不这样做,他就会感到极端焦虑、强迫洗手、强迫计数、反复检查、强迫性仪式动作是生活中常见的强迫症状。但只有当事人对这些想法或行为虽极力抵抗但无法控制,了解其并无意义却停不下来,两者强烈的冲突使其感到陷入强烈的焦虑和痛苦,且已经干扰到正常学习活动、人际交往、生活起居,病程达到两周以上时,才考虑其可能是较为严重的强迫障碍,需要转介就医进行专业干预与治疗。

轻度强迫想法或行为通常伴有焦虑或抑郁等负面情绪,如果学生因陷入强迫想法或行为不能自控时,疏导减压、降低情绪困扰是导师展开沟通与辅导的切入点。

应对策略

强迫思维和强迫行为影响着学生的学习生活,严重的强迫问题会对学生的身心健康产生广泛不良影响。作为导师,如何识别和应对学生的强迫问题呢?

第一步　评估和识别

导师在发现学生出现强迫思维或强迫行为后,先根据症状表现评估强迫类型与程度。

如果是由具体事件或个性因素引发的轻度强迫想法或行为,导师可以先了解学生强迫倾向背后的原因,引导学生接纳强迫引发的负面情绪与矛盾心理,不过度强化,针对不同的诱发因素展开针对性的辅导(见"第二步")。

如果学生已经出现强迫障碍的典型症状,即想要摆脱这些想法或行为却仍无法控制,陷入强烈的焦虑和痛苦,且已经干扰到正常学习活动、人际交往、生活起居时,则启动校内"导师—心理老师转介机制",将该学生情况及时与班主任进行沟通,同时报告年级组及学校心理老师。由心理老师对该学生的强迫问题做进一步筛查和评估,考虑是否需要转介至医院和专业机构。针对学生的严重心理问题,导师的职责仅仅是早期的识别和发现。

第二步　分析压力源

青少年的强迫倾向通常源于自身难以承受的压力或控制,有的是学生的个性因素造成,如过分追求完美、自我要求严苛等;有的受外界环境或应激事件的影响,如高学业期待、高学习要求、高生活控制等。导师在了解学生的强迫原因后,需进一步判断焦虑原因,中学生常见的压力源有三。

1. 多疑、完美主义个性倾向

常有不安全感,为人处事唯恐发生疏忽或差错,对不确定的人和事经常持怀疑的态度,伴有负面的揣测与不信任;学习、生活要求完美无缺,按部就班,墨守成规,有条不紊;对自己要求极为严格,难以通融,固执且灵活性差;拘泥细节,生活琐事也要程序化。这样的个性特点是强迫症状的典型内部成因。

2. 高期待、高要求、高控制

强迫的背后往往是焦虑和自卑,来自父母和老师的高学业期待、高学习要求和高生活控制都会给中学生带来极大的压力与束缚,对自己、对现状的不满,失去对生活的掌控感以及对未来的担忧都会给学生带来强烈的负性情绪体验与对自我的不认可,导致焦虑、抑郁甚至产生极端意念。这也是导致强迫意念与行为产生的重要环境因素。

3. 负性情绪与生活事件

负性情绪与生活事件常常是强迫症发病的导火索,如生活环境的变迁、人际关系不佳、家庭不和、亲人逝世、突发灾祸等。

第三步　支持和辅导

1. 调整认知:自我接纳,理性思考

对于完美主义或悲观主义倾向的学生,导师可以引导学生尝试接受自己的能力现状,认可自己的努力——只要尽力了就是最好的,接纳不可控因素的影响;遇到困难或挑战先理性分析,避免自我否定,在对自己的实际情况进行客观评估后制订适切的目标与规划;对生活对学习不苛求,看待问题多元化多角度,学会相对比较,看见自己的成长,同时保持乐观心态,学会接受自己的不完美。

2. 改善环境:提升包容,合理期待

如果学生的高期待、高要求和高控制来自家庭环境或学校环境,导师可以主动与家长或任课老师展开沟通,适度调整孩子当下的学业目标与要求,适当给予孩子能够自己掌控的时间与空间,提升对孩子犯错或失败的包容度,家校配合一同支持鼓励孩子,给孩子营造轻松愉悦的学习氛围。

3. 注意转移:淡化强迫,顺其自然

当强迫思维或行为出现时,导师可以引导学生通过关注其他事情,从事自己感兴趣的活动,转移自己对强迫思维及行为的注意,也就能避免内心矛盾和纠结;导师可以指导学生通过听歌、跑步、绘画、阅读等方式慢慢淡化强迫思维和行为,同时接纳现实,让一切顺其自然,坦然接受最后的结果。

4. 提升抗逆力:磨练意志,增强适应

面对受压力困扰的学生,导师可以指导其逐步锻炼自己的心理承受力,在挫折与失败中不断磨炼意志,迎难而上、逆风翻盘;同时增强心理调适能力,当压力来临时,避免自己陷入强迫思维或行为,有意识地自主觉察与停止,并调适情绪,进行理性思考与行动。

5. 放松练习:调适情绪,疏解压力

当学生因陷入强迫思维或行为而产生强烈的焦虑、抑郁等情绪体验时,可以先带领学生进行放松练习,逐渐平复情绪、疏解压力。三种放松解压方法操作步骤(呼吸放松法、肌肉放松法和正念冥想法)详见本章第一节。

6. 关怀支持:尊重理解,耐心陪伴

学生如转介后被确诊为强迫障碍,在就医服药治疗和接受心理干预的同时,回到学校继续学习,导师需要保持对学生的重点关注:在与学生的日常沟通中,耐心倾听学生的心声,接纳学生的消极想法和负性感受,表达尊重与理解,对治疗过程中出现的病程反复或改善缓慢等现象给予安抚与包容,耐心陪伴学生度过困难期。

学生强迫倾向的识别和应对流程

当面对学生强迫倾向时,导师可以参照识别与应对流程(见图6-8)给予学生支持与帮助,过程中导师还可以和班主任、心理老师、家长以及校外专业机构共同合作,校家社协同促进学生认知与行为改善。

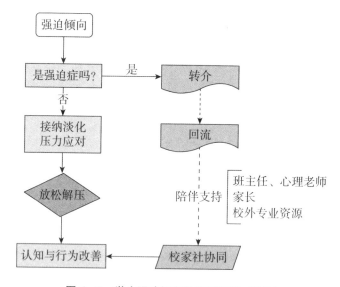

图6-8　学生强迫倾向的识别和应对流程

综上,当面对学生情绪与行为问题时,导师可以先初步识别,如果只是普通情绪或行为问题,则参照本章相应策略展开沟通与辅导;如果疑似疾病障碍,则启动校内"导师—心理老师转介机制",由心理老师作进一步专业评估,并考虑是否需要转介就医;如已获得疾病诊断,学生在就医治疗和接受心理干预的同时回到学校,导师职责主要是陪伴支持,导师也不是一个人,可以与班主任加强沟通、联动合作,借助心理老师的专业评估与咨询辅导以及校外专业资源,促进医教结合,学校、家庭、社会三方协同促进学生情绪与行为改善(见图6-9)。

图6-9　导师应对学生情绪与行为问题的校内及校外合作资源

📖 实践思考

进入初三后,小圆的成绩明显退步,状态一直很低迷,曾经的他满怀信心,对未来有很多憧憬,可如今每天精神萎靡,常常独自一人坐在教室的角落,对老师和同学的关心也几乎没有回应。临近中考,小圆更是经常迟到或因故缺考重要考试……

小圆可能有什么心理问题? 作为小圆的导师,您打算如何帮助小圆走出困境?

📖 资源链接

1. 世界卫生组织.ICD-11精神、行为与神经发育障碍临床描述与诊断指南[M].王振,黄晶晶,主译.北京:人民卫生出版社,2023.

2. 美国精神医学学会.精神障碍诊断与统计手册(第五版)[M].张道龙,等译.北京:北京大学出版社,2019.

3. 张少平,秦伟.抑郁、焦虑和强迫障碍识别指南[M].上海:上海大学出版社,2023.

4.【中小学课堂】中小学生抑郁障碍的识别和应对(学习强国).

模块三：

个性辅导篇

第七章　让"成功"成为成功之母

中学阶段是人生中重要的阶段,步入青春期的孩子既要面临身心的巨变,又要应对日益增加的学业压力。在这个过程中,孩子们经历各种考验,尤其在学习中遇到困难和挫折时,对自我学习能力的信念是支撑他们坚持的动力,反之则容易气馁,失去信心,甚至放弃、逃避、躺平。

积极心理学认为,无助感是被训练出来的,积极感也能被训练出来,失败并不是成功之母,成功才是成功之母。希望通过本章给予导师一些切实可行的方法,帮助学生体验成功,获得效能。

📌 **本章学习目标**

一、了解和掌握提升学生学习效能感的方法和策略

二、掌握帮助学生摆脱习得性无助的方法和策略

三、掌握帮助学生建立自信、培养高效能感的方法和策略

第一节　导师如何应对低效能感学生?

在教育教学中不可避免会遇到这样的学生,由于以往挫败的经历导致他们对自我评价低,认为自己能力不够,时常把"我不行""我不敢""我做不到"之类的字眼挂在嘴边,过低的自我评价导致他们缺乏信心,不愿尝试,不敢挑战,未达到与个人实际能力相应的发展水平。

案例聚焦

小吴是一名初一男生,性格温和,少言寡语,时常给人"丧丧"的感觉。导师在与他接触中发现,成绩不理想的小吴其实脑子挺聪明的,当下的成绩与他的实际水平不符合。进一步接触后,导师感受到该生对于学习没有目标,缺乏信心,遇到稍微有些难度的题目会轻易放弃。一次,小吴考了个不错的分数,导师鼓励他,称他有学习的潜能,小吴却认为自己只是运气好而已,还说自己不行,根本不是读书的料。

理论分析

小吴的表现是典型的缺乏学习自我效能感。自我效能感是著名心理学家、社会认知理论创始人班杜拉提出的,指个体对自己具有组织和执行达到特定成就的能力的信念。它包括结果预期和效能预期两种成分。结果预期是指个体在特定情境中对特定行为的可能后果判断,如学生对顺利完成语文考卷会产生什么样结果的推测。如果预测到某一行为将会导致特定结果,这一行为就会被激活、被选择。比如,某学生认为上课认真听讲能获得好成绩,那么他就会认真听讲。效能预期是指个体对自己进行某一行为的实施能力的判断,如学生对自己是否有能力顺利答完试卷的主观判断。当确信自己有能力进行某一活动,便会产生高度的自我效能感。

班杜拉等人的研究表明,自我效能感具有以下四方面功能。

1. 影响人们对活动的选择

自我效能感高的人倾向于选择富有挑战性的任务和接近自身能力极限的工

作,而自我效能感低的人则相反。

2. 影响人们在困难面前的态度

自我效能感高的人敢于通过坚持不懈的努力克服困难,而自我效能感低的人在困难面前则常常退缩、胆怯、轻言放弃。

3. 影响活动时的情绪

自我效能感高的人热情洋溢、情绪饱满、富有自信,而自我效能感低的人则恐惧、焦虑。

4. 影响人们的注意指向

自我效能感高的人能将注意力和努力集中于情境的要求上,集中于活动本身,而自我效能感低的人将潜在困难看得比实际更严重,他们将更多注意力转向可能的失败和不利的后果,而不是如何有效地运用其能力实现目标。

📖 应对策略

自我效能感对学生有着非常大的影响,作为导师,如何帮助学生,培养学生的自我效能感呢? 建议从如下四方面入手。

一、营造良好氛围

营造良好的课堂氛围能有效提升学生学习的自我效能感。人们在判断自身能力时一定程度上依赖生理和情绪状态传递的信息,轻松愉快的课堂环境可以让学生主动与同伴、老师互动,活跃课堂氛围,和谐师生关系,学生在这种氛围下学习效率会更高。相反,紧张的学习环境则会让学生思维迟钝,学习效率降低,导致失去信心,自我效能感降低。所以,导师需重视和谐学习环境的营造,在教育教学中强调尊重、包容和理解,鼓励学生自主学习和探索,实现个人价值。

同理,和谐温馨的家庭氛围同样也是学生良好自我效能感的保障。导师要与家长建立良好关系,积极进行家校沟通,指导家长科学育儿,引导家长建立良好的亲子关系,为孩子营造良好、和谐的家庭氛围,助力孩子自我效能感的培养。

二、给予肯定和鼓励

人们的自我评价一定程度上是根据具有权威的他人的观点做出的,学生的学习同样也会受周围人的态度和信念的影响,如果受到老师和同学的鼓励,能提

高自我效能感,反之则会降低。尤其当学生受到具有一定权威性的父母和具有专业度的教师的肯定时,更容易产生自我效能感。

肯定和鼓励也要注意技巧。例如,以下两种表达:"你作文写得真好!""你的作文细节描绘非常出彩,可见你平时很注意观察!"第一种表达很笼统,第二种评价具体明确,而且强调过程,这让学生更有信心通过正确的方法获得好的结果。此外,肯定和激励是否有效还取决于它是否切合实际,缺乏事实基础的肯定和赞扬对提升自我效能感的影响不大,基于学生实际,符合学生实情的肯定和鼓励相对有效。

三、增加成功体验

影响自我效能感形成的最主要因素是个人自身成败的经验,因此导师要为学生创设成功体验的情境和机会。具体可以从以下四个小细节着手。

（1）制订合理目标。因材施教,分层教育,引导学生制订与其能力相匹配的目标,给学生符合其能力水平的任务,使其有更多的机会体验到成功的喜悦。

（2）积极心理暗示。引导学生进行积极心理暗示,使学生相信自己,肯定自己的能力,促使他们付出行动来达成目标。

（3）引导成功回忆。导师还可以通过引导学生回忆并分享以往的成功体验,从而肯定自我,提升自信心,提高自我效能感。

（4）给予恰当奖励。奖励能有效激起学生的行动热情,奖励的内容最好能涵盖学生所珍视、喜欢、在意的。初中生会喜欢的奖励有很多,除了物质,还有很多活动等,如趣味抽签资格、任命班干部职位、给予特权(包括免除某项任务、奖励性作业、和老师共进午餐、学校活动参与权等)、和伙伴相处的时间、加入社团或运动团队……这些都是初中生会喜欢,并能激发行动的奖励。

四、提高自我效能感小工具:阶梯技巧

阶梯技巧是帮助学生明确目标,激发积极行动,增加成功体验的简单、易操作、又实用的小工具。导师可以引导学生依照图7-1所示画上阶梯,在阶梯的起步位置写下当前的情况、遇到的问题;在阶梯的右上方写下事情如果朝积极的方向发展会怎样,在右下方则写下事情变糟糕的结局会是怎样;在上行阶梯写上为了得到积极的发展,可以逐步完成哪些小任务,在下行阶梯写下哪几步会导致糟糕的结果。注意一次只能上一级,引导学生从一小步一小步的改变前进到一

大步的飞跃。在这一过程中,导师更多是启发和引导,而不是替代。

　　针对小吴当前遇到的学业成绩不佳,对成绩提高缺乏信心的问题,导师可以先予以理解接纳,告诉小吴很多人遇到类似问题都可能陷入瓶颈,但并不代表没有转机,然后肯定小吴脑子灵活,只是没有花功夫在学习上,再向小吴介绍自己曾经辅导过的多位学业不良学生逆袭的成功案例,激起小吴改变的意愿和信心,最后指导小吴运用阶梯技巧进行分析并行动。

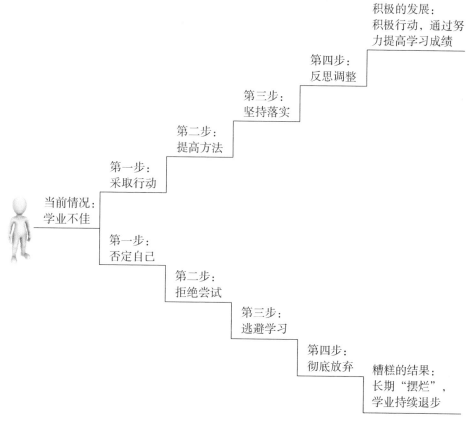

图 7-1　阶梯技巧任务单

　　例如:小吴将问题聚焦到学业不佳时,据此设想两种不同的未来,事情朝积极方向发展是"积极行动,通过努力提高学习成绩",糟糕的结果则是"长期'摆烂',学业持续退步"。改变可以分为四步,第一步是"采取行动——不管行不行,先学起来";第二步是"提高方法——依据自身学习习惯、学习风格,运用科学的方法指导学习";第三步是"坚持落实——克服行动过程中的各种阻力,坚持不断落实";第四步是"反思调整——在过程中总结经验,不断调整改进"。与此相反则是"否定自己"—"拒绝尝试"—"逃避学习"—"彻底放弃",直至导致糟糕的结果。

阶梯技巧运用的关键在于梳理可行的步骤,使学生明确自己的目标,全面思考并细化目标达成的步骤,并在实施过程中不断帮助学生及时调整,直至达成积极的目标,从而使学生在行动中获得成功体验,提升自我效能感。

学校是自我效能感培养的主体①,导师在培养学生自我效能感的过程中起着重要作用,希望导师们掌握有效方法和技巧,落实于陪伴学生的过程中,促进学生自信、快乐地成长。

第二节　导师如何帮助学生摆脱习得性无助?

习得性无助的学生在学校里不少见,学生一旦陷入习得性无助,会变得不相信自己能改变现状,不愿尝试,不再努力,直至彻底放弃。如何帮助学生从习得性无助的状态中走出来是导师面临的一大难题。

案例聚焦

初二(1)班的小奚是导师特别关注的学生,对于学习,他表现出彻底的"摆烂",但凡学习任务有一丁点难度,他就拖延,一副懒散、懈怠的样子,导师几次试图督促,小奚不是逃避不理睬,就是和导师争辩。导师尝试和他好好沟通,他直言"我就是差生,不要白费功夫了,我再怎么努力也无济于事的"。

理论分析

当一个人认为自己无论如何努力,无论干什么,都会以失败告终时,他就会失去掌控感,于是精神支柱瓦解,斗志随之消失,最终放弃希望,陷入绝望,这种自我效能感低下的极致状态就是习得性无助。习得性无助是积极心理学家马丁·塞利格曼提出的,是指在经历了接二连三的打击或者挫折之后,在面对问题

---

① ［加］阿尔伯特·班杜拉.自我效能［M］.缪小春,李凌,井世洁,等译.上海:华东师范大学出版社,2022:187.

时产生的无能为力的心理状态和行为。

20世纪60年代,心理学家对笼子中的狗进行实验后发现,在经历了反复电击但无法逃脱的命运之后,狗开始放弃抵抗,变得意志消沉。当笼子打开,狗也不会主动选择逃脱了。习得性无助的产生是因为个体在其行为和糟糕结果的预期之间建立了联结,使个体认为在相似的场景下坏的结果必然会发生。

1. 习得性无助的表现

心理方面:沮丧、自卑、易怒,情绪调节不佳,强烈的挫败感和无力感,自我否定,认知缺失,动机水平下降。

生理方面:无病理性原因的身体不适、疲惫无力、睡眠问题等,直接影响生活和学习。

行为方面:行为退缩、逃避、不负责任。对学习失去兴趣,或虽有兴趣,但因为觉得无法改变现状而选择逃避,学习中也可能出现迟到、拒学等行为。

2. 习得性无助的危害

习得性无助会影响学生的学习,会使学生低成就动机,低自我概念,产生消极定势,低自我效能感。习得性无助也是许多心理问题产生的根源,会让人绝望、抑郁和意志消沉,让人焦虑、失眠,产生不安感,等等。

3. 习得性无助的成因

(1) 长期行为无效和外界负面提醒。无助和挫败不是与生俱来的,而是在后天的成长经历中,经由行为无效和外界负面提醒习得而来。学生在学业上长期投入和付出却未能取得理想成绩,就会产生怀疑,进而失去积极预期。

(2) 对外界事物的偏差认知衍化。一切心理模式的形成,都是个体根据过往经历衍化形成的。小奚对学习也曾经抱有期待,只是经历无数次挫败后,面对学习开始焦虑不安,甚至产生深深的恐惧。

(3) 不良的归因方式。在认知心理学上关于成功或失败原因的看法称为归因。当个体认定造成自身学业、心理问题的因素,是内在的、稳定的、不可控制的时候,就容易感到内疚、沮丧和自卑。案例中的小奚认为自己"再怎么努力也无济于事",就是错误地把失败的原因归结为无能或低智力等稳定、不可控因素。

📖 应对策略

习得性无助对任何一个人都有极大的负面作用,更会让初中生深陷其中无

法自拔,导师如何做才能帮助学生克服习得性无助呢?

一、积极自我对话

《蛤蟆先生去看心理医生》一书中,蛤蟆先生根据自己的童年经验来决定用哪种态度来面对世界,并且一度坚持使用这种态度和观点作为自己存在的底层架构,这就是自证预言:人们会控制事件的发生,从而确保预言会成真,确保自己的世界和预期的一样。

当学生的自我预言是消极的,就会表现出消极的行为来印证自己的预期。导师要引导学生将消极的自我对话转变为积极的自我对话,消极的对话是以一种无益和伤害的方式对自己说话,积极的自我对话是像关爱自己的人那样说话,从自我批评转换成自我引导,比如把"我太笨了"转换成"错误在所难免"等。对于小奚而言,可以尝试将"再怎么努力也无济于事"的自我预言转换为"努力不一定会成功,但不努力肯定没希望"。

二、改变归因方式

归因理论认为,当人们把失败归因为自身的、普遍的、稳定的因素时,就容易产生无望感,也容易放弃努力。比如,认为自己天生情商低,不善于沟通,这是无法改变的特质,所以也就没必要努力。

导师要引导学生改变归因方式,帮助小奚这样的学生认识到,成绩差和很多因素相关,学习动机、学习方法、后天努力等都是影响因素,要让学生将"我是差生,再怎么努力也无济于事"这类内在的稳定的归因转变为合理的归因。比如,我之所以成绩不佳,是因为我没有付出努力,如果我和其他同学一样努力学习,或许我的成绩也能像他们一样好。

三、培养成长型思维

成长型思维是由斯坦福大学心理学教授卡罗尔·S. 德韦克(Carol S. Dweck)在《终身成长》一书中提出的。她认为固定型思维和成长型思维这两种不同的思维模式,会促使人们在处理困难和制订决策等方面有完全不同的应对方式,并产生不一样的结果。

固定型思维的人认为,人的智商和聪明程度有固定不变的属性,不会随着时间的变化和经验的积累而改变。固定型思维的人面对困难时,总是找借口,容易妥协和感到绝望,也更容易成为失败者。成长型思维的人则认为,这个世界充满了帮助我们去学习和成长的有趣的挑战。拥有成长型思维的人在遇到困难和挑战时更加乐观积极,他们相信通过不懈努力就能克服困难,最终走向成功。

如何提升学生的成长型思维,降低固定型思维的影响呢?导师可以通过获得成长型思维的四个步骤,帮助学生培养成长型思维。

第一步:接受。这两种思维模式并不是孤立存在的,每个人都是这两种思维模式的混合体,在不同场景下,不同的思维模式占上风。改变思维模式的第一步是引导学生接受自己有固定型思维模式的事实,正视问题,才能解决问题。

第二步:观察。引导学生通过自我观察找出哪些场景激发了他的固定型思维模式。也许是在面对难题时固定型思维模式出现,劝他放弃尝试;也许是在考试失利时固定型思维模式占了上风,让他觉得自己一无是处;也许是在发生冲突时,固定型思维模式让他放弃沟通,选择忍气吞声。

第三步:命名。引导学生把自己的固定型思维模式分离出来,把它想象成一个人,给"他"取个名字,描述"他"是怎样的,什么时候现身,会说什么话,做什么事,会给个体带来怎样的影响。比如,给自己的固定型思维模式起名为"杠精"。当英语没考好的时候"杠精"会说,你根本没有语言天赋;当想好好学习时"杠精"会说,成绩这么差,学也没用,放弃吧。

第四步:教育。当学生给自己的固定型思维模式命名之后,导师就可以着手帮助学生对固定型思维模式进行教育和改造。首先,对于可能激发自己固定型思维模式的情形保持警惕;其次,固定型思维模式人格出现时,在想象中和"他"交谈,反驳对方,最后按照成长型思维模式来处理事情。当然,固定型思维模式不会这么简单就被根除,但导师要鼓励学生不怕失败,拒绝待在舒适区,只要坚持就一定能看到变化,成为更好的自己,实现终身成长。

《杀死一只知更鸟》中有这样一段话:"勇敢是当你还没开始的时候就知道自己会输,但依然义无反顾去做。"习得性无助的改变可能是一个漫长的过程,它需要导师不断鼓励学生去挑战认知,去尝试那些早已认为没有希望的事,这对于学生和导师都是一件不容易的事,但改变的发生将会是影响孩子一生的转折。

第三节　导师如何提升学生自信心？

自信心是老生常谈的话题,缺乏自信一直以来困扰着大批学生,学生们一方面羡慕表现自信的人,另一方面却总也忍不住自我怀疑,还有同学在自卑与自大之间反复横跳。自信被视作自我效能感的体现,同时也是建立更高自我效能感的一个关键因素。克服自卑、提升自信心是许多学生的需求,也是导师工作的重点之一。

案例聚焦

小姚同学在与人相处中表现得畏首畏尾,她觉得自己这么普通,别人能跟自己交朋友已经很好了,所以对伙伴提的要求即使很不情愿也都一味满足。这令她非常苦恼,她希望自己也能像同桌那样不要过于在乎他人的眼光,可以旁若无人地高声大喊"我要做整条街最靓的仔"。

理论分析

小姚在人际关系中的妥协退让实质上是她的不自信造成的。自信心对人际交往、学习生活等都有影响。马斯洛认为,自信是自尊需要获得满足时产生的一种情感体验,一个具有足够自尊的人总是更有自信,更有能力,也更有效率。

获得自信的底层逻辑是自我认识、自我接受、自我价值感的体现以及形成一整套习惯化的自信行为模式。

自信的人具有争取自己权利、敢于表达消极情感、不迷信权威、能够表扬别人和接受他人表扬的行为特点。

1. 争取自己的权利

敢于拒绝他人不合理的请求,会说"不",当他人对自己造成影响时,能向他人提出改变干扰行为的要求。

2. 敢于表达消极情感

敢于向任何人表达愤怒、悲伤、恐惧等消极情感,接受个人局限并积极应对,勇于承认错误,虚心接受批评。

3. 不迷信权威

敢于表达自己的观点,能接受自己和别人的观点不同,尊重权威但不迷信权威。

4. 欣赏他人,悦纳自我

能欣赏他人,并由衷地赞美他人,能坦然接受他人的赞美,悦纳自我。

📖 **应对策略**

自信心是每位学生希望获得的品质,导师如何帮助学生获得充分自信和对自我恰如其分的认识呢?

一、学习正确说"不"

一个自信的人的行为表现有:敢于拒绝他人过分的请求,会说"不"。学会勇敢说"不"是增加自信的方式。

对于不会拒绝的学生,导师可以参考正确说"不"四步法给予指导。

第一步,先思考对方的要求。

第二步,做判断:一要判断这件事情是否正确;二要判断自己是否愿意做。

第三步,面对认为不正确,或者认为正确但不愿意做的事情,用礼貌而坚定的语气说"不"。

第四步,说出不能做或不想做的原因。

明白了四步法如何操作不等于能够实际运用,所以导师不单要让学生学会四步法的操作,更要帮助学生进行反复模拟练习,使学生真正运用于实际。

二、整理优点清单

导师可以指导学生为自己整理一张优点清单,不论大小尽可能地罗列出自己的优点。可以从以下几个方面去思考:好习惯(学习习惯、生活习惯、行为习惯等),好能力(学习能力、运动能力、娱乐技能、生活技能、人际能力、问题解决能力等),好品质(勇敢、进取、勤奋、坚韧等)……建议学生将优点清单张贴在书桌等时刻能看到的地方,不断强化对自我的肯定。

导师一方面要通过各种形式及时鼓励,强化学生的积极自我评价,另一方面也要在与学生接触过程中,不断帮助学生挖掘优势和潜能,完善优点清单。

三、记录成就日记表

利用成就日记表详细记录、分析个人成就可以提高学生的自信。成就事件不见得是惊天动地的大事,哪怕只是微小的事,只要能让学生感受到有成就感即可。导师可以和学生共同设计成就日记表,也可参照表 7-1。"成就感的来源"包括发现知识、技能、认知、品质、资源和机会等。例如:小姚近期的"成就事件"是数学计算获得了满分;"成就感的来源"具体描述是相比其他同学计算优势明显,且发现自己在数学上有突破,"关键词"是计算能力、努力的品质;"与众不同之处"一栏是帮助学生看到自己的优势,小姚的优势是计算准确度高,"关键词"是仔细踏实;"付出的努力"重在引导学生看到过程比结果更重要,小姚认真上数学课,完成了一本计算题集,"关键词"是坚持、认真;"坚持不懈的理由"重在帮助学生找出价值并进行强化,小姚的理由是比较喜欢数学,学习有目标,"关键词"是兴趣、目标。在记录成就日记表的过程中,导师要引导学生尽可能多地挖掘自己的成就,并通过具体分析进行强化。

表 7-1 成就日记表

成就达人	小姚	
成就事件	数学计算获得了满分	
记录日期	2023 年 12 月 27 日	
成就分析	具体描述	关键词
成就感的来源 (发现知识、技能、认知、 品质、资源和机会等)	相比其他同学计算优势明显,通过自己的努力,数学有了突破	计算能力、努力的品质
与众不同之处 (看到个人优势)	计算准确度高	仔细踏实
付出的努力 (认识到过程比结果更重要)	认真上数学课,完成了一本计算题集	坚持、认真
坚持不懈的理由 (找出价值并强化)	比较喜欢数学,学习有目标	兴趣、目标

德国教育学家第斯多惠说过:"教学的艺术不在于传授本领,而在于激励、唤

醒和鼓舞。"相信在导师们的陪伴、激励和肯定下,学生一定都能收获自信和快乐,积极健康成长。

实践思考

小文是一名初中女生,从小到大她的学习成绩都算不上优秀,居家学习期间她看到老师每天推选的"优秀作业",开始意识到自己和同学的差距,返校复课后她的成绩又明显下滑,小文开始产生强烈的挫败感,认为自己这也不行,那也不行,觉得怎么努力也没有用,因此开始不愿付出努力,自暴自弃。

作为小文的导师,你打算如何运用本章中学习到的理论和方法帮助小文走出困境呢?

资源链接

1.[加]阿尔伯特·班杜拉.自我效能[M].缪小春,李凌,井世洁,等译.上海:华东师范大学出版社,2022.

2.[美]肯尼思·金斯伯格,[美]玛莎·贾布洛.抗挫力[M].胡宝莲,译.海口:南海出版公司,2017.

3.[日]久世浩司.抗压力:逆境重生法则[M].贾耀平,译.北京:北京联合出版社,2016.

4.[英]乔·欧文.成长型思维:从平凡到优秀的七种思维模式[M].傅婧瑛,译.北京:人民邮电出版社,2018.

5.吴媛媛.初中生数学学习自我效能感的现状调查及其培养研究[D].延安:延安大学,2021.

6.陈杰.关于归因训练在提升高中生英语学习自我效能感方面的研究[J].海外英语,2020(17):64-65+67.

第八章　塑造坚韧"心理盔甲"

在我们日常聊天或者浏览信息的时候，常常会感慨，如今的孩子怎么这么脆弱，动不动就出现各种情绪问题。我们小时候也被父母体罚过，也被老师严厉地批评过，那时的我们好像就没事。而当前正值身心变化的孩子们，面对学习压力、同伴关系、亲子关系等问题，"脆弱"的特别多，动不动就抑郁"emo"了，时不时就躺家里不上学了，是不是太"玻璃心"了？

作为导师，我们如何应对？前期调研结果也显示：超过八成的参与调研的导师认为心理韧性（抗压与耐挫）这一积极心理品质是需要被关注的。如何找到"玻璃心"背后的深层原因，读懂这些孩子内心的真正需求，给予其恰当支持，提升其心理韧性，才是解决问题的根本所在。

📌 **本章学习目标**

一、学会帮助学生理解并提升心理韧性

二、理解问题背后的深层原因，帮助学生获得创伤后成长

三、学会指导父母读懂孩子，培育孩子的心理韧性

第一节　导师如何帮助学生认识心理韧性?

心理学家安吉拉·李·达科沃斯通过大量的研究和调查发现,决定一个人是否成功的最重要因素不是智商,不是情商,不是人脉,不是天赋,而是一个人坚忍不拔的能力。达尔文曾说过:"生存下来的也许不是最强大的生物,也不是最聪明的生物,而是能够适应环境变化的生物。"哲学家尼采也曾说:"凡杀不死我的,必将让我更强大。"这些学者、先哲所传达的含义,都指向一个与我们人生息息相关的因素:心理韧性。

案例聚焦

任老师是一位入职三年的青年教师,青春、有朝气的她很受学生欢迎。在她的导生中,有一个叫玻玻的女孩子。和任老师一样,玻玻也很受同学和老师的喜爱,从六年级入学开始,就一直担任班长的职务,成绩也一直是年级里的佼佼者。可自从进入八年级,任老师观察到玻玻不似从前那样快乐,整个人都郁郁寡欢,老师们也都觉得玻玻的状态越来越糟糕。任老师作为导师,在和玻玻的沟通中了解到,玻玻进入八年级,增加了物理学科后,总觉得跟不上老师的节奏,每天要花很多时间在物理上,但效果却不明显,其他学科也因此受影响,在最近几次小练习和期中考试中成绩都有了明显下滑,玻玻因此觉得自己很糟糕,如果不能保证成绩维持在高水平,哪有什么资格去担任班长?她觉得自己并没有那么聪明,甚至是笨笨的。

理论分析

从小被大家认可的玻玻,没有办法接受自己在学习上会有欠缺的部分,从而影响到她的情绪状态,并且对自己做出了非理性的否定评价。任老师意识到像玻玻这样从小被肯定、成长比较顺利的孩子,可能面对一些失败和挫折时,会受到比较大的打击,她觉得玻玻属于心理韧性偏低的那类孩子。那么什么是心理韧性? 心理韧性低的表现又是怎样的呢?

作为导师,首先,我们还是需要了解什么是心理韧性。

心理韧性(psychological resilience)是一种能力,它可以帮助我们在面对困难和挑战时保持积极的态度,适应并克服困难。因此,提升中学生的心理韧性是我们必须关注的问题。依照美国心理学会给出的定义,心理韧性指的是人在遇到困难、逆境、创伤等重大的压力情境时,能够良好应对的过程,即在经历挫折和挑战后能够恢复原状的能力。国内积极心理学发起人、清华大学心理学教授彭凯平给出了如下定义:心理韧性就是从逆境、矛盾、失败甚至是积极事件中恢复常态的能力。

心理韧性包含"复原力、抗逆力和创伤后成长"三重含义。复原力指的是人从逆境、冲突、痛楚、失败和压力中迅速恢复的心理能力;抗逆力指的是在实现长远目标的过程中,即使经历失败,依然能够坚持的努力和耐力;创伤后成长指的是在经历逆境和其他挑战后产生的积极心理变化和心理功能的提升。这三大要素相互作用,共同构成了一个人的心理韧性,决定了他们在面对逆境、冲突、痛楚、失败和压力时的应对方式和恢复能力。

心理韧性不足的人往往容易表现出一系列消极特质和行为。他们倾向于采用消极的思维方式,常常从不利的角度解读问题,并且容易陷入极端的思维模式。这些人可能会发展出一种受害者心态,总是自视为受害者,缺乏解决问题的积极性和能力。同时,他们可能表现出一种消极的"躺平"态度,不愿付出努力去追求自己的目标,而是选择无所作为,得过且过。此外,心理韧性较低的个体可能还会形成一些不良的成瘾行为,例如依赖酒精或药物,以此来逃避现实和缓解压力。

除了上述的负面特质和行为外,心理韧性低的人还可能表现出一些攻击性的行为,如嫉妒、谩骂、攻击他人等。这些行为往往源于他们内心的自卑、自责和自罪感,他们可能认为自己不如他人,缺乏自信和自尊,因此通过攻击他人来宣泄自己的情绪和不满。

综上所述,心理韧性是一个复杂而多维度的概念,它涵盖复原力、抗逆力和创伤后成长这三个核心要素。心理韧性的高低不仅影响着个体在面对逆境时的应对方式和恢复能力,还反映了个体的心理健康状态和人格特质。

应对策略

作为导师,帮助心理韧性低的导生是一项重要而具有挑战性的任务。为了有效支持这些学生,我们可以遵循以下具体建议。

1. 建立关系永远是第一位

学生在自主自愿的前提下,在众多任课教师中主动选择了其中一位教师成为导师,一定是因为这位导师符合或者一定程度上符合学生对导师的理想预期,这份主动选择中包含导生对导师的信任、欣赏、喜欢,这对于导师后续开展各项工作非常重要。相互尊重、相互信任,是构建和谐师生关系的基石,对于有着一颗"玻璃心"的学生而言,他们更希望在成长的过程中,得到来自大家的尊重和信任。因此,导师要尝试转换角色,以亦师亦友的身份去倾听学生的心声,让他们感受到导师对他们的理解与支持。

2. 全面了解学生并帮助学生认识自我

自尊心是心理韧性的基石,自信心是心理韧性的体现。在帮助学生树立自尊心和自信心的过程中,我们首先需要帮助学生正确、相对客观地认识自己。在此之前,导师基于日常工作中与导生的直接互动,和班主任及其他教师的沟通交流,观察导生在校园生活中的表现等,可以对导生有一个较为全面的了解。既要了解导生的问题与不足,更需要发现导生的优势和潜能,在后续和学生的交流中,无论是问题、不足,还是优势、潜能,都可以从细微处切入,这会让学生感受到导师对他的关注与了解,更能启发、引导学生进行自我的探索,这种自我认识的过程不仅有助于提高学生的自尊心和自信心,还能够让他们在面对困难时更加坚定自己的信念和目标。

3. 分享心理韧性的相关知识

心理韧性的培养需要一定的知识和技巧。作为导师,我们可以通过分享心理韧性的相关知识来帮助学生更好地应对生活中的困难和挫折。首先,导师自己需要对心理韧性有深入的了解和学习。这可以通过阅读相关书籍、参加专业培训或与其他具有经验的导师交流来实现。其次,在日常与学生的交流中,导师可以适当地分享一些关于心理韧性的知识和经验。例如,可以告诉学生困难和挫折是成长的一部分,我们应该学会从中寻找机会而不是只看到问题。同时,导师还可以帮助学生接受不可避免的事实,鼓励他们多视角思考问题,从而提高心理韧性。此外,导师还可以推荐一些有关心理韧性的书籍或资源给学生,以便他们在需要时能够自行学习和提升。

总之,作为导师,我们需要在建立深厚师生关系的基础上,全面了解学生并帮助学生认识自我,分享心理韧性的相关知识,成为导生支持系统中的重要一

员。通过这些措施,我们可以有效地支持心理韧性低的学生,帮助他们在面对困难时更加坚强、自信和有韧性。

实践思考

请导师结合自己生活中的实际体验,从复原力、抗逆力和创伤后成长三个角度对自己的心理韧性做一次自我评估。

资源链接

1.［澳］马修·约翰斯通.心理韧性,回弹的力量［M］.陶莎,译.南宁:广西科学技术出版社,2021.

2.［美］琳达·格雷厄姆.心理韧性［M］.韩雪婷,译.北京:中国友谊出版公司,2023.

第二节　导师如何帮助学生在创伤中成长?

在人生旅途中,我们不可避免地会遭遇各种挑战和困难。这些逆境,虽然带来了痛苦和不安,但同时也是个体成长和心理韧性发展的重要契机。心理韧性,作为人们面对压力和逆境时保持积极态度、适应和克服困难的能力,是我们每个人都需要培养和加强的重要素质。特别是在经历创伤性事件之后,如何通过心理韧性的培养实现创伤后成长,成为一个值得我们深入探讨的话题。

案例聚焦

璃璃是任老师的导生之一,她特别喜爱滑雪。尽管居住在上海,她的父母却非常支持她的这一爱好,每个周末都会带她去室内滑雪场上课,假期更是会带她去真正的雪场体验滑雪的乐趣。滑雪课程和雪场之旅成为她生活中最快乐的时光。

然而,去年发生了一次意外:璃璃在一次滑雪中不慎摔倒,导致腿部骨折,需要接受手术治疗并植入钢钉。这次意外不仅给她的身体带来了严重伤害,更在心理上留下了难以磨灭的阴影。尽管治疗和康复的过程充满艰辛,但璃璃的身体逐渐康复,医生的诊断也为她重返滑雪场带来了希望。

可是,心理的创伤却比身体的伤口更难愈合。璃璃开始回避曾经带给她无尽欢乐的滑雪,她的内心充满了恐惧和犹豫,担心再次受伤。她的父母意识到她的心理负担和恐惧,他们想在假期带她去雪场,希望她能够重新找回对滑雪的热爱。但是,璃璃一直拒绝,甚至在被逼急的时候还会发脾气。

理论分析

璃璃的情况并非个例,许多人在经历创伤后都会产生类似的心理反应。这种恐惧和回避行为是心理创伤后的自然反应,也是心理韧性面临考验的时刻。心理韧性在这里不仅仅是指身体上的恢复,更重要的是心理上的调适和成长。璃璃需要的不仅是医生的医治,更需要心理层面的支持和引导,帮助她重新建立对滑雪的信心,克服内心的恐惧,重新找回那份对滑雪的热爱和对生活的热情。

创伤后成长(posttraumatic growth)是指个体在经历严重压力或创伤事件后,所经历的积极心理变化和个人成长。心理学家提出,创伤后成长包括几个方面:认识到生活的脆弱性、更加珍惜人际关系、发现个人潜力、生活目标的重新评估和精神上的转变。

创伤经历虽然带来了痛苦和挑战,但同时也可能成为个体成长和发展的催化剂。在经历创伤后,个体可能会发现自己之前未曾意识到的潜能和才能。这种发现不仅能够帮助他们走出阴霾,还能为他们带来新的生活目标和动力。研究发现,创伤后成长与心理韧性密切相关,心理韧性强的个体更有可能在经历创伤后实现成长。心理韧性不仅帮助个体在逆境中保持功能,还能促进他们在经历逆境后实现积极的转变。

应对策略

在面对经历创伤的初中学生时,导师可以采取以下综合性策略,帮助他们实现创伤后的心理成长。

1. 接受现实:引导正向认知

导师首先需要帮助学生认识到,创伤是生活的一部分,而接受现实是开始治愈的第一步。导师可以引导学生正视自己的感受,理解创伤带来的心理反应是正常的。同时,导师应鼓励学生表达自己的情绪和想法,通过写作、绘画或其他形式的创造性表达,帮助他们理解和接受自己的经历。

2.懂得求助:培养求助意识和技能

导师需要引导学生认识到寻求帮助的重要性,并培养他们的求助技能。这包括与家人、朋友和老师沟通自己的感受,以及如何有效地利用校园和社区资源。导师可以通过角色扮演和模拟练习,帮助学生练习在需要时寻求帮助的技巧,从而增强他们的自信心和解决问题的能力。

3.发现积极的可能性:激发内在力量

创伤后成长不仅仅是恢复,更是发现新的可能性和机会。导师可以通过引导学生进行自我反思,帮助他们认识到自己在面对困难时展现的内在力量和潜力。通过目标设定和行动计划,导师可以激励学生设定实现个人成长的目标,并探索实现这些目标的途径。同时,导师可以分享成功案例和故事,激发学生的积极情绪和动力。

📖 **实践思考**

请导师选择一个具体的创伤后成长案例进行深入分析(可以是已知的公开案例,或是学生案例),分析案例中个体的心理变化过程,识别创伤后成长的关键因素和挑战。在分析过程中,导师应关注个体在面对创伤时的初始反应,以及随后的适应和应对策略。特别要注意识别那些促进个体积极变化的关键因素,如社会支持、个人信念、适应性行为等。同时,分析个体在创伤后成长过程中遇到的挑战和障碍,例如持续的恐惧、自我怀疑、社会隔离等。

📖 **资源链接**

1.积极心理学家马丁·塞利格曼的演讲:"如何培养乐观的孩子"。

2.[美]达蒙·扎哈里亚德斯.心理韧性手册:一本教你如何面对逆境和迎接挑战的人生指南[M].罗君,译.北京:电子工业出版社,2021.

第三节　导师如何帮助家长塑造孩子的"心理盔甲"?

2023年1月,教育部等13个部门联合印发《关于健全学校家庭社会协同育人机制的意见》,进一步明确了学校、家庭、社会在协同育人中的各自职责及相互协调机制,即学校主导、家庭尽责、社会支持。而学校要发挥主导作用,导师就起着至关重要的作用。作为导师,我们需要与家长建立协同合作的家校关系,对学生的全面发展进行指导,从而促进每一个学生健康快乐成长。

案例聚焦

任老师的另一名导生叫作心心,刚进入六年级没多久,她就已经成为全年级老师甚至学生都熟悉的同学。心心之所以被老师和同学们所熟知,是因为开学第一周,就已经多次发生每天一小哭、三天一大哭的情况。但凡老师语气稍稍严厉,就会泪眼婆娑,可能要哭上一节课,她和同学在课上因为一个问题意见相左,各抒己见,如果没能说服同学,也会哭。心心有一次在任老师的课上很积极地举手想要回答问题,可当轮到她回答问题时,却没能给出正确答案,这时候,边上同学小声嘟囔了一句"这么简单也不知道",心心听到以后又崩溃了,哭了整整一节课。

我们在工作中会发现像心心这样异常敏感脆弱的孩子越来越常见,每个孩子应对相似问题和困扰时的状态会有差异,也就是说个人的心理韧性会有差异性,那么这些差异是怎样形成的? 受到哪些因素的影响呢? 任老师觉得只有了解了影响心理韧性发展的因素,才能更好地帮助像心心这样的孩子。

理论分析

当任老师和心心交流她为什么这么爱哭的原因时,心心告诉任老师,自己的爸爸是一个很严肃、要求很高的人,从小自己只要说错一句话,做错一件事,爸爸就要严厉地批评自己。自己又很容易因为爸爸的严厉而掉眼泪,一掉眼泪,爸爸就更要凶自己。听着心心的描述,任老师发现,成长在一个严格、压抑的家庭中的心心,并没有因为爸爸的高标准、严要求而变得坚强、有韧性,反而因为这种带着压迫感的家庭氛围而变得更加脆弱、敏感。

当然,影响孩子的心理韧性发展的因素是多元的,不单是家庭成长环境,也包括所能获得的社会支持、个性特质、遗传和生理因素等。显而易见,心理韧性发展的影响因素是错综复杂的,包含风险性因素和保护性因素。风险性因素包括先天的智力水平、气质、人格类型以及后天的不利环境因素,如不良的养育方式和长期处于高压环境中。而保护性因素则包括个体的积极特质(如聪明、外

向、自信)和外部环境的积极资源(如和谐的家庭氛围、积极的同伴关系)。

《心理韧性——如何培养内心强大的孩子》一书中提出,心理韧性可以被视作风险性因素和保护性因素平衡的结果。这一跷跷板模型有助于我们理解为何在同样的家庭环境中,不同孩子的心理韧性发展也会有显著差异。曾有英国学者对16916名儿童进行长期追踪研究,也证实了家庭环境和教养方式对孩子心理韧性的重要影响。研究显示,积极的父母教养方式能够显著减少儿童的问题行为,无论孩子处于高风险还是无风险环境。

此外,心理学家温尼科特提出的"抱持性环境"概念,强调了父母在孩子成长过程中的双重角色:一是认可孩子,二是在孩子遇到困难时提供保护和支持。随着孩子的成长,父母的抱持性环境应从身体需求扩展到情感和心理层面,帮助孩子学习如何包容消极与积极情绪。回到上文的案例中,心心的成长过程就缺少了爸爸对她的认可和支持。

上海师范大学心理学院蔡丹教授的研究进一步揭示了家庭因素对初中生心理韧性的具体影响。研究发现,父母的情感温暖、信任、家庭气氛、家庭活动和家人支持对初中生心理韧性有显著的正向影响。同时,风险性因素如父母的过度保护、拒绝、疏离以及亲子冲突,在没有保护性因素的缓冲下,会对心理韧性产生消极影响。而和睦的家庭氛围、良好的亲子关系和父母的支持能够消减这些风险性因素的影响,促进个体的积极适应。

综上所述,国内外的研究和理论都强调了家庭保护性因素在中学生心理韧性发展中的重要性。安全亲密的依恋关系、和谐的家庭环境、民主的教养模式和充分的情感支持是增强初中生心理韧性的重要外部条件。积极和温暖的教养方式是孩子成长过程中不可或缺的保护伞。

应对策略

作为导师,开展家庭教育指导是我们的工作之一,那么针对心理韧性低的学生所在家庭,我们可以从以下三方面着手。

1. 建立信任关系

这里的信任关系,包括导师与导生、导师与家长两部分。在与家长沟通之前,导师首先需要与学生建立起信任和安全感,这一点,我们在本章的第一节就已经做了说明。针对"玻璃心"的孩子,当导师在和家长沟通前,首先需要向导生就父母的教养方式、家庭氛围等进行了解,这部分内容应该在师生彼此间已经建立了一定的信任和令学生感觉安全的关系之后涉及。

建立导师与导生的信任关系是后续建立导师与家长的信任关系的基础,建立信任关系后家长才会更愿意开放地与老师交流,并接受老师的建议。导师主动与家长建立联系,利用沟通技巧,在逐步开展对话的过程中,展现出真诚和专业的态度,倾听家长的担忧和期望,肯定家长的努力,这是建立信任关系的有效方式。

2. 尊重与引导

在与家长沟通过程中,导师还需要特别注意倾听家长的意见和看法,尤其是在面对"玻璃心"孩子的问题时,家长往往对孩子的性格、行为和情绪有着更深入和清晰的了解,因此,导师需要尊重家长的意见,共同探讨解决方案,而不是单方面给出指导建议。同时,导师也要引导家长认识到自己的言行对孩子的影响,要在生活中给出具体的示范,比如说如何去正当、恰当地表达需求,鼓励孩子多参与不同的体验活动,或者组织一些活动,扩大孩子的潜在朋友资源,同时也要注意不随意给孩子贴标签——比如这个孩子就是太内向了,太害羞了,胆子也太小了。这些标签都会阻碍孩子发展正常的社交关系,我们要给他树立一个好的示范。导师还要鼓励家长在家庭教育中注重情感支持和心理引导,以帮助孩子更好地应对挫折和困难。

3. 反馈与激励

心理韧性的培养是一个持续的过程,因此导师与家长之间的持续反馈与紧密合作至关重要。通过定期的沟通,老师可以向家长提供关于孩子在学校表现的及时反馈,包括他们在心理韧性方面的进步和遇到的挑战。这种双向的信息交流有助于家长更好地了解孩子的需求,并与导师一起监测和支持孩子的发展进程。

此外,导师也应鼓励家长认识到自己在孩子教育中的重要作用,引导他们在日常生活中树立积极的榜样。通过共同的努力,家校双方可以形成一个支持性的环境,使孩子在心理韧性的培养上得到持续的关注和支持。这种合作不仅有助于孩子当前的学习和发展,也会为他们未来的成功打下坚实的基础。

每个人的成长过程中,都会遇到各种问题、不愉快、困难、挑战,我们作为导师要做的,就是联合家长,共同陪伴在学生身边。我们需要通过教育,帮助他们

建立适应性思维,提供社会支持,建立个人效能感,从而帮助他们在面对生活的压力和挑战时,能够保持积极的态度,适应并克服困难。玻璃虽然易碎,但却可以通过高温考验,被塑造成千姿百态的玻璃制品,"玻璃心"也是如此,给"玻璃心"的学生多一些耐心与关心,帮助他们发现并认可自己,教会他们敢于面对他人的不同看法,"玻璃心"也可以被加固,可以走向更加坚定的人生。

实践思考

任老师作为一名只有三年工作经验的年轻教师,在和心心家长交流"心理韧性"这一话题时,你认为应该注意哪些点?

资源链接

1. 心理学家田宏杰的演讲:"如何培养孩子的抗挫折力"。

2. 武志红.为何家会伤人[M].北京:北京联合出版有限公司,2018.

第九章　成长型思维孕育积极心态

2021 年,清华大学社会科学学院在新华社的帮助下,对全国 30 多万中小学生进行了一项调查。调查结果显示,在新冠疫情的影响下,一些孩子出现了"四无"现象:学习无动力、生活无兴趣、社交无能力、生命无意义感。这让我们不禁要问:当正常的学习和生活秩序被打乱,我们的心灵该如何安放? 面对人生的挑战和逆境,我们需要怎样做才能不被困难和压力压垮,收获成就和意义? 面对灾难和不确定性,我们可以做些什么来帮助自己和学生应对"世事无常",保持积极心态?

作为导师,我们深知有些学生虽然学习成绩好,但是内心很脆弱,听不得批评,受不了挫折;还有些学生,由于过去的失败而感到自卑和无助,因此自我放弃。那么,我们该如何做才能让"好学生"不仅学习好,而且不会有所谓的"玻璃心"或成为"空心人"? 又该如何做才能让那些相对落后的学生能从之前的失败中总结经验、奋起努力、开启逆袭之旅?

📌 **本章学习目标**

一、了解心理韧性是人应对和战胜挫折与逆境的心理力量

二、掌握帮助学生提高心理韧性的具体方法

三、塑造成长型思维模式,培养学生积极心态

第一节　导师培养学生心理韧性的积极意义?

案例聚焦

小凡今年刚刚升入高一,期中考试前,为了提高成绩,他每天都刻苦学习,牺牲了休息和娱乐的时间。他希望能够考出好成绩,得到老师和同学的认可,也为自己的升学打下基础。然而,考试结果却让他大失所望,他的成绩只有班级平均水平,甚至有几门科目还不及格。他感到非常沮丧,觉得自己是个失败者,没有人会喜欢和尊重他。魏老师是他的导师,注意到这个情况,想找他谈心,却不知道从何处入手,有什么办法能帮助小凡从当前消极的状态中摆脱出来呢?

理论分析

作为导师,我们可能都遇到过这种情况,首先我们需要理解,学生的这种表现背后就是缺乏心理韧性的表现。心理韧性是指个体在面对生活中的逆境、创伤或压力时,能够有效地应对和适应,甚至从中获得成长和新生的能力。心理韧性不是一种固定的特质,而是一种动态的过程,受到个人、家庭、学校和社会等多方面的保护性因素和危险性因素的影响。心理韧性是一种重要的心理健康资源,对于提高个体的生活质量、促进个体的学习和发展、增强个体的抗压能力和幸福感等方面都有积极的作用。①

一个具有良好心理韧性的学生,在遭遇诸如考试失利等生活事件或重大压力时,他的心理状态就像一个弹簧被压了下去,但能够通过心理力量的调整而恢复心理平衡,就像弹簧回到原来的位置。积极心理学认为,有一些人在经历负面事件的挑战后,他们的心理状态会到达一个比之前更高的水平,所以心理韧性还有逆境中的"成长力"这一层意思。

埃米・E. 沃纳(Emmy E. Werner)博士是最早提出心理韧性概念的心理学

---

① 王恩娜,夏梦雅,屈笛扬,等.家庭功能发展轨迹类型对初中阶段青少年网络成瘾的影响:心理韧性的中介作用[J/OL].心理发展与教育,2024(6):853 - 864[2024 - 05 - 29].https://doi.org/10.16187/j.cnki.issn1001 - 4918.2024.06.10.

家之一,她在 1989 年发表了一项历时 32 年的纵向研究。在这项研究中,埃米·E. 沃纳博士和她的团队跟踪了夏威夷考艾岛上 698 名儿童的成长历程,监测了这些儿童从小到大面临的各种压力源,包括母体环境、贫困、同辈关系和家庭问题等。研究发现,大约三分之一的孩子被评定为"有风险",这意味着他们面临着发展和适应上的显著挑战。然而,令人惊讶的是,并非所有"风险儿童"都会走进压力的深渊。在这些孩子中,约有三分之二在 10 岁时出现严重的学习或行为问题,或在 18 岁时有犯罪记录,出现心理健康问题。但剩下的三分之一,却发展成了"有能力、自信、有爱心的年轻人",在学术、家庭和社会上都取得了成功。这项研究的核心发现是,即使在高风险环境中,仍有相当一部分儿童能够展现出惊人的适应力和成长潜力。这一现象后来被称为"有韧性的孩子"或"有韧性的发展"。研究中还探讨了影响儿童发展轨迹的因素,包括家庭支持、积极的同辈关系、良好的学校环境等保护性因素,以及儿童自身的特质,如好奇心、社交技能、问题解决能力等。这项研究强调了即使在不利条件下,儿童也有可能通过内在和外在资源的支持实现正向发展。①

对心理韧性的研究表明,培养和提高学生的心理韧性,可以带来很多积极的结果,如:

(1) 更强的适应力:心理韧性强的学生能够更快地适应新环境和新情况,无论是在学习上还是在生活上。

(2) 更强的解决问题能力和抗压能力:面对困难和挑战时,他们能够冷静思考,找到解决问题的方法,而不是轻易放弃。

(3) 体验更多的积极情绪,更好地调节消极情绪:心理韧性强的学生能够更好地管理自己的情绪,即使在逆境中也能保持乐观和积极的态度。

(4) 减轻抑郁、焦虑情绪:他们能够有效地应对压力和挑战,减少负面情绪的影响,从而降低抑郁和焦虑的风险。

(5) 增强免疫系统功能,身体更健康:研究发现,心理韧性与身体健康之间存在正相关关系,心理韧性强的人往往身体更健康。

(6) 更多地参与家庭、学校和社会活动:心理韧性强的学生更愿意参与各种活动,与他人建立联系,从而获得更多的社会支持和资源。

---

① 刘翔平.积极心理学(第 2 版)[M].北京:中国人民大学出版社,2018:119－132.

应对策略

那么,作为导师,我们可以如何提升学生的心理韧性呢?这里有两类简单易操作的方法,导师们可以根据实际情况自行选择。

第一,如果我们准备组织一场导生的团体活动,也许可以试试与导生共同观看一部有助于提升人生技能和心理韧性的电影,如《阿甘正传》《心灵奇旅》《肖申克的救赎》等,并和导生一起讨论:

电影中的主角经历了哪些困难和挑战?

面对这些困难和挑战,主角最初的感受是什么?

电影中的主角是如何走出自己的困境的?在这个过程中体现了哪些品质与能力?

在主角解决问题、战胜困境的过程中有没有得到过别人的帮助?别人是怎么帮助主角的?主角做了什么而得到了帮助?

另外,我们也可以鼓励学生建立和维护友谊,与家人、老师和朋友建立信任关系,建立有效的支持系统;鼓励学生参与体育、艺术、社区服务等课外活动,帮助学生建立自信。

第二,如果我们准备与学生开展一场谈话,我们可以与导生建立信任的关系,准备一个安全、不太会被打扰的空间,倾听、共情、鼓励、支持导生的倾诉,让学生知道在遇到困难时寻求帮助是一种勇气,不是弱点。鼓励学生设置自我奖励,以提高动力和自我效能感。例如,在开头的案例中,魏老师就可以认可小凡想要努力取得好成绩的愿望和行动,共情他努力但没有收获的失望和沮丧,以及与同学比较后的失落和对未来的担忧,鼓励和支持他去寻求更多的资源帮助——可以向学科老师请教更适合自己的学习方法、调整学习节奏等。

实践思考

请导师选择一部有关积极成长主题的电影,并设计一份与导生共同赏析电影的活动方案,包含电影简介与讨论话题。

资源链接

心理韧性是学生面向未来一生的财富,如果导师们想拓展了解更多有关心理韧性的内容,也可以找到两篇公众号文章来深入了解。

1. 彭凯平:疫情下,怎样打一剂"心理疫苗"?

2. 内心强大的 6 个表现

第二节　导师如何助力学生在挑战中孕育成长型思维?

案例聚焦

魏老师通过与小凡同学谈心了解到,开学以来,他在数学上一直很挣扎,尽管已经花了几乎全部的学习时间去学习数学,测验中还是得分不高,上课也时常感觉跟不上老师的节奏,这让他感到非常沮丧,他开始对数学产生抵触情绪,甚至开始逃避数学课,他认为自己就是不擅长数学,这是无法改变的。

理论分析

这可能是很多在学业上遇到失败的学生的典型想法:"我可能就不是学××的料。"这背后体现的正是思维模式的差异。

斯坦福大学心理学教授卡罗尔·德韦克提出了成长型思维和固定型思维两种思维模式。拥有固定型思维的人认为,人的才能是一成不变的,即使你再努力也改变不了什么,认定自己的能力是天生的,所以会把当前发生的事情,当成衡量自己能力的标尺,将外界的批评和反馈看成是对自己的否定甚至是个人攻击。他们倾向于避免挑战,担心失败会暴露自己的不足,对努力的价值持怀疑态度,认为如果需要努力就意味着缺乏才能。而成长型思维的人认为,人的智商和能力可以通过努力和学习来提升。他们认为,天赋只是起点,人的能力可以通过锻炼提高,只要努力就会变得越来越好。他们会将挑战视为成长的机会,认为努力是成功的关键,会享受学习的过程,而不仅仅是结果;对于反馈保持开放的态度,认为批评是成长和进步的机会。

这两种思维模式直接影响了一个人面对问题的态度、情绪状态和决策。固定型思维的人在遇到挫折时,一般就会有失落、沮丧的负面情绪。而成长型思维的人恰恰相反,他们能够客观地看待困难,用理性去分析并且找到出路。固定型

思维会让学生缺乏心理韧性,而成长型思维则是获得心理韧性的秘诀。

在学习过程中,学生犯错误是不可避免的,但对错误的反应却可以极大地影响他们的学习过程和思维方式。科学家通过大脑成像技术观察到,当学生犯错误时,固定型思维的学生大脑活动显著减少。这种现象可能是因为他们将错误视为自身能力的局限,从而感到沮丧和无助,导致他们避免挑战和不再积极参与学习活动。这种消极的态度不仅限制了他们从错误中学习的机会,而且阻碍了大脑的可塑性和成长潜力的发挥。相反,成长型思维的学生在面对错误时,他们的大脑显示出活跃的血流信号,这表明他们对任务的积极投入和努力。他们将错误视为学习和成长的机会,愿意接受挑战并从中吸取教训。这种积极的心态和行为模式促进了大脑的可塑性,使得神经网络通过不断的学习和实践得到加强和优化。帮助学生理解大脑的可塑性,是建立成长型思维的有效途径。当学生明白,他们的大脑和能力不是静态不变的,而是可以通过努力和学习不断进步和发展,他们更有可能采取积极的学习策略,如持续练习、寻求反馈和从错误中学习。这种认识可以激发学生的内在动机,鼓励他们面对挑战,积极参与学习,从而实现自我提升。[1]

"得到"App 的 CEO 脱不花曾经分享过她自己孩子就读的学校举办的一次活动,活动是这样的:

第一步,是请孩子们找出一道自己做错的题,把这个题写在一张纸上。

第二步,是把这张纸狠狠揉成一团。告诉孩子们有多讨厌自己的错误,就用多大的劲儿。

第三步,是把这个错误纸团,使劲扔到讲台上。

第四步,老师会告诉孩子们,科学研究发现,童年时期,人每犯一个错误,并且自己能意识到、能反思,这就能刺激大脑长出新的神经突触。神经突触长得越多,越复杂,大脑就越厉害。

第五步,让孩子们把自己扔的纸团捡回来,展开,用喜欢的颜色,把纸上的折痕画出来。画完之后,你会发现,这些折痕很像大脑突触的示意图,它就"代表"着每个人大脑的成长。

第六步,把这些画郑重地展示出来。提醒孩子们——我的错误很珍贵,我的

---

① [美]卡罗尔·德韦克.终身成长[M].楚祎楠,译.南昌:江西人民出版社,2017:3-62.

大脑在成长。

应对策略

作为导师,我们可以如何从培养学生成长型思维的角度,提升学生的心理韧性呢?

第一,如果我们准备组织一场导生的团体活动,上述"皱纸的启发"就是一个很值得尝试的方案,不同于常规的归因反思,将错误写在纸上狠狠扔出去的过程可以帮助学生宣泄沮丧失望的情绪,而关于"折痕"的探讨,更能帮助学生认识到过去的错误或失败,将加强他们的大脑,提高面向未来的信心。在日常活动中,我们也需要注重营造支持性的环境,鼓励学生间相互合作、分享知识与方法,而不是相互竞争;鼓励学生走出舒适区,参加有挑战性的课程和活动,培养和提高成长型思维。

第二,如果我们准备与学生开展一场谈话,首先,我们可以将考试失败的表达转化为"NOT YET"(尚未达到),"尚未"的意思是"暂时还没有",隐含的意思就是你是可以做到的,只是目前还没有做到。这是一种非常促进成长型思维的表述方式,"暂时还没有"意味着自己正处在一个上升曲线的某一点,通过有效的刻苦努力,找到更适合的学习方法,自己是可以达到的。其次,提供具体的、有建设性的反馈,帮助学生理解错误也是学习的一部分,学习是一个动态的、不断发展的过程。和学生一起庆祝进步,而不仅仅是最终的成绩,让学生看到他们的努力是被看到、被认可的。此外,作为榜样示范,老师自身也需要展现出成长型思维,对新知识和技能保持开放的态度,不断学习和进步。

实践思考

1. 请导师根据自己学校和导生的学情,设计一份考试后的导生团体活动方案,可以参考"皱纸的启发",并寻找适合的视频资源来帮助导生更科学地理解大脑的可塑性。

2. 当导生这样表达时,我们可以如何引导他们建立成长型思维? 表9-1是几个常见表达,请导师们试试吧!

表 9 - 1　成长型思维引导练习

如果导生说	我们可以这样引导
1. 我不是学数学的料。	
2. 化学才考了 90 分,我不需要学了。	
3. 他可聪明了,我肯定赶不上他。	
……	

📖 资源链接

1.〔美〕卡罗尔·德韦克.终身成长〔M〕.楚祎楠,译.南昌:江西人民出版社,2017.

2. 卡罗尔·德韦克的 TED 演讲:The power of believing that you can improve(《请相信,你可以进步》)。

3.〔美〕安妮·布洛克,〔美〕希瑟·亨得利.成长型思维训练〔M〕.张婕,译.上海:上海社会科学院出版社,2018.

第三节　导师如何塑造积极心态,照亮逆境之路?

📖 案例聚焦

小凡在考试失利后,开始怀疑自己的能力,觉得自己是个失败者。他开始担心:如果连考试都不能通过,是否还能获得同学的喜欢和尊重?如果他的成绩一直这么差,那么他将来能否升学,能否找到一份好工作?他不再像以前那样积极参与课堂讨论,也不再主动完成作业,害怕老师和家长会从此对他失望。

📖 理论分析

小凡在考试失利后表现出的对自身能力的负面评价、对未来发展的消极预期和担忧,是因为他戴着一副"悲观"的有色眼镜去看待一次考试的暂时失利。

作为导师,我们需要让小凡意识到这副"悲观"的有色眼镜,调整状态,以积极乐观的心态去重新看待考试这件事。道理都知道,可是具体该如何做呢? 我们首先来了解一下,到底什么是乐观。

乐观是一种积极向上的正面情绪,是一种充满希望的态度。乐观的心态对于提升心理韧性具有重要的作用,可以帮助人们以积极、开放的态度面对生活中的挑战,从而增强心理韧性。已经有大量的研究证明,乐观能够给人们带来很多正面的结果。比如,乐观的人更健康、更长寿,有更积极的人际关系,学习更好,乐观等积极情绪在人们面对压力时具有保护作用……因此,如果我们希望学生有强大的心理韧性,就需要培养学生积极乐观的态度。

积极心理学家马丁·塞利格曼在《教出乐观的孩子》书中指出,乐观性格养成的基础,就是改进孩子遇到问题时的解释风格。解释风格,简而言之,是指人们如何解释生活中发生的事件,它不仅塑造了人们的情绪状态,还指导了人们的行为选择,并影响着人们对未来事件的预期。理解学生的解释风格,对于引导他们形成积极心态、应对挑战至关重要。

解释风格有永久性、普遍性和个人化三个核心维度:

永久性衡量人们是否将事件归因于长期或永久性的因素。例如,当学生在数学考试中失败时,如果他们认为"我永远学不会数学",这就是一种永久性归因。相反,如果他们认为"我这次没准备好",这表明他们持有一种暂时性的归因视角。

普遍性描述了人们是否倾向于将特定事件的解释泛化到生活的其他领域。以考试失败为例,如果学生认为"我做什么都不成功",这显示了一种高普遍性的解释。而如果他们能够认识到"我这次考试没考好,但我在其他方面做得很好",这表明他们具有低普遍性的解释风格。

个人化涉及人们在解释事件时,将原因归咎于自己还是外部因素的程度。例如,如果一个团队项目失败,而学生认为"我做得不好",这是一种高个人化的归因。而如果他们认为"我们团队这次没配合好",则显示了一种低个人化的解释。[1]

---

① [美]马丁·塞利格曼,[美]卡伦·莱维奇,[美]莉萨·杰科克斯,等.教出乐观的孩子[M].洪莉,译.北京:北京联合出版公司,2017:132-153.

美国心理学家阿尔伯特·艾利斯(Albert Ellis)也提出了著名的情绪 ABC 理论,他认为,我们的情绪和行为是由我们对事件的解释而不是事件本身所决定的。这个理论给我们一种自主的力量:我们不是被他人或外在事件决定的,我们是有主观能动性的,我们可以通过改变自己的解释风格,学会以更积极、更有利于自己成长和幸福的方式来看待自己和世界。

马丁·塞利格曼在《活出最乐观的自己》这本书中,还给出了一个 ABCDE 反驳的习得乐观的方法(这里的 A 是指事件;B 是信念;C 是指情绪后果;D 是辩驳;E 是激发积极的情绪和行为),具体做法是:

(1) 尽量客观地记录激发性事件(A)。

(2) 写出自己在情绪低沉时冒出来的想法(B)。

(3) 写出自己的情绪行为反应(C)。

(4) 与自己的负面想法进行争辩(D),例如,逻辑挑战:询问学生是否有证据支持他们的消极信念,或者是否有其他更合理的解释;替代性思考:鼓励学生考虑其他可能的解释或观点;成本效益分析:讨论维持消极信念的长期和短期成本,以及改变这些信念的好处。

(5) 写出行动计划(E)——当下一次有类似情况发生时,可以如何更有建设性、更积极地应对?

ABCDE 法,能让我们从负面的想法和情绪中解放出来,我们无法控制环境和外部发生的事件,但我们可以自主控制自己的想法和行为,通过这样的长期练习,我们就可以逐渐培养学生积极乐观的心态,并在遇到困难和挫折的时候,有建设性地采取行动,从逆境中恢复,增强心理韧性。[①]

应对策略

作为导师,我们可以如何从培养学生乐观心态的角度,提升学生的心理韧性呢?

第一,如果我们准备组织一场导生的团体活动,可以借鉴 ABCDE 反驳法的框架,与导生一起围绕大家普遍感到烦恼的一个典型挫败事件,进行 ABCDE 五步的讨论,帮助导生了解解释风格对情绪行为和心理韧性的正反两面影响,讨论

---

① ［美］马丁·塞利格曼.活出最乐观的自己[M].洪兰,译.沈阳:万卷出版公司,2010:198－212.

后也可以请学生以此为框架,坚持完成一段时间的情绪日记,继续巩固这个方法,并在学生的心中埋下一颗种子,他们可以寻找证据来挑战自己的自动想法(B),改变自己的解释风格,进而改变自己的情绪行为,并在下一次遇到相似情境时采取更积极的方式去应对。另外,也可以与导生一起练习归因技巧:首先,帮助学生识别他们对失败的归因模式。是倾向于归因于不可控因素(如智力、运气),还是可控因素(如努力、策略)? 其次,与学生讨论不同归因方式对他们情绪和行为的影响。例如,将失败归因于不可控因素可能导致无助感,而归因于可控因素则可能激发改变的动力。与学生一起通过具体例子学习如何将失败归因于可控因素。比如,如果学生在数学考试中表现不佳,可以引导他们思考是不是因为复习方法不当或练习不够。最后,针对具体的原因,一起寻找有效的学习策略。例如,时间管理、记忆技巧、问题解决等,帮助学生提高学习效率。

第二,如果我们准备与小凡开展一场谈话,首先需要创建一个安全、支持的环境,让小凡不害怕表达自己的想法和感受,让小凡知道,你理解、认可他的感受,失望和沮丧是正常的。其次,可以让小凡倾诉、分享对这件事的具体想法,从不同角度陪导生一起寻找其他的解释可能性,向小凡分享有关解释风格的理论,并鼓励导生采取更积极的行动,例如一起讨论、设定一些踮踮脚可达到的小目标等。最后,我们也可以鼓励学生在每次重要活动后(如参加考试、完成项目或任何挑战之后)进行自我反思,提供反思工具或问题清单,引导学生深入思考:这次失败的原因是什么? 我可以从中学到什么? 下次我怎样才能做得更好? 在学生反思的过程中,要引导他们考虑乐观的解释风格,如果学生认为失败是因为自己不够聪明,可以引导他们思考是不是其他可控因素导致了失败,给予正面反馈,鼓励他们继续探索和改进。自我反思是一个持续的过程。老师需要持续跟进,鼓励学生在面对挑战时不断反思和调整。

实践思考

请导师尝试应用 ABCDE 反驳法记录和分析令自己感到困扰的事件,进一步理解解释风格对心态的影响。

表 9－2　解释风格 ABCDE 反驳法练习

事件(A)	信念(B)	反应(C)	辩驳(D)	激发积极的情绪和行为(E)
1.				
2.				
3.				

资源链接

1. BBC 纪录片《性格的真相》。

2. 认知神经科学家 Tali Sharot 的 TED 演讲《乐观的偏见》。

3. 北京育心文化发展有限公司.心理韧性:如何培养内心强大的孩子 ［M］.北京:人民邮电出版社,2022.

模块四：

行为辅导篇

第十章　好行为护航学生成长

在当下这个信息化、数字化的时代,小学生也面临着前所未有的挑战。厌学、拖延和手机过度使用问题,已成为许多小学生及其导师需要共同面对的难题。这些问题不仅影响孩子们的学习效率和成绩,更可能对他们的身心健康产生深远的影响。

本章旨在讨论三大核心问题。首先,针对小学生厌学现象,提供有效的教学策略,激发学习兴趣,帮助学生找回学习的乐趣。其次,针对普遍存在的拖延习惯,引导导师掌握时间管理技巧,培养学生自律性,形成高效学习模式。最后,针对手机过度使用问题,提供合理的手机管理建议,平衡学习与娱乐,保护学生视力和身心健康。本章通过系列指导来帮助小学生导师更好地应对教育挑战,促进学生的全面发展。

 本章学习目标

一、了解小学生厌学行为及其成因,掌握帮助学生找回学习乐趣的策略

二、了解小学生学习拖延行为及其管理技巧

三、针对小学生手机过度使用问题,掌握合理管理手机的策略

第一节　导师如何开展小学生厌学行为辅导？

在教育中，我们可以看到：有的孩子可能因为无法适应高强度的学习压力，而选择逃避学习，比如无故旷课、拖欠作业，或是在课堂上心不在焉；有的孩子可能因为学习方法不当，导致学习效果不佳，从而产生挫败感，对学习失去信心；还有一些孩子，可能因为家庭环境的问题，比如父母离异、家庭经济困难等，而影响到他们的学习情绪和动力。

面对这样的情境，我们如何帮助这些小学生重新找回学习的兴趣，重新点燃他们内心的热情，引导他们驶向更加光明的未来呢？

案例聚焦

阳光透过教室的窗户，洒在严学沉闷的脸上。他看着黑板上的数学题，感到无比困惑。这已经是这个星期的第三次数学课，而严学已经连续三次在课堂上打起了瞌睡。他并不是不喜欢学习，只是对那些枯燥无味的知识感到厌倦……

案例1：严学的迷茫

严学原本是一个活泼好动、好奇心强的孩子，学习成绩也比较不错。父母对他的期望也非常高，一直在亲戚、朋友面前夸赞孩子的优良表现。但随着学习压力的增加，他逐渐变得消极、倦怠。他经常抱怨作业太多、考试太难，甚至会因为害怕失败而拒绝参加课外活动。

案例2：陶雪的疑惑

陶雪的情况则不相同。她是一个聪明伶俐、学习认真的孩子，但随着年级的升高，她发现自己对某些学科的兴趣逐渐减弱。她开始在课堂上分心、注意力不集中，甚至有时会因为对学习感到厌倦而逃课。

理论分析

无论是活泼好动的严学还是聪明伶俐的陶雪，他们对学习均失去了兴趣、产生了厌倦情绪，对学习表现出懈怠、不在乎，甚至极力逃避和抗拒的行为。从心理学角度看，严学和陶雪都面临学习倦怠的问题。严学可能因学习压力过大而产生逃避心理,而陶雪则可能因学科兴趣减弱和注意力分散导致学习热情下降。两人均出现了厌学现象。

一、厌学的具体表现

1. 注意力不集中

孩子在课堂上无法集中精力、经常分心是厌学的常见表现之一。他们可能会在课堂上睡觉、做小动作或与同学交头接耳。这种行为表明,他们对学习缺乏兴趣和动力。

2. 逃避学习

孩子可能会找各种借口逃避学习,如生病、疲劳等。他们可能会因为不想完成作业或参加课外活动而请假或迟到。这种行为表明,他们对学习产生了反感和抵触情绪。

3. 学习成绩下滑

当孩子的学习成绩明显下滑时,这可能是厌学问题的另一个迹象。他们可能会因为缺乏兴趣和动力而无法取得好成绩。同时,学习成绩的下滑也可能会进一步加重他们的厌学情绪。

二、厌学的分类

轻微的厌学情绪在学生的学习过程中十分常见,但这并不属于我们今天要深入探讨的范畴。中度到严重的厌学情绪带来的厌学行为十分显著。比如:孩子上课时明显不想听课、消极被动,课后故意回避作业;学习成绩差,但表现得毫不在乎;部分情况严重的学生还伴有违反纪律的行为,比如故意扰乱课堂秩序、逃课逃学或者拒绝上学。

三、厌学出现的频率

厌学是一个日益引起社会关注的问题,它不仅普遍存在,更呈现出低龄化的趋势。根据相关调查,约有 46% 的学生对学习缺乏兴趣,33% 的学生对学习表现出明显的厌恶,真正对学习持积极态度的仅占 21%。厌学情绪在儿童中尤为常见,这不仅影响了学生的学习成绩,还可能对学生未来的发展产生深远影响。

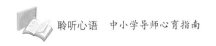
四、厌学情绪出现的缘由

1. 学习动力不足

学生可能缺乏对学习的兴趣或者没有明确的学习目标。这可能是因为学生对所学内容感到无趣，或者他们觉得学习并不能给他们带来实际的乐趣或满足感。

2. 学习压力过大

随着竞争的加剧和家长对孩子期望的提高，小学生们面临着越来越大的学习压力。他们不仅需要在学校完成大量的作业和考试，还需要参加各种课外辅导班和兴趣班。这种过度的学习负担可能导致孩子产生焦虑、无助等负面情绪，进而产生厌学情绪。案例 1 中的严学就是因为面临数学学习的压力，进而产生了厌学情绪。

3. 学习内容和方法不适合

如果学习内容过于枯燥或教学方法不得当，孩子可能会失去兴趣。例如，案例 2 中的陶雪，随着年级的升高，她觉得原本喜欢的课程内容变得过于抽象、难度过高，而教师的教学方法过于单一、缺乏互动性，这导致她对学习失去兴趣。

4. 家庭和社会环境影响

家庭环境和社会氛围对孩子的成长和发展有着重要的影响。如果家庭氛围紧张、缺乏关爱和支持，或者社会环境不良、存在不良风气和价值观，都可能导致孩子产生厌学情绪。

小学生厌学的原因是多方面的，为了解决这个问题，我们需要从多个角度出发，激发学生的学习兴趣，减轻他们的学习压力，帮助他们找到适合的学习方法，并创造良好的家庭和社会环境。

应对策略

作为小学生的心灵导师，在面对学生产生厌学情绪或出现厌学行为时，我们可以采取哪些策略对其进行辅导与帮助呢？

1. 建立积极的师生关系

与学生建立深厚的情感联系，让他们感受到被关心和支持。加强日常交流、关心学生的生活和兴趣爱好，让学生感受到学习不仅仅是为了应对考试，而是为了更好地成长和发展。

例如,案例中严学同学的导师经常利用课间休息时间找他聊聊天,听严同学讲讲对学习的一些看法,同时跟他分享一些自己的经历和见解,也鼓励严学勇敢表达自己的观点和情感。

2. 创造轻松的学习氛围

采用有趣的教学方法和活动,使学习变得轻松有趣。利用游戏、故事、音乐等方式激发学生的学习兴趣,降低学习的压力感。

例如,在数学课上,通过有趣的数学游戏或谜题来教授新知识,让学生在玩耍中学习和掌握知识。

3. 鼓励正面的自我评价

帮助学生认识到自己的优点和进步,培养他们的自信心。多给予肯定和鼓励,让学生更加积极地面对学习挑战。

例如,当陶雪同学在一次数学测验中取得进步时,导师在班级同学面前及时给予表扬和肯定,并鼓励陶雪大声说出:"数学,我有能力成功挑战你!"这样的话语激励着她在接下来的学习中继续努力。

4. 教授应对压力的策略

教会学生如何调节情绪、缓解压力和焦虑。通过深呼吸、放松训练、时间管理等方法,帮助学生更好地应对学习压力。

例如,在考试前,组织学生进行深呼吸和放松训练,帮助他们缓解紧张情绪,保持冷静和专注。

5. 提供个性化的学习支持

针对不同厌学程度的学生采取个性化的学习支持。

对于轻度厌学的学生,导师通过增加互动和趣味性来激发其学习兴趣。

对于中度厌学的学生,导师提供具体的学习方法和技巧,如:制订一份实际可行的学习计划,介绍一些有趣的学习资源,教授一些如联想记忆、归纳总结等记忆技巧和学习方法,帮助其逐步找回学习动力。

对于重度厌学的学生,与学生建立稳固的信任关系,确保学生感到被接纳和理解;寻求专业心理咨询师的协助,对学生进行心理疏导和干预;与家长共同制订并执行针对性的辅导计划;并根据学生的变化调整辅导策略,确保辅导的针对性和有效性。

另外,作为导师,我们又该如何与家长携手共同引导孩子呢?

1. 引导家长倾听孩子的想法

了解他们厌学的真正原因,更好地理解孩子的问题,并找到合适的解决方案。

2. 辅导家长构建有利于学习的氛围

例如,辅导家长将家里的书房布置得温馨舒适,让孩子愿意在其中学习。

3. 指导家长激发孩子的学习兴趣

例如,建议家长带孩子去博物馆、图书馆等地方,让他们在场馆中感受知识的魅力,体验学习的乐趣。

4. 督导家长让孩子尝试新事物

督促、引导家长去鼓励孩子尝试新事物,例如参加兴趣班、参加社区活动等。这有助于培养孩子的自信心和创造力,提高他们对学习的兴趣。

5. 疏导家长与孩子进行沟通的渠道

家长应该经常与孩子进行沟通,了解他们的生活和学习情况。如果孩子遇到困难,家长可以给予他们适当的帮助和支持,让他们感到被关心和重视。导师应对此加以关注,确保沟通渠道通畅。

厌学问题是由多方面因素影响造成的,既有学生个人的内在因素,如学习动力不足、情绪困扰等,也有外部环境的压力,如家庭环境、学校教育方式等。针对这些问题,我们需要从多个角度进行干预。首先,要关注学生的情感需求,建立积极的师生关系,让他们感受到学习的乐趣和意义。其次,家长和教师应共同努力营造良好的学习环境,减轻学生的学业压力。最后,学生自身也需要培养正确的学习态度和方法,提高自我管理能力。家校综合施策,我们可以有效应对厌学问题,帮助学生重新拾回学习的热情和动力,重启他们的乐学之路。

📖 资源链接

1. 宋美霞.脑力觉醒:人脑天生爱学习[M].上海:华东师范大学出版社,2023.

2. 这 50 本书,治好了孩子的"厌学症"!(载于微信公众号"研学课后")

第二节　导师如何开展小学生拖延行为辅导?

我们经常会遇到一些小学生学习时表现出磨磨蹭蹭、拖拖拉拉的现象。他们往往在面对学习任务或日常活动时,显得不够积极、主动,总是拖延时间,不愿意立刻开始行动。这种现象在小学生中并不罕见,而其背后反映出的特征和原因,则值得我们深入探究。

📖 案例聚焦

在一个阳光明媚的下午,小延君坐在书桌前,眼前堆满了作业本,每一本都像是一座未攻克的山峰。他是个追求完美的人,总是希望每一次的作业都能得到老师的赞赏和同学们的羡慕,否则就觉得没有意义。然而,面对眼前的任务,他却感到一种难以名状的压迫感,情绪异常复杂。

他深知,如果现在不开始,就无法按时完成作业,也无法达到自己心中的完美标准。但他的身体仿佛被无形的力量束缚,无法集中精力去应对眼前的挑战。他打开电脑尝试寻求快速完成作业的方法,可各种动态和娱乐信息像是磁铁一样吸引着他。他告诉自己,这只是短暂的放松,不会影响做作业的。然而,时间就像流水一般,从指间悄然溜走。当他再次抬头看向窗外时,发现天色已暗,而作业却依旧一字未写……

这样的场景,对于许多小学生来说并不陌生。也许,您的学生也有这样的情况:明明知道有作业、任务要完成,却总是拖到最后才做,甚至有时还完不成。这种"魔咒"究竟是什么呢? 小学生为什么会受到这种"魔咒"的影响呢?

📖 理论分析

首先,让我们揭开这种"魔咒"的面纱,这种个体在面临任务时,习惯性地推迟任务完成的时间,导致任务无法按时完成的现象,称为"拖延现象"。这个概念最早是在 1542 年由爱德华·霍尔提出的。简单来说,就是"明明知道该做啥,但就是拖着不做"的毛病。

从心理学角度来看,拖延现象的形成主要有四个原因。

一是完美倾向。这类孩子总是想做得更好,可能过度关注细节,害怕犯错,或者对自己的期望过高,导致无法下定决心开始或完成任务。

二是情绪对抗。孩子内心深处可能不满,并不想做这件事,但又不得不做。于是,选择了用拖延来表达自己的不满。

三是自控力差。小学生的大脑和神经系统还处在发育阶段,管理和调节自己的行为、情绪和冲动的能力可能相对较弱。这导致他们的注意力容易被外界事物吸引,难以集中精力完成任务,从而产生拖延。

四是时间观念不足。孩子可能不知道如何有效地管理时间,不知道如何安排任务和活动的优先级,导致他们无法按时完成作业、无法达到预期目标等。

应对策略

一、导师帮助小学生摆脱拖延束缚的策略

那么,针对以上情况,我们导师可以采取哪些措施来帮助他们呢?

1. 设定适切目标

导师在与小延君的沟通中得知,由于前段时间请假落下了一堆作业,面临堆积如山的作业,他样样想完成好,不想给老师留下不好的印象,但却不知从何做起……于是就出现了上面的一幕。导师在了解了小延君的情况后,并没有责怪他,与各科老师做了沟通之后,还与他一起设计了补做功课的计划表,明确了每天需要完成的任务,在确保当天任务完成的情况下,每天完成一门功课的补做任务,适切的目标让小延君有了动力,不再茫然。

2. 给予及时反馈

一段时间的作业堆在一起,让小延君一下子失去了完成的信心。为此,导师将这项任务分解,让小延君去完成,将每天完成的情况及时反映给任课教师,并将任课教师的评价及时反馈给他,让他对自己的努力成果有清晰的了解。及时的信息反馈激发了小延君的斗志,增强了他的自信心。

3. 创造有趣环境

导师利用课后服务时间组织"作业挑战赛",创造有趣环境,激发学生动力。导师还创设"啄木鸟"行动,引导学生对自己的作业进行查漏补缺。小延君因为前一次的经历,在导师的引导下,他积极参与挑战赛,在有趣的环境中,他乐于去主动完成各项任务,从而提高了完成作业的速度。

4. 建立奖励机制

为了进一步激励学生,导师在课后服务时间里引入了奖励机制。他设立了一个"学霸积分榜",根据学生的作业完成情况、课堂表现以及挑战赛的成绩来给予积分。积分达到一定数量后,学生可以换取一些小奖励,如额外的自习时间、与导师一对一的辅导机会,甚至是导师亲笔签名的学习资料。这样的奖励机制不仅激发了学生的积极性,还使他们更加珍惜和重视每一次学习机会。

小延君在参与"作业挑战赛"的过程中,凭借出色的表现赢得了大量的积分。他用积分换取了一次与导师一对一的辅导机会。在这次辅导中,导师针对他之前的疑惑和困难进行了详细的解答和指导,使小延君受益匪浅。这不仅增强了他对学习的兴趣,也让他更加明确和坚定了自己的学习目标。

5. 巧妙规划时间

导师还传授给他"番茄"学习法,即把学习时间分为 25 分钟一个的学习段(一个"番茄"),每学完一个休息 5 分钟。例如,第一个"番茄"时间做数学作业,第二个读书,第三个再做数学作业。导师每周五用午会课时间分享"时间管理小能手"故事和学生高效利用时间的实例,这大大激发了学生的学习动力,使他们更积极面对学习,有效克服了拖延问题。

二、导师协同家长助力学生摆脱拖延的策略

作为导师,我们与家长又该如何协同呢?

1. 建立与家长的信任关系

在与家长沟通时,表达对学生的关心和支持,展示专业能力和热情;尊重家长的意见和看法,倾听他们的诉求,共同寻找解决问题的最佳途径。通过积极倾听和同理心,建立起与家长的信任关系,使他们更愿意与导师合作,共同支持孩子。

2. 引导家长理解拖延行为的本质

(1)了解拖延行为的普遍性。向家长解释拖延行为的普遍性,帮助家长减轻焦虑,并意识到这是一个需要关注和引导的问题。

(2)探讨拖延行为的成因。从时间管理技巧、注意力分散、对任务感兴趣的程度、成败观念等各方面,与家长一起探讨孩子拖延行为的可能成因。通过探

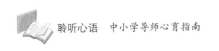

讨,家长可以更加理解孩子的行为,并采取适当的措施来帮助孩子。

3.提供具体案例,鼓励亲子沟通

提供一些具体的案例或情境,包括孩子日常生活中的实际例子,如小延君拖延作业的案例,通过真实案例分享,家长可以更直观地了解孩子的拖延行为及其影响。

4.提供时间管理技巧和建议

向家长介绍一些有效的时间管理技巧和建议,如制订明确的目标和计划、分解任务、设定时间表、提醒和督促等。这些技巧可以帮助孩子更好地管理时间,减少拖延行为。

5.树立榜样,持续关注和支持

家长行为对孩子影响深远。守时、有序的家长能引导孩子养成良好的时间管理习惯。家长应持续关注孩子的拖延行为,提供支持和鼓励,定期回顾进展,给予积极反馈。这样,家长能更好地理解孩子拖延的成因,并采取有效措施帮助克服拖延。导师与家长顺畅合作,共同助力孩子成长。

本节介绍了拖延问题的心理学成因,包括完美倾向、情绪对抗、自控力差和时间观念不足。导师可采取设定适切目标、及时反馈、创造有趣环境、建立奖励机制和规划时间等策略来帮助学生克服拖延。此外,导师与家长需建立信任关系,引导家长理解拖延本质,并提供时间管理技巧和建议,共同助力学生摆脱拖延问题。

资源链接

以下是几本有助于摆脱拖延现象的书籍。

《吃掉那只青蛙》:这本书提供了 21 个秘诀,帮助读者更好地将精力放在提高生产力上,从而克服拖延症,在最短的时间内完成最多的任务。

《5 秒法则》:这本书的作者是知名的 TED 演讲者,她提出的"5 秒法则"有助于人们迅速采取行动,克服拖延。

《自控力》:这本书是斯坦福大学广受欢迎的心理学课程,讲述了自控力的重要性以及如何培养和运用自控力,有助于增加自控力,克服拖延症。

绘本故事:《说干就干的老奶奶》是一本非常适合小学生的绘本,通过一位老奶奶的行动力和决心,向孩子们展示了如何克服拖延,大胆去实践。这个故事以幽默和有趣的方式,让孩子们在轻松愉快的阅读中收获战胜拖延的勇气和力量。

动画:《小猪佩奇》是一部非常受小学生喜欢的动画片,其中有许多关于日常生活和习惯养成的故事,可以潜移默化地影响孩子。比如,佩奇和家人们在做事情时的效率和决断力,都是值得孩子们学习的。

《时间规划局》和《土拨鼠之日》等电影,都涉及时间管理和珍惜时间的主题,可能会给学生们带来启发。

第三节 导师如何开展小学生手机依赖行为辅导?

手机已经深深地融入小学生的生活,成为他们生活的一部分。手机可以辅助他们学习、娱乐放松、与亲友社交、查询信息以及管理生活等。然而对于小学生来说,过度使用手机可能会对他们的学习、生活和健康产生负面影响。

作为他们的导师,我们应关注使用手机的潜在的负面影响,引导学生正确使用手机,培养他们良好的使用习惯。同时,要携手家长共同努力,确保学生在享受手机带来的便利的同时,也不忽视他们的学习、日常生活和健康的重要性。只有这样,我们才能真正实现教育的目标,培养出既有知识,又有良好生活习惯的新时代好少年。

📖 案例聚焦

小艾在上课,突然手机响了,老师发现后没收了他的手机……

上课铃响了,小明还沉浸在"王者荣耀"里,还在思考着如何组建团队进行战斗,以至于老师喊他的名字他都没听到……

小丽在放学回家的路上,用手机看视频,差点错过了回家的公交车……

小红在家写作业,妈妈发现她一边写一边玩手机,非常生气……

小华在周末用手机和同学们聊天,影响了学习时间,导致作业没有完成……

手机无时无刻不牵动着他们的心,上课时心里想着,下课后嘴里聊着,放学后手里拿着,回家后眼睛盯着……"机"控人心的"镜头"时有发生。原本优异的成绩因为手机的干扰而直线下滑,老师和家长都为此忧心忡忡……

理论分析

"机"控人心形象地反映了小学生被手机深深吸引的现象。这种现象会严重影响他们的日常生活、学习和情绪,也就是平时我们所说的"手机依赖"。

那么,如何判定小学生形成了"手机依赖"呢? 这主要从以下"六大观察点"进行判断。

(1)孩子的行为:是否存在长时间使用手机、频繁使用手机、沉迷游戏等。

(2)孩子的情绪:如情绪波动大、易怒、焦虑等。

(3)孩子的学习:如成绩下降、注意力不集中、学习效率低等。

(4)孩子的社交:如社交活动减少、与朋友交流减少等。

(5)孩子的睡眠:如睡眠质量下降、睡眠时间减少等。

(6)孩子的健康:如视力下降、颈椎不适等。

具体判断需考虑各观察点的严重程度和持续时间,因个体情况而异。

那么,手机依赖的成因主要有哪些呢?

(1)心理需求满足:小明通过玩手机游戏获得成就感,小丽通过社交媒体与他人交流,小红通过手机浏览各种信息来扩展自己的知识面。手机提供了丰富的娱乐、社交和信息获取功能,满足了小学生多方面的心理需求。

(2)逃避现实:小明是个优秀学生,但面临父母的高期望和同学的竞争,感到压力和孤独。他尝试倾诉却未得到足够理解,于是选择手机作为逃避方式。在游戏中和社交媒体上,他暂时忘却了现实的困扰,享受轻松和快乐。

(3)家庭环境和教育方式:如果家长缺乏与孩子的沟通,或者过度溺爱孩子,都可能导致孩子过度依赖手机。此外,一些家长在教育孩子时缺乏有效的方法和耐心,也可能让孩子更倾向于选择手机作为娱乐方式。

(4)社交压力:在同龄人之间,使用手机已经成为一种社交方式。如果某个小学生不使用手机,可能会感到被孤立或排斥。这种社交压力可能促使他们更频繁地使用手机。

应对策略

作为导师,面对孩子出现或即将出现手机依赖的现象,我们又该具体从哪些方面做起呢?

1. 教育引导

导师可以面向家长发放问卷,调查了解孩子日常使用手机情况,问卷包括手机使用频率、时长、目的和影响等方面。回收问卷后,分析数据得出结果,并依据结果开展针对性的教育引导,如合理安排时间、规范使用手机学习等。教育引导也需持续跟进,尊重孩子意见,帮助他们养成良好的手机使用习惯。

2. 提供支持

导师在问卷调查中通过对比数据,梳理出依赖程度不同的学生。针对不同程度的学生,导师可提供相应的支持。

一般情况下,我们从轻微依赖和重度依赖两个层面采取措施进行辅导。

对于轻微依赖的学生,可以从以下三个方面采取措施。

(1) 观察与引导。首先,导师需要细心观察学生的手机使用行为,识别出他们可能在哪些情境下过度依赖手机。然后,通过与学生进行积极的对话,引导他们意识到手机使用的适度性,以及过度使用的潜在影响。

(2) 提供替代活动。为了帮助学生转移注意力,导师可以组织一些有趣的团队活动或者个人兴趣项目,例如绘画、手工制作、阅读、体育活动等,让学生有更多的选择,减少对手机的依赖。

(3) 建立手机使用规则。与学生一起制订一些合理的手机使用规则,比如限制每天使用手机的时间,或者在特定的时间段内不允许使用手机。这样可以帮助学生建立起自我管理的意识。

对于手机重度依赖的学生,导师需要主动与心理教师合作,为学生提供必要的心理支持和专业辅导。通过这种有针对性的干预,帮助学生逐步减少手机使用,以恢复健康的生活和学习状态。

(1) 深入了解原因。对于严重手机依赖的学生,导师需要更加深入地了解他们的心理状态和生活环境,找出导致过度依赖手机的具体原因。这可能需要与学生进行更深入的对话,或者与家长进行沟通。

(2) 提供心理支持。如果学生的手机依赖是由于心理问题,如焦虑、抑郁等引起的,导师可以寻求专业的心理咨询师的帮助,为学生提供必要的心理支持。

(3) 加强家校合作。导师需要与家长保持紧密的沟通,共同关注学生的手机使用问题。家长需要在家中加强对孩子的监管,限制孩子的手机使用时间,并与孩子一起制订手机使用规则。

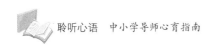

（4）制订个性化戒断计划。针对每个学生的具体情况，导师可以制订个性化的手机戒断计划。这个计划可能需要逐步减少学生的手机使用时间，同时提供其他的娱乐和学习方式，帮助学生逐步摆脱对手机的过度依赖。

下面，以小明同学为例，来说明如何制订这样的计划（见表10-1）。

表10-1 个性化手机戒断计划

个性化手机戒断计划		
学生姓名	小明	性别	
情况描述			
第一阶段（1周）：限制使用时间		
具体措施	每天设定固定的手机使用时间（1小时）。	在这段时间内，小明可以使用手机进行娱乐、社交等活动。	尝试其他放松方式，如听音乐、阅读书籍、进行户外运动等。
达成度（%）			
第二阶段（2周）：逐渐减少使用时间		
具体措施	将每天的手机使用时间减少至45分钟。	鼓励小明寻找其他兴趣爱好，如绘画、手工艺、学习新技能等。	导师可以定期与小明沟通，了解其手机使用情况和心理状态。
达成度（%）			
第三阶段（3周）：设定特定时间段使用手机		
具体措施	设定每天特定的时间段（如午餐后1小时）为手机使用时间。	在其他时间段，鼓励小明进行学习、运动或其他有益的活动。	导师可以推荐一些适合小明的学习资源或活动，帮助他更好地安排时间。
达成度（%）			
第四阶段（4周）：建立健康的手机使用习惯		
具体措施	鼓励小明设定手机使用的目标和限制，如每天不超过30分钟。	导师可以与小明一起制订学习计划，帮助他更好地管理时间，平衡学习和娱乐。	强调手机使用的正面作用，如查询资料、在线学习等，让小明意识到手机并非完全有害。
达成度（%）			

借助精心设计的手机戒断计划，小明逐渐减少对手机的过度依赖，进而逐步培养起健康的手机使用习惯。在这一过程中，导师一直密切关注小明的进展，并

及时给予指导和支持,确保计划的顺利推进。

总体而言,采用制订明确的规则、加强监管、引导兴趣转移以及加强教育等多维度手段,对于小学生摆脱手机依赖有积极的促进作用。

同时,面对手机依赖这一极度严峻的社会问题,我们亦需借助社会各界的支持,为小学生营造更加健康、安全的成长环境。只有如此,我们才能帮助学生成功摆脱手机依赖,远离手机束缚。让我们携手努力,为下一代创造一个更加美好的未来。

📖 资源链接

1.《让孩子放下手机》是一本写给孩子的手机管理书,更是一本家庭教育书籍,是父母培养优秀孩子的枕边书。

2.《屏幕时代的养育》,从脑科学和心理学的角度,探讨了过多的屏幕时间对孩子的影响及对策。本书由美国婚恋专家盖瑞·查普曼和阿琳·佩利肯合著。

3.《如何培养孩子的自控力》:这篇文章详细介绍了如何培养孩子的自控力,包括设定明确的目标、制订计划、奖励机制等方法。这些方法同样适用于管理孩子的手机使用时间。

第十一章　助力学生告别"手机控"

当今社会,手机已成为必需品,互联网的普及使手机成为青少年获取信息、社交、学习、娱乐的重要工具,对手机过度依赖或手机过度使用会对青少年的成长与发展带来许多负面影响。根据埃里克森的人格发展理论,高中生正处于心理发展的重要阶段,他们对新鲜事物感到好奇,渴望拥有自由和自主的空间,但自控能力差,不能够抵御外来诱惑,对手机缺乏抵抗力,很容易形成手机依赖。青少年不受控制、不恰当或过度使用手机可能会导致其社交、行为和情感等问题的产生,从而影响高中生的心理健康。

《2022年青少年心理健康状况调查报告》蓝皮书中显示,33.4%的青少年不同程度地对"我不能忍受没有手机"表示同意,这表明这部分青少年可能已对手机产生心理依赖。同时,青少年会花更长的时间在手机上,有超过1/3的青少年可能因使用手机而影响了现实中的学习和任务。结合工作室前期调研结果,我们发现,有69.42%的高中阶段导师就学生过度使用手机的问题想接受更多的培训和获得更多的指导方法。因此,本章旨在帮助导师判断学生是否过度使用手机,认识造成学生手机过度使用的原因,以及学习如何帮助此类学生摆脱手机过度使用的困境。

本章学习目标

一、帮助导师认识和了解手机过度使用的标准,学会判断学生手机过度使用的信号

二、认识导致学生手机过度使用的常见因素,学会深层分析和理解学生手机使用过度行为心理需求

三、了解如何帮助学生科学、合理地使用手机,学习摆脱手机过度使用困境的策略和方法

第一节　导师如何识别学生手机过度使用的信号?

导师对这样的学生肯定不陌生:"总是忍不住想玩手机,哪怕刚批评过,下一节课又玩了起来""即使上课规定不能玩手机,学生也要把手机装在口袋里,觉得有安全感""多位老师反映该生因为沉迷手机导致学业成绩下滑"。那么,存在这种情况的学生是否属于过度使用手机呢?

案例聚焦

小月是一名高一新生。初到新的环境,又由于学科难度的增大,她尽管很认真地听课还是有很多知识点听不懂,慢慢地,她到家第一件事是先玩会儿手机缓解下压力。一开始家长觉得学了一天回家玩下手机很正常,但渐渐地,小月在家玩手机的时间越来越长,家长提醒一下小月注意使用时间,小月就放下手机,但趁着父母不注意又悄悄地玩起来,一玩起来就忘记了时间。她也尝试过控制自己不玩手机但又做不到,慢慢地因为手机引发的亲子冲突越来越多,家长对小月是否过度使用手机感到很困惑,希望学校来管管小月。

理论分析

我们从心理学视角来看看小月的情况,案例中小月"一玩起来就忘记了时间""尝试过控制自己不玩手机但又做不到""因为手机引发的亲子冲突越来越多",种种迹象都表明小月可能存在手机成瘾,也称手机过度使用。

手机过度使用是指因为难以控制过度使用手机而引发了负面的影响,进而延展到生活的其他层面,甚至出现对手机的戒断和耐受,从而对日常生活造成干扰的状态。当个人沉浸在手机的使用中,无法控制自己的状态,过度使用或检查手机有无讯息及来电,导致对手机过度关注,在不适当的情况下使用手机,产生戒断反应,再加上使用手机的渴望容易得到满足,最终可能出现强迫性的使用甚至成瘾。

研究发现,使用者越是喜欢通过手机进行游戏、聊天、刷短视频等活动,越可能对游戏、社交网络沉迷上瘾,也越容易忽略生活中真实的人际社交,最终可能

会导致人际焦虑、孤独感、低自尊感和抑郁等情况。

评估青少年手机使用过度的判断标准：

可以从耐受性、戒断性、强迫性和功能受损四个方面评估。

（1）耐受性，指的是随着使用经验的增加，他们必须能够接受到比原来更多的内容或者更长的使用时间，才能获取等同原先使用手机带来的满足程度。

（2）戒断性，指的是如果停止使用手机，会产生如戒瘾一般的戒断反应，反而非常想要使用手机，甚至造成身心的负面影响。

（3）强迫性，指的是即使没打算使用手机，仍会忍不住拿起手机用一下。

（4）功能受损，指的是因为过度使用手机造成对自身学业表现、人际关系和睡眠质量等的负面影响。

应对策略

一、倾听交流，建立关系

导师在和学生交流手机内容之前，需要先和学生建立信任的关系，可以先和学生谈谈他平时的兴趣爱好、喜欢的学科，有没有参加一些社团或者志愿者活动，欣赏的人物事迹和品质，等等。等孩子愿意交谈时，导师可以自然地过渡到手机话题，也可以在谈话初直接进入手机的主题，这依据师生的关系、现场交流的情境而定。

二、评估分析，了解程度

这里提供 10 道手机过度使用测试题，如果学生回答"是"越多，那么表明学生手机过度使用越严重。导师可以用来自行评估了解学生使用手机的程度，也可以用来从这些层面对学生进行交流提问。10 道题如下：

• 虽然使用手机对我的日常人际交往造成负面影响，我仍未减少使用手机；

• 使用手机所花的时间或金钱，常常超过自己本来预定的程度；

• 我曾试过花较少的时间在手机使用上，却无法做到；

• 我曾因长时间使用手机而眼睛酸涩、肌肉酸痛，或因其他身体不适觉得很难受；

- 我习惯睡前使用手机,而且因此导致睡眠时间减少或睡眠质量很差;

- 使用手机对我的学习已造成一些负面的影响;

- 如果手机突然被没收,或是突然被限制不能用手机,我会觉得很难受;

- 我只要有一段时间没有用手机,就会觉得心里不舒服;

- 我发现自己使用手机的时间越来越长;

- 与两个月前比起来,平均而言我每周使用手机的时间比以前增加了许多。

三、分析问题,澄清症状

从上述题目归纳可知,学生过度使用手机会在以下几方面产生负面影响,分别是无法控制时长、社交隔离、学业影响、情绪问题、睡眠问题、身体状况和钱财损失。这些测试题及造成负面影响的维度都可以帮助我们去了解、判断学生有没有过度使用手机。

当我们跟学生面对面交谈时,可以聊学生上网时长、上网内容、使用手机是否对自己的学习和生活产生影响、不使用时是否有戒断反应等。如案例中的小月,从一开始没有过度使用手机到逐渐依赖手机,导师可以了解这个过程是怎么发生的,小月在现实生活中遇到了什么样的困难,她曾经尝试过什么样的办法让自己好转起来,有哪些兴趣爱好可以让她现实生活丰富起来,或者有哪些擅长的优势学科可以帮她在现实生活中建立起成就感。

四、掌握策略,专业支持

导师在跟学生交流这些内容时,用不评价的交流方式。不评价的交流方式只关注具体发生了什么,而不是进行抽象的判断、定义以及对人的褒贬。比如说,一个不评价的提问会这样问学生:"你最近常常花很多时间在手机上,发生了什么呢?"而一个评价性的提问则会说:"你最近怎么老是玩手机?"前者是在关心一桩事件的发展过程,而后者就只是在训诫。当学生感觉到被否定和贬低,他就失去了对话的兴趣,更不会敞开心胸去交谈他身上发生了什么。而借助前一种表达方式,我们则会更接近事件的真相——也许这个学生遇到了一些麻烦,也许他最近有了一些新的想法,或者他在用这种行为传达某种态度。

当我们采用一种非评价的立场时,就等于为这些信息的流通创造了空间,仿

佛在说,我对你经历的这些事感到好奇。当学生接收到这个信号,可能就更愿意打开心胸诉说他正在遇到的困难,然后导师带着好奇和同理心去倾听学生有没有过度使用手机,手机有没有给学生造成困扰,看看这个过程怎么支持和帮助学生。

当遇到不解的时候可向学校心理老师咨询,也可以鼓励学生主动找心理老师寻求心理辅导,这样除了有专业评估之外,还可以与该生进行谈话和咨询,帮助学生放下手机,回到现实。如果学生的手机依赖是由于心理问题,如焦虑、抑郁等引起的,或者伴随着情绪问题,导师可以寻求专业的心理老师的帮助,为学生提供必要的心理支持。如果评估学生确实是过度使用手机,要寻求家校合作,共同帮助学生。

第二节　导师如何读懂学生过度使用手机背后的心理需求?

我们很容易认为,学生不好好学习是沉迷手机所致,如果学生能摆脱手机的控制,把时间花在学习上就能让学业有更好的表现,但结果常常事与愿违,学生不听劝阻,依然我行我素,这是因为手机只是学生遇到问题的表象,只有透过本质,深入了解学生使用手机背后的动机,导师根据不同的原因采取相适宜的对策,也许学生才能合理地、健康地使用手机。

📖 案例聚焦

小元,男生,性格内敛,高三年级。马上就要临近高考了,他却每天花好几个小时玩手机游戏,一停下来就有点坐立不安。最近的几次考试都不太理想,有明显下滑的趋势,老师和家长都干着急,家长觉得只要他把手机戒掉不玩,把心思放在学习上,学习成绩肯定能提高一些,但家长困惑的是孩子为什么放不下手机。小元觉得父母不理解自己,在朋友圈发了吐槽心累的话,导师看见后把小元叫到办公室交谈。

📖 理论分析

我们一起从心理学视角看看小元正在经历着什么,他为什么会那么需要手机。显然即将参加高考的小元在现实生活中遇到了一些难题,但是他由于个性、和父母的关系不佳、学业压力增大等原因选择沉迷于手机,以此逃避现实压力,在游戏升级中感受到自己的价值感和成就感,在这个过程中逐步失去了自我控制能力。

自我决定理论认为,人的一生有三大基本心理需求——归属需求、胜任需求与自主需求,一个人是否心理健康要看这三种基本心理需求是否同时得到满足,而不是其中一种或两种得到满足。这三种需求是否都得到满足与人的身心健康和幸福感存在紧密关联。

归属需求,即"我和他人是融合的",是指个体需要与某人相联系或属于某个团体,即个体需要获得其外部环境中他人的关爱、理解和支持,并体验到一种归属感。未能得到满足而产生的孤独感体验,是导致青少年过度用网的最主要原因之一。例如,过度使用手机的孩子大都面临与父母的关系不和谐、现实中无法融入同伴及班集体、与任课老师之间关系疏离等关系层面的问题。

胜任需求,即"我能做到",是个体需要体验到自己有能力胜任某项活动,在与自身环境交互作用时,个体很容易渴望感到自身的胜任和高效。胜任需要无法满足,会产生无能感。觉得自己无法胜任自己的学业任务、无法克服在学习中遇到的困难也是一个重要因素。青少年在学习中遇到的困难越多,尤其是在多次尝试克服困难和解决问题却都最终失败之后,学习带给他们的体验就越无助和痛苦,故而引发他们对学习的抗拒和逃避心理。

自主需求,即"我能决定自己的选择",是个体根据内心的意志和愿望来自由选择从事某项活动,并体验到可以管理自己、按照自己内在的自我行事。自主需求没有得到满足会产生失控感,尤其是生活中事事都被父母包办和控制的孩子,觉得手机能给他们带来仅有的掌控感和控制感,小小的手机里蕴藏着他的安全感和力量感。

应对策略

了解了学生在手机里寄托了这么多的情感和需求后,导师先不要着急说教和劝导,只有先倾听学生通过手机满足的内心需求是什么,是什么原因让他离不开手机,了解学生通常用手机做些什么——是通过手机打字语言聊天满足归属的需要,还是联机游戏获得成就感的需要,还是只是为了自主感、自我掌控的需

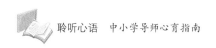

要。然后根据手机过度使用的不同类型对症下药。

一、归属感缺失的导师对策

布琳·布朗在《归属感》一书中认为："归属感并不是通过我们与他人一起来获得或实现的,归属感存在于我们的内心深处。当我们完全属于自己、相信自己的时候,我们就拥有了真正的归属感。""属于自己"意味着勇敢做自己,勇于面对未知的、无法预见的不确定性,甚至指责以及批评。不刻意讨好别人,不过分在乎别人的眼光,不在乎别人的不合理评价,有自己清晰的价值感。这是建立归属感的基石。

突破的关键点在于关系之间的联结。

• 一是加强亲子关系的联结,导师也可跟父母进行交流,对家长的家庭教育方式进行指导,改善其和孩子沟通的方式方法,注意沟通的场合、时间和语音语调等。

• 二是师生之间的联结,联合班主任、学科教师通过一些契机多多关心学生,让学生体会到被看见、被理解和被重视,这些心意相通的时刻也会让学生对集体更有归属感。

• 最重要的是同伴关系之间的联结,高中生很在意同伴的眼光和评价,如果有好朋友的倾听和关心,便可消解一半的忧愁,因此可鼓励学生主动地进行人际交往,积极参加班级活动、社团活动、志愿者活动等,提高人际交往的能力,同时导师也可以有意识地为学生创造一些同伴互动的机会和空间,让他们在互动中更大范围地表达自己的所思所想,在与同伴交往的过程中发现对方身上值得自己欣赏的做法和观点,也许能意外地发现志同道合的朋友。

二、胜任感缺失的导师对策

突破胜任感缺失的关键词在于提升胜任力,这里有四个"锦囊"可以帮助学生提高学习胜任力。

• "锦囊一":发现、挖掘学生优势能力。每个学生都有自己或大或小的成功体验,导师可发掘学生的闪光点,通过书写成就故事与布置学生擅长做的事情,来肯定和发挥其自身的优势。

• "锦囊二":让目标和记录无处不在。导师可以跟受导的学生一起制订符合最近发展阶段的可实现的小目标,并及时记录这些目标的达成情况,然后及时强化达成的喜悦和成就感。

• "锦囊三":多给学生不确定的积极反馈。大脑喜欢意外的奖励和奖赏,因此,刻意地为孩子制造一些不确定的惊喜,可以激发学生的学习热情,更重要的是,导师引领学生不断地学会自己给自己创造任务完成后的奖赏。比如,学生平时搜罗和记录自己心仪的礼物,然后在任务完成之后满足自己。

• "锦囊四":培养学生坚毅的意志品质。坚毅有助于培养青少年成长型思维模式、增强其延迟满足能力和自我控制能力,并与积极情绪有着紧密的关系,能够为孩子提供积极正向的心理能量,保持心理弹性,促进情绪调节。

三、自主感缺失的导师对策

自主感的缺失,本质上是学生想要做自己人生的主人,要对自己的人生多些掌控感和自我决定权。这个层面导师可以指导家长从以下四点着手。

• 少说:将自己与孩子交流时教育性的言语减少三分之二。

• 少做:时刻观察,不要把自己放在孩子的位置上,不要为他的学习及该承担的责任过度担忧,且参与度要减少三分之二。

• 多关怀:有意识地观察孩子的情绪变化与情感状态,并给予回应,如"看起来你今天很开心,发生了什么事吗""你看起来有点不太高兴,愿意跟我说说发生了什么事情吗",然后就是聆听,以及从情绪层面共情性地回应,且这些言行要增加三分之二。

• 保持距离:与孩子保持一定的物理距离,允许孩子有自己管理学业、日常生活以及调节自己情绪的空间和时间,比如说当亲子发生冲突时,允许孩子出现愤怒、难过、失望等情绪反应,允许他采取把自己锁在房间里等以保留独处空间的方式。

从上述三种心理需求的缺失可见,同样的沉迷于手机的表象,背后的原因却大相径庭,只有走进学生内心,弄清楚学生沉迷手机背后的原因及需求,才能提供相适宜的策略与方法,帮助学生放下手机,回到真实的生活和学习里,面对所需要跨越的难题。

第三节　导师如何帮助过度使用手机的学生？

每个过度使用手机的学生，背后都有不可言说的伤痛。当导师了解了学生过度使用手机背后的深层次原因，如何帮助他们走出有限的屏幕，活出真实的世界呢？

案例聚焦

小凯，高一男生，经导师谈话和评估，知道自己过度使用手机，他发现自己的时间主要花在游戏上，当挑战过关时他会体验到在现实中缺失的成就感，会觉得自己是有能力的，长此以往，他因为沉迷并过度使用手机引发和家人的冲突，他主动找到导师求助。

理论分析

当我们从心理学视角走进小凯的内心世界，会发现从小凯沉迷于游戏，追求游戏过关的成就感，可看出小凯特别渴望获得对自己能力的确认和信心，这可能跟他不能胜任现实的学业有关，这是属于胜任感的缺失。小凯因为胜任感的缺失，在学业方面产生了无能感，觉得自己无法胜任学业任务、无法克服在学习中遇到的困难。尤其是高考即将来临，他面临一种巨大的压力，所以他把在现实层面需要有的成就感转移到虚拟世界，以此逃避无能感和无力感。

应对策略

解决胜任感缺失的关键在于提升胜任力。上一节我们大致提到四点对策，这一讲我们展开介绍导师可以怎么具体行动。和学生一起解决手机过度使用的问题，也是一个信任交付的过程。导师需要有足够的耐心，用螺旋式上升的办法让孩子一点点改变。

一、建立信任，引导学生宣泄内心苦闷

首先导师需要先和学生建立信任的关系，导师先以开放的、倾听的态度去理解和关心学生,即采取第一讲提到的非评价性交流方式(而不是以说教的方式去说服学生),了解学生在虚拟世界里满足的内心需求是什么,在现实世界里受困扰的是什么,同理学生在其中的情绪感受,然后引导学生学会如何在现实世界里去满足内心真正的渴求。

例如,案例中的小凯其实是因为在现实世界里产生无能感和无助感,希望获得成就感、价值感。导师可以倾听小凯因胜任感缺失产生的无能感,他希冀通过游戏升级的过程获得什么,他为何这么需要成就感……去听学生在这里的失落和期待。当学生觉得你理解他的感受,他才愿意把内心打开,呈现真实的自己。当信任的关系建立起来,导师才有机会给学生真正行之有效的建议。

二、发掘优势,引发学生追忆自信体验

了解到小凯是希望能在现实生活中获得胜任感,导师先不要急于跟学生讨论目标、制订行动计划,因为此时学生并不相信自己可以,也没有能量产生行动力,所以这里关键的一步是先要和学生讨论在其过往的学习历程中,有没有产生成功体验的时刻,是哪门学科或者什么样的事件让学生产生"我还不错"的体验。导师在这里多些停留和发问,并且适时地放大,反馈给学生,让学生多积累些积极的感受和信心,提高自我效能感。

例如,案例中的小凯,我们可以尝试去问:你有没有自己觉得还不错的地方?你曾经有哪些时刻感觉到"我挺不错"的体验? 这些不错的地方,你是怎么做到的? 当小凯内在的自信感被激发出来,导师可以邀请学生去看看这个部分是一个什么样的自己,这样的自己有什么话想要对沉迷手机的自己说,或者这个部分的自己有什么好的经验和力量可以帮到那个消沉、消极的自己。导师可以创造这些对话的空间让"积极"的小凯和"消极"的小凯互相看见和对话,从而让"积极的小凯"可以支持到"消极的小凯"。

三、唤醒希望,鼓励学生制订目标计划

当学生对自己产生了信心,愿意付出行动,这个时候导师可以和学生一起讨论树立学生跳一跳能够得着的目标,以及小步走的行动计划。我们不妨和学生一起试试运用积极心理学家谢恩·洛佩斯发明的"目标力量训练"(GPOWER),运用以下的思路思考探讨目标的制订和路径的实现(见表11-1)。

G(Goal 目标)——目标(要完成的事情)是什么?

P(Pathway 步骤)——实现目标的步骤是怎样的?

O(Obstacles 困难)——在实现目标的过程中,面临的困难是什么?

W(Willpower 意志力)——能够让你精力充沛的意志力来源于哪儿?

E(Elect 选择)——最终你选择什么样的方法去实现目标?

R(Rethink 重新思考)——如果你再做这件事情,你会用同样的方法吗?

表 11 - 1　目标力量训练表

目标(要完成的事情)	步骤	困难	意志力	选择	重新思考

根据目标力量训练理论整理的表格,供导师指导学生时候参考,帮助学生梳理自己的目标以及实现目标过程的方法、困难以及可以战胜困难的意志力来源。

四、给予反馈,搭建学生积极学习信念

当学生完成既定的目标时就会产生积极的情绪体验,导师应擅于利用此契机联合班主任、学科教师及时给予强化和正向反馈,激活学生的学习动力,这种感觉和信任会反作用于下一阶段的目标制订和行动,从而建立积极的学习信念,形成成长型思维模式。同时,导师也可邀请家长一起见证改变的过程,当家长发现孩子的进步,应及时反馈与肯定或者出其不意地奖赏孩子心仪已久的礼物。

五、培养坚毅,养成学生坚持不懈的精神

开始投入到现实中的学习和生活是重要的一步,更难得的是长久地坚持学习。导师也要提醒学生成长的过程不是一蹴而就的,而是螺旋式成长。会有挫折与困难相随,会有"我不行""我不能"声音的相伴,关键是我们如何与这些困难和声音相处,这些都需要坚毅的品质。追求学业进步的过程不仅仅是提高分数的过程,更是情绪管理能力、时间管理能力、坚韧品质、乐观品质等同步提升的过程。

综上,当导师跟学生建立了良好的信任关系,帮助学生树立起自信,唤起了对未来的希望感,制订了愿意为之努力和付诸行动的目标和计划,导师、班主任、家长一起见证孩子的变化,及时给予反馈和强化,并且学生具备战胜挫折和困难的坚毅的品质,那么学生的胜任力就会得到显著提升,最终告别"手机控",重回真实的学业和生活中。

实践思考

小凤,高一女生,她每天花大量时间投入到社交媒体的使用中,时不时关注社交平台上的点赞数和评论,对他人的评价过于敏感。她也意识到因沉迷于手机对自己学业、人际关系和睡眠造成不良影响,甚至因为这些问题引发和家人的冲突,她主动找到导师求助。

作为小凤的导师,您觉得小凤手机过度使用的原因是什么,您准备从哪些方面帮助她呢?

资源链接

1.[美]布琳·布朗.归属感[M].邓樱,译.北京:中信出版社,2019.

2.[美]盖瑞·查普曼,[美]阿琳·佩利肯.屏幕时代的养育[M].找到啦,译.北京:中国社会出版社,2022.

3.高秋凤.脱"瘾"而出:如何让孩子放下手机[M].北京:中国人民大学出版社,2023.

4.[加]希米·康.屏幕时代,重塑孩子的自控力[M].张晶,译.上海:上海社会科学院出版社,2023.

第十二章 远离校园欺凌的灰霾

　　校园是学生快乐成长的地方,然而,不时出现的学生欺凌事件严重危害了学生的身心健康,也给宁静的校园蒙上了一层阴影! 学生欺凌事件引起了社会广泛关注,也给学校导师们敲响了安全警钟! 对此,作为导师的我们必须高度重视,积极行动起来,对学生欺凌和暴力行为说"不"! 切实保护中小学生身心健康,努力把校园打造成最安全、最阳光的地方。

 本章学习目标

一、了解什么是校园学生欺凌,学会及时识别和发现校园欺凌线索

二、理解校园欺凌的特点和形式,学会应对校园欺凌的方法和策略

三、掌握针对欺凌者和旁观者等不同对象的防范校园欺凌教育辅导策略

第一节　导师如何及时发现校园欺凌线索？

什么是学生欺凌，哪些行为是学生欺凌，我们又如何去识别学生欺凌？先一起来看看下面的几种学生行为，作为导师的你觉得它们是学生欺凌吗？

📖 **案例聚焦**

- 经常被同学往桌子里面放虫子
- 偶尔被打或被推
- 经常被比自己年龄大的同学索要财物
- 经常被同学背后议论、说三道四
- 被起侮辱性的绰号
- 被同学排挤

📖 **理论分析**

2020 年修订的《中华人民共和国未成年人保护法》首次明确：学生欺凌是发生在学生之间，一方蓄意或者恶意通过肢体、语言及网络等手段实施欺压、侮辱，造成另一方人身伤害、财产损失或者精神损害的行为。

实施欺凌行为学生称为欺凌者，另一方学生称为被欺凌者，参与围观的学生在这里称为旁观者。

2021 年正式实施的《未成年人学校保护规定》第二十一条中规定打、骂、排、毁、传五大学生欺凌行为：

1. 打：殴打、脚踢、掌掴、抓咬、推撞、拉扯等；

2. 骂：辱骂、讥讽、嘲弄、挖苦、起侮辱性绰号等中伤受害者；

3. 排：恶意排斥、孤立他人，影响他人参加学校活动或者社会交往；

4. 毁：抢夺、强拿硬要或者故意毁坏他人财物；

5. 传：通过网络或者其他信息传播方式捏造事实诽谤他人、散布谣言或者错误信息诋毁他人、恶意传播他人隐私。

📖 **应对策略**

一、了解校园欺凌的核心要素

1. 发生在学生之间。

2. 双方不对等，一方在年龄、身体或者人数等方面占优势，另一方处于弱势，以大欺小、以多欺少、以强欺弱。

3. 优势一方的行为是蓄意或带有恶意的。

4. 弱势一方的身体、财产或心理受到损害。

二、识别校园欺凌的常见线索

1. 语言欺凌："看那个胖子走路一扭一扭的，不如给他起个新名字叫大肥猪吧！"很多同学认为起个绰号不是什么大不了的事，其实这种行为已经构成语言欺凌。

2. 关系欺凌："我们不要和他玩，他就是个傻乎乎的人。"集体孤立同学，或用语言、行为等对他人造成精神和心理上的压力。

3. 身体欺凌："看见他就不爽，我们找机会揍他一顿吧。"恶意殴打同学，对其造成人身伤害的行为。

4. 网络欺凌："快上网来看，我们班的这个人是不是很像头猪啊，哈哈哈！"在网上对同学进行侮辱诽谤、恶意损害形象等行为。

5. 财物欺凌："你明天要是不带钱来，就有你好看。"勒索同学，强占他人钱财的行为。

欺凌会给他人在心理和生理层面留下伴随一生的创伤。

导师们，在你们身边哪些学生会容易被欺凌呢？一起来看看吧！

三、针对易被欺凌的学生给予特别关注

1. 过胖过瘦的学生

通过计算 BMI（身体质量指数）来评判学生的体重肥胖水平，分析结果显示：体重正常学生遭受欺凌的比例为 71.4%，体重瘦小学生遭受欺凌的比例为 77.1%，而肥胖学生遭受欺凌的比例最高，达到 80.5%。

2. 身体异常的学生

残疾儿童更容易受到欺凌。研究发现,残疾儿童遭受欺凌的可能性是非残疾同龄人的两到三倍。如口吃、智力残疾、身体残疾的学生。

这样的学生是弱势群体。他们被欺负后默不吭声,这样就助长了欺凌者的气焰,久而久之变成他们的一种习惯。

3. 孤僻内向的学生

孤僻内向的孩子往往不善言辞,难以融入集体,在校园中容易成为被孤立的对象。他们害怕与人交流,担心被拒绝或嘲笑,于是选择独自行动,从而与同龄人渐行渐远。这种孤独感不仅让他们感到无助和迷茫,也让他们成为欺凌者的首选目标。

孤僻内向的孩子在面对学生欺凌时,他们的退缩不仅无法保护自己,还会让欺凌者更加嚣张。孤独并不可怕,可怕的是心灵的封闭。

遇到性格内向的孩子,导师应多与其沟通,了解他们的真实需求,引导他们走出内心的阴影。

4. 胆小怯懦、不善表达的学生

胆小怯懦、不善表达的孩子在面对强势的同学时,常常缺乏足够的勇气和自信去抵抗,难以用言语来维护自己的权益,对于他人的欺负和侮辱会选择沉默。他们不知道该怎样向他人求助,或者害怕因为表达不当而引发更大的冲突。他们害怕冲突,担心受到更大的伤害,于是选择默默忍受,不敢声张。这种无声的忍耐往往助长了欺凌者的嚣张气焰,使得欺凌行为愈演愈烈。

5. 成绩差的学生

学习成绩是影响学生欺凌发生的重要因素。据中国人民大学中国调查与数据中心组织实施的大型社会调查项目——中国教育追踪调查(CEPS)的数据分析显示:学习成绩好的学生在中小学阶段遭受过学生欺凌的比例为62.4％,学习成绩中等的学生遭受过学生欺凌的比例为74.9％,而学习成绩差的学生遭受过学生欺凌的比例则达到了80.1％。

6. 亲子关系不和谐的学生

根据相关调查显示:由于工作、学习、父母离异等多种原因,在我国义务教育阶段的学生有将近四分之一(24.8％)没有与父母双方住在一起。而没能受到父母双方的照料大大增加了学生遭受学生欺凌的可能性,他们遭受过学生欺凌的

比例高达83.3％,遭受重度学生欺凌的比例则为6.9％;而与父母双方住在一起的学生遭受过学生欺凌的比例为72.6％,遭受重度学生欺凌的比例为3.2％。

当然,父母的关爱不仅仅体现在是否住一起,更体现在父母对孩子的关注程度、亲子关系的和谐程度等。

7. 其他类型的学生

刚来的转校生、复学生;家庭经济困难、生活窘迫的学生;家庭遭遇重大变故的学生等;喜欢搬弄是非、引发矛盾的学生。

导师要对以上七类学生多多关注,多多关心,及时发现问题,及时给予帮助。

实践思考

听了以上相关内容的分享,您对本节"案例聚焦"中的学生行为有没有新的认识?

资源链接

"何谓网络欺凌? 关于网络欺凌你需要知道的六件事"(内容来源:联合国儿童基金会)。

第二节　学生被欺凌了,导师怎么做?

案例聚焦

有一位家长带着孩子来向学校导师求助:孩子自从上了六年级,学习成绩一落千丈,身体状况虚弱,给的零花钱也花得很快,近期总是说不想上学,一个人闷在房间里。前几天发现她身上有很多处淤青。在家长强烈追问下,孩子才告诉家长说高年级的几位学生经常欺负她,经常把她堵在厕所里打,朝她吐唾沫,问她要钱,等等。

如果你遇到了这样的情况,你该怎么做呢?

📖 **理论分析**

　　首先对学生及家长求助的情况进行调查核实。在本案例中最后认定为学生欺凌事件,其主要涉及欺凌类型中的身体欺凌、财物欺凌。如何识别学生是否遭遇了学生欺凌呢?导师们可从以下六方面去发现迹象。

　　1. 身体状况

　　学生身体上无故出现瘀伤、抓伤等人为伤痕;如果学生大热天仍然常穿长袖,可能是想遮掩身上的痕迹;学生经常报告自己头痛、胃痛或感觉不舒服,不愿意待在班里,导师需要警惕班里是否有什么因素让该学生感到很不安。

　　2. 情绪问题

　　学生最近一段时间常表现出伤心、沮丧、愤怒、焦躁等不良情绪,对人表现出明显的警惕性和敌意,情绪特别不稳定。导师也要注意这样的学生是否可能受到别的同学欺凌。

　　3. 行为问题

　　学生近期突然携带刀具或其他防身器械;偷拿家里的钱或物品,可能是为了给欺凌者交"保护费";有的学生会做出自我伤害的行为,如割腕、禁食、喝药等,甚至有的学生产生自杀想法或自杀行为。

　　4. 生活习惯变化

　　学生报告水瓶、书包、文具、作业等个人物品经常丢失或破损;有的学生原来由父母或家人接送上下学,但现在反复拒绝接送;学生的如厕习惯改变,非得回家才上厕所,或者出现失眠、噩梦、尿床等问题。这些都需要导师去特意关心一下。

　　5. 无心学习

　　学生不想上学、逃学、装病请假;有的学生虽然人在教室,但目光呆滞或者眼神游离,没有办法好好学习,短期内成绩下降明显。

　　6. 人际孤立

　　学生突然跟所有同学都不来往,在学校形单影只,拒绝参加班级活动,可能是被同学孤立排挤,遭受了欺凌。

　　除了以上可以被明显观察到的信息外,导师还可以通过学生的日常游戏内容、日记、作文、绘画和微信朋友圈等了解学生的情况。一旦发现以上任何一条,导师们应及时介入询问,开展关爱行动。

导师如遇到学生被欺凌了,如何去关爱被欺凌的学生呢? 下面加以介绍。

应对策略

一、为被欺凌学生提供心理疏导

第一,导师要了解事情发生的具体情况,帮助学生表达他(她)的感受,明确告诉学生这不是他(她)的错。

与心理老师互相配合进行心理疏导,缓解学生恐惧、委屈、自卑感等消极情绪,以防日后出现严重的心理适应不良问题和行为。

第二,导师一定要肯定学生对欺凌事件报告的行为,关心地询问事情的经过。

第三,导师要确保学生的安全。

导师碰到类似的案例可以这样和学生交流:

1. "我很高兴你能把这件事告诉我,这说明你很信任我,也很勇敢。"

2. "我非常担心你的情况,你现在怎么样了?"

3. "能和我说说当时有哪些同学参与了这件事,当时发生了什么吗?"

4. "这件事是什么时候发生的,在哪里发生的?"

5. "类似这样的欺凌事件还在发生吗?"

6. "我可以帮你做些什么能让你感觉到安全?"

7. "这件事现在的情况有多严重,对你有危害吗,你能和老师说说吗?"

二、帮助被欺凌学生重新获得安全感

导师向学生明确表达对学生欺凌的"零容忍"态度;为受欺凌学生提供足够的关爱和支持,并且告诉学生,学校、家庭和社会可以为他们提供资源和支持,他们可以信赖导师,并在导师的帮助下解决欺凌问题。

同时,导师要引导家长,保持家校经常交流和互动,及时了解学生的需要和变化,帮助学生树立主动向成人求助的意识。

三、提高被欺凌学生的自护和防范能力

导师采用自信心训练中"自信地表达"和"角色扮演"等方式来帮助受欺凌学

生获得提高自信、拒绝欺凌的技能,让学生了解应对欺凌的措施(见表12-1)。

表 12-1　自信心训练表

方式	具体做法
自信地表达	1. 告诉学生当别人不公正地对待自己或提出不合理要求时,要勇敢地说"不"。 2. 教给学生挺直腰板,注视对方的脸,然后用平静、坚定而强有力的语调大声地说出对方的名字,说出不喜欢他们做什么事,并告诉他们停止其行为。
寻找闪光点	1. 用优势的视角去观察学生,及时发现受欺凌学生所展现的闪光点,并且及时给予肯定。如,可以鼓励学生去参与一些力所能及的活动和任务,让他们在此期间感到成功的喜悦和自我的价值感。 2. 开展"我是最棒的""闪闪发光的我"等主题班会,让学生在纸上分别写出自己的优缺点,并通过小组讨论找出自己更多的优点。
角色扮演	1. 通过心理剧的方式让学生参与到以欺凌为主题的剧本表演当中,组织学生选择不同的角色进行角色体验。 2. 在表演过程中可以暂停,直接同观众进行交流。 3. 表演结束后,导师和学生一起分别从被欺凌者、欺凌者和旁观者的角度进行讨论。 4. 引导学生讨论观看和参与表演的感受,一起想想有哪些解决欺凌的合理办法。

四、联合多方力量加强对被欺凌学生的援助

充分发挥同伴、家长的力量,获得更多社会支持。

1. 导师通过开展主题活动增强学生的反欺凌意识和保护被欺凌者的意识。主题可以是同伴交往、欺凌的后果、如何应对欺凌等。

2. 创作合作学习的机会。采用多种方式增加学生之间的互动,加强学生日常交往。如小组讨论、合作表演等。

3. 获取学生父母的支持。借助家长会、家长沙龙、学校公众号等渠道向家长宣传欺凌相关知识,加深家长对欺凌的了解,加强他们对欺凌的重视,争取家长的支持。

📖 实践思考

请导师选择一部有关学生欺凌的电影或动画,并开展相关讨论。分组合作

完成一份电影或动画海报。

资源链接

1. 全国法院第二届未成年人司法保护十佳微电影《韶华叹》。
2. 第 87 届奥斯卡金像奖最佳动画短片(提名)《守坝员》。

第三节　对欺凌者和旁观者,导师可以怎么做?

案例聚焦

学生欺凌事件中有三类对象:欺凌者、被欺凌者、旁观者。导师对被欺凌者需要进行守护与关爱,对欺凌者和旁观者可以做些什么? 欺凌者和旁观者的行为特征是怎么样的? 他们需要我们的关爱和守护吗?

理论分析

欺凌者具有攻击性、冲动性、缺乏同情心等表现,常常以自己的情绪感受为行为的主要参考,缺乏他人的视角,性格自卑且傲慢,又或者是过于自信,没有目标,对未来不抱任何希望,常与孩子气质特别、家庭教育中对情感的忽视、父母高压控制和缺少成功体验有关。

1. 攻击性

攻击性是欺凌者的一个主要特征。他们通常易怒、暴躁、情绪不稳定,对别人的错误和缺点很敏感,容易被小事惹恼,因此容易对别人发脾气,甚至会用言语或行为攻击别人。攻击性欺凌者的攻击行为往往是无端的,没有明显的原因,只是为了让自己感觉强大,或者是为了让自己的受众感觉自己很有威力。

2. 自我中心

欺凌者的另外一个特征是自我中心。他们往往认为自己比别人更重要,更聪明,更有权利支配别人的行动和思想。他们不喜欢别人的反对或挑战,因为这让他们感觉自己受到了威胁。当别人不遵从他们的想法时,他们可能会采取欺凌行为来惩罚那些不听从他们的人。

3. 缺乏同理心

欺凌者缺乏同理心,往往无法理解他人的感受和需要。他们不关心别人的感受,只关心自己的感受和需要。他们可能会嘲笑、忽视、排斥,甚至攻击那些他们认为的弱者,比如身体虚弱、外表不好看、成绩不好的同龄人等。

4. 寻求认同

欺凌者往往寻求别人的认同,他们渴望成为团体中的领袖,他们希望别人认为他们很强大、很有魅力、很有权威。他们可能会利用欺凌行为来证明自己的力量和权威,或者是为了让别人认为他们很有威力。

5. 缺乏自信

欺凌者缺乏自信,他们的攻击行为往往是出于自卑和恐惧。他们可能会在学校、家庭或社交场合中感到不安,因为他们觉得自己不够好,不够聪明,不够漂亮,不够有魅力。为了掩饰自己的不安,他们可能会采取欺凌行为来证明自己的能力和价值。

综上所述,典型欺凌者的重要特征包括攻击性、自我中心、缺乏同理心、寻求别人的认同和缺乏自信。了解这些特征,有助于导师更好地识别、预防学生欺凌。

应对策略

为了有效防范学生欺凌行为的发生,导师可以着力做好以下三个方面。

一、开展预防学生欺凌活动

首先,导师通过开展品德教育,培养学生正确的是非观和高尚的情操。

其次,通过开展心理健康教育,培养学生的同理心、同情心。导师要通过介绍案例、进行角色扮演等方式,让学生学会换位思考,体验被欺凌者的感受,从而培养同理心和共情能力,使学生学会和他人友好相处。

再次,通过开展法治教育,让学生了解哪些行为可能触犯法律,构成违法犯罪,了解实施欺凌行为可能要承担的法律责任,培养学生的规则意识和遵纪守法的观念。

最后,通过开展学生欺凌防治主题教育,让学生认识什么是学生欺凌,它有

哪些特征和表现形式,它有什么危害,怎样预防和应对等,增强学生对欺凌行为的防范意识和自我保护能力。

二、监管高发高危时间与空间

调查统计表明,学生欺凌的发生存在高发时段和高危区域。从时间上看,学生欺凌一般发生在课余时间,特别是上学到校前和放学到家前。从空间上看,学生欺凌主要发生在学校厕所、操场角落、校门口周边等相对偏僻、容易为教师所忽视的场所。针对这一情况,导师应当及时提醒学生尽量不要单独前往以上场所,并在课余时间强化对重点场所的值班巡逻,发现实施违规违纪行为的学生,要及时予以制止和批评教育。对校门口周边治安形势比较复杂、学校难以管控的治安死角,导师应主动联系家长,提醒家长及时接学生放学,以免学生在这些场所停留。

三、创设多样预防渠道

学生欺凌行为越早暴露,越早被发现,就越有可能降低它的危害后果。为此,导师可考虑采取以下措施。

首先,平时应注意观察学生的身体和精神健康状况,发现学生有明显的情绪反常、身体损伤等情形,应当及时沟通了解情况,对可能存在被欺凌情形的,应当及时向学校报告。

其次,应当定期对学生开展欺凌情况的问卷调查,通过调查及时发现疑似欺凌行为的线索,并对相关行为是否构成欺凌进行评估和认定。

最后,要设立学生欺凌举报电话、邮箱、信箱,鼓励学生及时举报自己遭遇或者旁观的学生欺凌行为。受理举报时要注意保护学生的隐私和个人信息,维护学生的合法权益。

理论分析

在学生欺凌事件中,旁观者是指观察欺凌行为,但并没有直接参与其中的人。他们作为旁观者,可能会产生各种行为和反应。

旁观者行为中保护受欺凌者,劝说、制止欺凌者,安慰受欺凌者,向老师或警察报告的行为可视为亲社会行为。

相反,旁观者加入欺凌者、怂恿煽动欺凌者、漠视欺凌、逃离欺凌场所的行为均会对受欺凌者造成严重的心理伤害,带来消极的影响,即为反社会行为。

旁观者行为具有如下特征。

1. 漠视行为

旁观者可能对欺凌行为漠视,选择不关注或者装作没有看到,对受害者置之不理。

2. 支持行为

旁观者有时会默认欺凌行为是正常的,或者通过笑声、叫好等方式来支持欺凌者,加剧受害者的伤害。

3. 观望行为

旁观者可能观望欺凌行为,不主动去帮助受害者,有时还鼓励其他人旁观,形成围观现象。

4. 起哄行为

有些旁观者会主动参与到起哄行为中,通过言语或行动来嘲笑、羞辱受害者,进一步加剧受害者的痛苦。

美国社会心理学家比伯·拉塔内(Bibb Latané)和约翰·M. 达利(John M. Darley)提出的亲社会反应五步模型认为,当个体面对突发事件到采取行动会经过五个加工过程:

第一,注意有什么事发生(没有注意到事情);

第二,对事件进行解读,并决定是否干预(误解为非常紧急事件);

第三,假定介入后所负的个人责任(认为应该是其他人该处理的事情);

第四,掌握必要的技巧和资源以采取行动(缺乏知识、技术或训练);

第五,决定要去做什么(害怕消极后果,或积极动机不足)。

在五个关键步骤中,旁观者在每一个步骤都可以产生不同的行为选择。如果个体在经历五个阶段的选择时,通过评估和判断,坚定地认为自己是需要且能够做出干预的,那么他们最终会成功地表现出保护者行为。

反之,如果个体在五个过程中的任何一个阶段受到个体或环境因素的影响,选择袖手旁观,那么最后都将无法成功地产生保护者行为,而可能更多地表现出局外者行为。

应对策略

1. 教育宣传

导师应该对学生欺凌行为进行教育宣传,让旁观者了解学生欺凌的危害性以及旁观者的责任。通过多种形式的宣传活动,如举办座谈会、策划公益活动、播放相关宣传片等,提高旁观者的社会责任感和同理心。

2. 加强监督

导师应根据学校相关监督机制,加强对学生欺凌行为的监督和管理。对于旁观者的行为,应及时发现并采取相应的纠正措施,如制订特定的惩戒制度、积极引导旁观者主动参与帮助受害者等。

3. 培养勇气和责任感

通过教育和培训,培养旁观者的勇气和责任感。鼓励旁观者主动干预和制止欺凌行为,提高旁观者自我保护和保护他人的能力。

4. 组织支持系统

(1) 导师应建立完善的支持系统,为旁观者提供相应的支持和指导。引导旁观者与学校和专业人员合作,共同解决欺凌问题;提供心理辅导和支持,帮助旁观者处理参与或观察欺凌行为后产生的负面情绪和心理压力。

(2) 提高旁观者应对压力事件的能力与信心,模仿亲社会行为,从而有助于旁观者采取积极的保护者行为。相反,如果缺乏社会支持,旁观者发现进行欺凌干预超出了自己的能力范围,就会采取局外者甚至强化者等消极旁观者行为。

(3) 信息支持是学生从教师那里获得的最为常见的支持,其中教师的情感干预对化解学生欺凌的困境发挥重要作用。当学生向教师报告学生欺凌,如果教师能够及时帮助学生处理负面事件时,学生会更加相信教师是一种可靠的阻止学生欺凌的力量,自己可以通过依靠教师的力量实现保护者行为。相反,若是教师对学生欺凌处理得不够及时,或是无法满足学生所期望获得的支持,就会影响学生自主行为的产生。

同伴支持对个体选择旁观者行为也有着重要的影响,个体的行为会因为同伴互动产生分化。如果同伴更多地选择采用非攻击方式处理问题,那么个体就会在面对学生欺凌时,根据同伴应对类似事件的处理方式,做出积极的保护者行为。如果个体发现自己的同伴在处理问题时表现出更多的攻击性行为,那么他们也会更倾向于表现强化者行为。

旁观者在学生欺凌中的行为对于欺凌问题的解决具有重要的影响。加强对旁观者的教育宣传,建立监督机制,培养勇气和责任感,组织支持系统等策略是解决这一问题的关键。只有当旁观者真正参与到解决问题的过程中,才能减少学生欺凌的发生,创造安全和谐的校园环境。

实践思考

导师们可以尝试在班级中开展欺凌主题心理情景剧的表演。交流分享各角色的体会。

资源链接

1. 全国人民代表大会常务委员会制定,2021 年 6 月 1 日起实施的《中华人民共和国未成年人保护法》中第三十九条。

2. 中华人民共和国教育部颁布,2021 年 9 月 1 日起施行的《未成年人学校保护规定》中第二十条、第二十一条、第二十二条。

3. 电影:《失控的校园》。

4. 电影:《少年的你》。

模块五:

危机应对篇

第十三章　陪伴学生应对重大生活变故

　　青少年时期是个体身心发展和冲突解决能力发展的过渡阶段,他们的生活中也会不可避免地遇到各种变故。从心理学视角看,这些变故就是负性生活事件,具体指发生在家庭、学校或工作环境中的,使学生个体产生不安、焦虑等消极情绪情感体验的事件。以往研究表明,负性生活事件作为一种应激源,是中学生抑郁症状的高危因素,负性生活事件还会引起头痛和失眠等躯体症状。青少年时期的自杀意念与经历负性生活事件相关,近期负性生活事件可以独立预测青少年的自伤行为。另外,负性生活事件还对青少年的攻击性行为有正向预测作用,负性生活事件也是学生问题行为产生的因素之一,如酒精使用和吸烟行为。

　　生活变故的发生就像一场风暴,往往破坏性强,影响深远,在关心关爱这类学生时,导师往往觉得使不上力气。本章以学生遭遇的三类典型生活变故为例,介绍导师如何帮助学生应对负性生活事件。

📌 **本章学习目标**

一、突发亲人离世,掌握导师陪伴学生度过哀伤的方法和策略

二、遭遇网络欺凌,掌握导师协助学生应对的方法和策略

三、父母关系破裂,掌握导师支持学生适应的方法和策略

第一节　导师如何陪伴学生走出哀伤？

我们在人生旅途中会面临许许多多的丧失，在各种各样的丧失中，对个体影响最大、最深远的莫过于亲朋好友的死亡，个体往往会因此陷入深深的哀伤之中。有人说亲人的离去不是一场暴雨，而是此生漫长的潮湿，哀伤来临时，不少人会在较长时间内沉浸于失去至亲的失落体验，甚至会影响日常正常的学习工作与生活，哀伤及其疗愈也是每个人生命中必然要面对的人生课题。

根据北京心理危机研究与干预中心提供的数据，中国每年有 162 000 名小于 18 岁的未成年人因其父或母自杀死亡而成为丧亲者。考虑到其他更普遍的死亡原因（如疾病、车祸、灾害等）而发生的死亡事件，可以预测丧亲青少年是一个不小的群体。

死亡在我们的文化里是一个相对禁忌的话题，导师们缺乏帮助处在哀伤中的学生的相关训练，当需要陪伴经历哀伤风暴的学生时，不知道说什么做什么是合适的，当事人往往缄口不言、沉默应对，或者人前假装坚强忘却，人后独自叹息哭泣，如果哀思得不到合理的释放和表达，就有可能变成一个"心病"，或者通过身体生病来表达。大部分导师如果了解一点哀伤应对策略，接触一些真实案例，就会受到启发，知道如何说合适的话，做合适的事，让哀伤的学生得到疗愈性的安慰和陪伴。

案例聚焦

小成，高三男生，由外公外婆抚养长大，平时开朗活泼，成绩在班上名列前茅。外公遭遇车祸当场去世那段时间正好碰上小成的等级考，家里人为了不影响他的学习，暂时没有告诉他。小成考完试后回到家里才得知这个消息。小成与家人大吵一架，怨他们没有告诉自己，懊悔自己没有见到外公最后一面。即将面临高考，小成却陷入深深的哀伤。爸爸妈妈很担心小成，联系了班主任和导师，请他们帮忙留意小成的变化，关注小成的在校状态。

理论分析

一、哀伤和哀伤辅导

哀伤(bereavement)是指个体在失去所爱或所依附之对象(主要指亲友)时所面临的境况,其中包括了悲伤(grief)与哀悼(mourning)的反应。

悲伤:哀伤的一部分,指个体在面对丧失(loss)时出现的内在生理、心理反应。哀悼:哀伤的另一部分,指个体在面对丧失时,因身心的反应而带来的外在社交、行为表现。

哀伤辅导的任务是协助当事人在合理的时间内直面丧失事实,进行正常悲伤的表达与宣泄,健康地完成悲伤任务并增进重建正常生活秩序的能力。所以,一般的哀伤辅导流程不外乎这几个步骤:一是陈述事实,宣泄情绪;二是提供信息,给予支持;三是表达思念,祈祷祝福;四是寻找资源,规划重建。

二、哀伤的表现

面对亲友的离世,人们内心的哀伤会以各种各样的的方式表现出来,主要体现在以下四个方面。

(1) 认知方面:拒绝接受现实;自我谴责,产生负罪感;失去对他人的信任感。

(2) 情感方面:悲伤;无法停止的思念;孤独,觉得没人能够理解自己,甚至包括亲密的朋友和家人;抑郁,对其他事情毫无兴趣,在生活中感受不到任何快乐。

(3) 行为方面:哭泣;自我封闭;易做出冲动、鲁莽的行为;对逝者的遗物寸步不离或极度回避逝者的遗物。

(4) 生理方面:产生睡眠问题;肠胃功能紊乱;免疫系统功能下降;出现或加重心血管疾病。

亲友逝世后的一段时间,也称急性哀伤期,个体在此期间表现出以上一种或几种哀伤反应都是正常的,但如果个体的哀伤反应严重影响了其生活、工作和社交,持续时间超过 6 个月,此时个体的哀伤可能转化为病理性哀伤,即延长性哀伤障碍(prolonged grief disorder,PGD),导师了解时间后可以及时寻求学校心

理老师帮助。

另外,青少年哀伤还有很多与成年人不同的地方,并容易被忽视或误解。有研究显示,有些儿童青少年在丧亲事件(包括父/母死亡)后会出现无哀(absent-grief)现象,仿佛什么事也没发生,看不出哀伤。另外,有两种哀伤容易被忽视,即再发性哀伤和延迟性哀伤。再发性哀伤(re-grief)是指儿童在丧亲事件发生时没有什么明显反应,但随着心理不断成熟,并进入新的成长阶段,他们会表现出强烈的哀伤。延迟性哀伤(delayed grief)是指儿童青少年在丧亲时没什么明显反应,但在很长一段时间后出现不同精神障碍症状。因此,对儿童青少年来说,即使他们在丧亲初期并没有表现出明显的哀伤反应,但依然要给予他们关注和必要的帮助。

应对策略

对于经历丧失的青少年来说,他们需要得到身边温暖包容的支持,并有持续的关怀以度过人生巨大哀伤的历程。导师可以从以下三个方面行动。

一、帮助情绪表达

面对处于急性哀伤期的青少年,导师可以在适当的时候,在当事人愿意的情况下,单独与当事人交流,让当事人将自己对于逝者的思念、悲伤之情说出来或写出来。可以讨论的内容有:听他们说悲剧发生前后的情景,他有没有去扫墓,亲人离去后的一些后事是怎么处理的等,帮助学生真的认识到死者已经不再和他一起生活了,从而增强亲人已经离世的现实感,帮助他去表达和界定哀伤。

当然,也允许学生暂时还不想讨论自己的感受,如果学生有需要,但你不知道该说什么,沉默的陪伴也是一种很好的安慰。

二、引导正面回顾

可以引导学生用温暖的方式理解死亡这件事,叙述逝者的优点,在世时做的一些比较好的、有意义的事情,让哀伤走向正面的回顾;还可以讨论逝者对学生本人的正面影响,让他(她)看到、体会到一部分自身的优点和力量是从逝者那里遗传来的,寻找逝者留在自己身上的印迹与美好,引导学生去发现生命延续的意义,鼓励学生将这份美好发扬光大以纪念逝者。

鉴于死亡议题的敏感,导师还可以发挥团体的力量,在指导的学生团体中开展相关主题的绘本阅读,借助《獾的礼物》《一片叶子落下来》等绘本帮助学生用新视角理解死亡。此外,电影《寻梦环游记》中关于死亡的探讨也很具有启发意义,也可以借助电影欣赏活动来帮助学生重新看待亲人的离世。

三、鼓励重新生活

在学生的悲伤情绪得以排遣后,启发当事人认知到逝者很爱他(她),希望他(她)珍爱自己,发展好自己,这对当事人来说就是完成逝者托付的使命,也是逝者生命的延续,只有自己尽快回到现实生活中,安心学习、快乐生活、健康成长,才能告慰逝者。

还可以引导他(她)寻找生命中更多的重要他人,让学生意识到失去了一位重要他人并不意味着再也没有人可信赖,生活中仍有许多重要他人,如父母、老师、朋友等,有需要时,可以随时向他们求助。导师可以告诉学生,没有人能坚强到可以独自面对一切,当你觉得痛苦难过、无力自拔时,一定要主动求助,让自己在与人与物的联结中找到力量,重建生活秩序,恢复对生活的掌控感。当学生被更多的重要他人赋予力量感时,也更容易调整好自己的状态,走出哀伤,回归当下的生活,进而增强心理弹性,树立正确的生命观。

总之,导师需要做的是成为学生的重要支持力量,保持持续观察,对过于反常的哀伤反应或发现有自杀倾向时,协同班主任、学校心理老师介入。导师还需与家长合作,做好倾听者和陪伴者,给予孩子足够的私人空间和时间来走出哀伤,把丧失当成一个生命教育的契机,引导孩子完成对丧亲的接纳,更好地正向理解生命轮回过程中的传承与发展的意义。

📑 **实践思考**

结合小成的案例,选择 1—2 本绘本,设计一个帮助小成的个性化方案。

📑 **资源链接**

1. 陶新华.丧亲——哀伤辅导是生命教育的重要时机[J].中小学心理健康教育,2023(29):44 - 46.

2. 李爽,李成齐.哀伤辅导视角下儿童丧亲主题绘本的疗愈效用——基于对

9 本绘本的叙事分析[J].陕西学前师范学院学报,2024,40(1):79-85.

3. 易永红,余艮珍,丁玲莉.丧亲儿童哀伤的研究进展[J].中国学校卫生,2021(11):1757-1760.

4. 李俊阳.初中生哀伤反应特点及个体哀伤辅导的策略探索[J].中小学心理健康教育,2023(14):46-48.

第二节　导师如何协助学生应对网络欺凌?

随着移动互联网技术与社交模式的创新,网络欺凌逐步成为一个严重的社会问题。共青团中央维护青少年权益部、中国互联网络信息中心、中国青少年新媒体协会联合发布的《2020年全国未成年人互联网使用情况研究报告》指出,有19.5%的未成年网民曾遭受网上讽刺或谩骂,7.2%的未成年网民曾遭受网上恶意骚扰。比起看得见摸得着的校园欺凌,网络欺凌更像是"看不见的拳头",比如曝光他人隐私、进行网络恐吓、超限度的语言攻击等,当事人会感觉在任何地方都会受到攻击,甚至在自己的家里似乎也无法逃脱。同时,发生在校园中的网络欺凌很多都是在熟人的社交圈子内展开,比如社交群、社交空间和朋友圈等,这样的网络欺凌对被欺凌者伤害更大。

学会与人交往是人生中的重要课程,同伴关系也是高中阶段学生最重要的人际关系之一,由于网络欺凌具有隐蔽性,导师该如何识别学生遭遇网络欺凌呢? 一旦发现学生遭遇网络欺凌,导师该如何行动呢?

案例聚焦

小馨,高二女生,在自己的QQ空间上传了自己的穿着"Lolita风格"短裙精修照片,被同学在班级群讽刺、恶意评价并传播到其他社交平台和群聊中,逐渐升级为"黄谣",小馨的解释只会迎来更猛烈的嘲讽。对此,小馨的感受是"无法逃避被网暴的现状,也无法忍受被持续攻击,无法终止这种难受的感受,觉得没有出路"。

理论分析

一、网络欺凌的概念

网络欺凌是利用数字技术进行的欺凌,它可以在社交媒体、即时通讯平台、游戏平台和手机上进行;它是一种反复的行为,旨在吓唬、激怒或羞辱那些被攻击的人,基于网络的传播范围广、持续性强、可永久留存和容易复制的特点,网络欺凌极容易成为一种持续的伤害行为。

二、网络欺凌的主要形式

校园网络欺凌的主要形式有:①使用愤怒或粗俗的语言在网上对骂。②反复发送恶意、侮辱性信息。③在网上散布谣言、发布他人的流言蜚语以损害其声誉或友谊。④在网上假装他人,使他(她)陷入困境/危险,或损害他(她)的声誉/友谊。⑤在网上分享他人的秘密或令人尴尬的信息或图片。⑥诱骗他人泄露秘密或尴尬信息,然后在网上分享。⑦故意和残忍地将某人排除在在线群组之外。

三、网络欺凌的影响

现有的研究表明,遭遇网络欺凌的学生,一开始会面对悲伤、挫败、孤独、有压力等感受,逐渐到抑郁、自尊下降、无助感、社交焦虑等负性情绪体验,随着舆论的扩大,焦虑水平也逐渐上升,并开始影响日常生活,当事人可能会出现精神恍惚、食欲不振、睡不着觉等躯体及行为表现,产生这些应激反应后当事人往往也会想恢复身心平衡的状态,并做出一些尝试性的努力,但基于网络暴力的形式和特质,所做的努力有可能收效甚微。

如果问题不能及时有效地解决,就会持续地导致不适,严重影响受害者的日常生活与社会适应,出现抑郁、焦虑加剧的状况。当然,这其实也是一个"危"与"机"并存的时期。度过去,能够提升学生的心理韧性,增加处事经验,得到一个学习、成长的契机;而舆论不断发酵,事态持续恶化,学生可能会产生痛苦崩溃、绝望无力的感受,甚至出现自残、自杀行为或产生严重的心理障碍。

应对策略

遭遇网络欺凌的学生最需要的是家人和老师在情感上的理解、支持与陪伴;

开放的情绪宣泄口与充分的接纳。如果恶意是一场网络暴力的始作俑者,那孤立无援则是情况恶化的催化剂。相关研究发现,是否有向父母、老师求助的意愿,是青少年能否在网暴困境中转危为安的重要因素。面对遭遇网络欺凌的学生,导师可以从以下三个方面行动。

一、肯定求助行为,搜集详细信息

导师首先需要告诉青少年很感谢他有勇气告诉你这件事,同时向他说明,只有他愿意谈到这个事情,老师才有机会帮助他。求助行为本身就蕴含着积极的力量,也许暂时还没有被当事人看到,所以老师需要"推一把",对求助行为本身给予支持和鼓励,让他们知道这个情况是完全可以控制的,无论发生什么样的事情,老师都会站在他们这一边,支持他们。

导师要鼓励学生多讲讲,在讲述中慢慢厘清事件的来龙去脉,搜集更多有效信息。可以询问的内容有:(1)同学都是怎么欺负的,从什么时候开始的,之前有没有发生类似事情。(2)在遇到这些事情的时候是如何去应对的,效果怎么样。(3)学生如果提到了不愿意告诉其他人,可以多讨论下是否曾经这样做过,效果如何。

二、稳定学生状态,明确行动目标

在没有设身处地地理解当事人处境时,过于简单地归因或武断地要求学生做到"不管、不看、不理"不仅无助于问题的解决,还有可能切断求助通道,也可能让他们误以为遭受欺凌是因为自身的问题,使其陷入更深的痛苦与自责。导师需要回归到最基本也最重要的倾听、共情上,让学生多讲一讲。倾听学生的故事,在其中给予支持和温暖,对青少年表达共情,向其传递这样的信号:所描述的事情并不是成长过程中的"常态",你对于他遭受的对待非常痛心。进而,导师需要和学生讨论并明确学生是需要处理因欺凌而导致的心理困扰,还是要解决欺凌事件本身,哪些是可以实现的,怎样达到。

三、商定后续行动,联合多方力量

网络欺凌一旦发生,当事学生常见的状态是慌乱和无能为力感,导师可以教授学生相应的行动方法,减少负面影响:如不要回欺凌者的信息,以截屏、录屏的方法保留网络欺凌的证据。做好自我保护,在所有的平台屏蔽已知的欺凌者,设置好隐私权限,减少被在线骚扰的可能,如有可能在社交平台上正式举报其欺凌行为。

网络欺凌往往涉及复杂的关系,导师还需要根据自己对状况的评估及时告知班主任或心理老师,必要时上报学校,与学校其他部门一起告知学生家长共同处理,导师的行动也应尽量尊重学生的知情权,取得学生的理解和支持。

📖 **实践思考**

作为导师,如果案例中的小馨向你说出了发生在自己身上的事情,你计划如何给她提供支持和帮助?

📖 **资源链接**

1. 国家图书馆研究院.中国互联网络信息中心发布第 51 次《中国互联网络发展状况统计报告》[J].国家图书馆学刊,2023(2):39.

2. 教育部基础教育司.防治中小学生欺凌和暴力指导手册[M].北京:教育科学出版社,2018.

3. 郑彩华.青少年数字安全:数字风险及其应对[J].青年学报,2024(1):49－56.

4. 孙瑞婷,吴媛,刘嵩晗.青少年网络欺凌的影响因素及教育建议[J].中小学心理健康教育,2023(11):4－7.

5. 宁彦锋.青少年学生网络欺凌的特点、成因与防治[J].上海教育科研,2021(5):58－63＋40.

第三节　导师如何支持学生适应父母关系破裂?

据南方都市报报道,我国离婚人数在 2008 年至 2019 年间呈现上升趋势,在 2019 年达到峰值,为 470.06 万对。之后离婚数据开始回落,2021 年离婚人数锐减至 283.93 万对,2022 年为 210 万对。伴随着每年数百万计的家庭结构解体,生活在离异家庭的儿童青少年的人数也在急剧增加。据中国妇联的统计,约67%的离异家庭都会对孩子有明显影响。①

家永远是我们最安心的避风港,是我们生命中最坚实的支撑,父母关系一旦破裂,温暖的避风港就会经历狂风暴雨,这往往会对正处于成长中的青少年造成持续冲击,他们往往面临着严峻的适应性挑战。如果学生正处在这样的风暴中,导师该如何支持学生适应父母关系破裂呢?

案例聚焦

小西,高一女生,爸爸忙于生意,不经常回家,妈妈全职在家。小西知道妈妈一个人操持家里不容易。读初三的时候,小西无意间在爸爸手机上发现了一些他与别人暧昧的信息,觉得很生气,纠结了一段时间后,告诉了妈妈。妈妈知道后就和爸爸说:"不要把你那些乱七八糟的事情带回家,不要影响孩子学习。"小西考上高中后他们就选择了离婚,小西妈妈说他们迟早都会离婚的,早离早好,让小西别想多了,好好学习。小西在学习时常常想到家里的事情,无法集中注意力。

理论分析

父母离婚意味着原有家庭结构解体,对孩子来说,虽然它与亲人死亡经历不同,但它依然是一个重大的丧失。美国哀伤学者称其为象征性丧失,它会引发象征性哀伤,严重时可能引发适应障碍。综合以往研究,通常面临家庭结构改变挑战的孩子情绪上都会有自卑感、孤独感、焦虑感和安全感缺失等感受。

自卑感。尽管当下社会的离婚率不断升高,家庭结构更加多元化,当事人依然会十分在意社会评价,"被同情""被排斥""被当成异类"的担忧交织,当事人依然容易产生不能融入社会的担忧和自卑感。这类学生表现为回避谈双亲的事,对任何人都保守着这个秘密。

孤独感。所依恋的家庭解体,或多或少有被亲密关系抛弃的感觉。另外,离异家庭可能会遇到新的家庭成员出现,继父或继母的关系将会对原有的关系形成挑战,使原来就存在问题的亲密关系更加复杂,再叠加青春期学生的身心发展

---

① 林洵怡,桑标.离异家庭儿童发展性研究综述[J].心理科学,2008(1):163-165.

特点,内心孤独,感到不被理解很容易发生。

焦虑感。大多数情况下,没有孩子会希望自己的父母离婚,大部分的家庭的破裂往往伴随着很长一段时间的争吵,所以,得知父母离婚的第一时间,他们会焦虑,担心自己的未来,更加害怕会被父母遗弃,担心接下来又该如何生活,等等。

安全感缺失。每个孩子都希望拥有一个幸福稳定又健康的成长环境,一旦父母出现了离婚的情况,他们会因此严重丧失安全感。

我们都知道,家庭结构和功能的稳定对于孩子的成长,特别是低龄儿童的成长有很重要的积极意义。儿童对于家庭结构因为离婚发生的变化的适应能力是有差别的,并不是所有孩子都会出现所有可能的症状,相对而言,也有一些孩子是能够顺利地适应改变的,家长和学校的关注和支持能够提供一些保护性因素。比如说,同住的家长离婚适应得比较好,或者比较有效的养育方式,或者不同住的家长有规律的探视,更少地在孩子面前暴露非常极端的家庭矛盾,合作教育,减少家庭其他的变故,等等。来自学校、同伴群体的适当的支持也可以帮助孩子更好地应对生活中的变化,最大程度地减少这种变化给孩子带来的不利影响。

应对策略

当学生家庭结构改变时,导师可以依据学生的心理发展特点提供帮助和支持,从时间段上可以把面对家庭结构改变的孩子分为三类,对于这三类孩子,老师应对方式的重点要有所不同。不过,无论哪一类,关键都是帮助学生获得安全感,修复或重建安全的依恋关系。以下就立足高中学段学生特点做一些探讨。

一、父母离婚正在进行中

这时的家庭矛盾冲突最大,正常生活受到比较大的影响。父母离婚极少是突发事件,生活在一起的孩子早就会敏感地觉察到父母间的矛盾,他们往往会通过自己的各种努力来试图缓解父母的矛盾,挽救家庭破裂,但是往往不仅没解决问题反而会受到更大的伤害。孩子比较喜欢帮助弱者,而他们在帮助自己认为弱的一方的时候,自己就成了牺牲品。在离异家庭中最需要保护的是孩子,他们才是真正的弱者。此时,导师的任务就是要想办法保护孩子,把孩子从父母离婚的漩涡中拉出来,远离父母的矛盾冲突,这样孩子的心态就能调整得比较好。

面对这类孩子,导师要和他们站在一起,为他们建立一个很好的支持系统,在个别沟通或集体教育中可以传达的观念是:(1)无论父母怎样,永远都是我们的父母,我们需要的是与父母良好的亲密关系、父母对我的爱和我对父母的爱。(2)坚定父母曾经是爱我的,从今以后仍然会爱我的信念。(3)父母的事情让父母解决,不要过度卷入。

二、父母已经离婚

案例中的小西就是这类情况,完整的家庭和温馨的亲密关系已经不存在了,她面临新的适应问题。

父母离婚既成事实,完整温馨的家庭已经不复存在,这个时候处于中小学阶段的孩子是非常焦虑的,这种焦虑一般被认为是分离性焦虑。孩子缺乏安全感,这样的分离性焦虑对他们的情绪、行为会有很大的影响。孩子的心中有被抛弃、被孤立、失去了依靠的心理感受,他们会由此而觉得生活没有意思,学习也没有意思。青春期的孩子更容易自暴自弃,用伤害自己、放弃自己前途的方式来表达对父母离婚的不满、恐惧、焦虑等。当孩子处于这种情绪状态时,老师的教导很难奏效,特别是很多孩子认为家丑不可外扬,不愿轻易把自己的家庭问题告诉老师。这时老师的耐性和韧劲受到挑战,需要关注如何能够更好地建立信任关系,提供一种温暖、接纳、关注的互动,此时对于导师来说,成为学生重要的支持力量,坚持与学生保持良好的沟通,理解、关心、帮助和支持学生,学生一般能被感动而放下自我保护的外壳,从老师这里获得帮助。

关系建立以后,在学生愿意探讨的情况下,可以进一步聊聊事情发生过程中的感受,导师可以做一个倾听者。对于高中生来说,导师可以尝试的另一个活动是与孩子探讨家庭结构改变后的变化,一边是喜欢的变化,另一边是不喜欢的变化,让学生意识到离婚通常会给孩子的生活带来很多变化,但带来的也许并不一定完全都是不好的变化。

三、父母离婚之后再婚

孩子跟随一方进入新的家庭生活,面临新的角色适应的问题。

积极心理学研究发现,大多数离异家庭的孩子都抵制继父母的到来,10—15岁的孩子抵制得最为强烈,而且父母再婚对女孩的消极影响比男孩更大,新婚姻关系的满意度高对男孩子有积极的作用,而对将要进入青春期的女孩是一个风险。男孩能够从自己的母亲与继父的满意关系中获益,并从继父那里学习新的生活和社会互动技能,而对女孩来说,母亲的新婚关系威胁了她们母女的亲密关系,她会经常以增加自己的行为问题和心理问题来回应,这样就会给家庭和学校带来很多的烦恼。对于这样的孩子,如果导师能够及时给予心理疏导并建立良好的师生关系,让孩子感觉到有良好的环境支持是非常有效的帮助。一般来说导师可以做的尝试是:(1)在学生能接受的关系中,强化孩子长大了,具有独立性和自理能力,并且让他多回顾曾经的成功、快乐的体验。(2)包容和接受学生的各种行为,在良好的师生关系中给学生安全感、依赖感,使学生得到支持和帮助。(3)老师可以在自己力所能及的范围之内改善周围的环境,让学生得到同伴的理解和支持,体验到同伴团体的温暖和关爱。

四、父母关系破裂下的家校沟通策略

当学生家长处在家庭结构改变的挑战之下时,导师与家庭的协作十分重要。导师要把这样的理念传达给家长:虽然在这个时候父母中受害的一方容易情绪失控,但是保护好自己的孩子仍然是父母的重要责任。

老师与父母做这样的沟通时需要很好的沟通技巧,基本原则是:

(1) 老师要持中立态度,对学生父母的离婚问题不予评判,尊重他们的决定,只要求他们尽到责任,保护好孩子;

(2) 强调孩子永远是父母最大的财富,珍惜孩子,珍惜孩子的人生;

(3) 父母要尽量让孩子理解自己的行为,这样对于孩子的健康成长会有所帮助。

如果导师能够这样做,家长一般都能比较理性地接受老师的建议。如果遇到不配合的家长,导师与学生的良好关系仍然是对学生最好的支持。

📖 实践思考

作为导师,您觉得帮助家庭结构改变的孩子的难点是什么？根据您的经验,您有何建设性意见？

资源链接

1. 陶新华.教育中的积极心理学[M].上海:华东师范大学出版社,2017.

2. 梁世望,林甲针.离异儿童创伤心理问题辅导策略谈[J].新农村,2023(3):52-53.

3. 杨雅,王丽红.离异家庭儿童的心理健康问题及教育对策[J].中小学心理健康教育,2022(15):67-68.

第十四章　化危为机，我们这么做

高中生处于青春期阶段，学习压力增大，情绪波动大，遇事容易冲动，当心理困惑未能得到及时化解而日益严重时，就有可能引发心理危机。《2023年度中国精神心理健康》蓝皮书显示心理健康问题呈低龄趋势发展。《中小学心理健康教育指导纲要》中明确要求，开展中小学心理健康教育必须坚持发展、预防和危机干预相结合。

本章围绕导师如何开展心理危机的识别、应对与预防展开，分为三个部分。第一部分是针对学生心理危机的识别；第二部分是针对学生心理危机的应对；第三部分是针对学生心理危机的预防。

 本章学习目标

一、了解学生心理危机的预警信号，学会识别学生的心理危机

二、理解学生心理危机干预流程和联动机制，针对学生心理危机积极应对

三、掌握心理危机的诱发因素，针对学生心理危机做好早期预防

第一节 导师如何识别学生心理危机预警信号?

如何分辨学生是否出现了心理危机? 到底是真的出现了心理危机,还是想多了呢? 有没有评判标准? 作为导师又能做些什么呢?

📖 案例聚焦

郁梦是我的导生,自从确立了导生关系,我们便互加了微信,时不时会有一些线上互动。突然有一天,我看到她在朋友圈发了一条信息,说活着真没意思。我的心里咯噔了一下,我想要做些什么,但是却迷茫了:会不会是我想多了? 她是小题大做了还是真的出现了心理危机? 我该怎么回应? 我怕回复得不好起反作用,又怕不回复万一出事。我该怎么办?

📖 理论分析

一、什么是心理危机?

心理危机指当个人面对应激事件与挫折情况无法应对时,产生的一种心理失衡状态。容易产生心理危机、需要导师重点关注的学生往往在生理、情绪、认知和行为各个方面都有所表现,包括身体不适、情绪明显的高涨或者低落、上课注意力不集中、人际关系差等。

生理方面:明显感到身体不适,头痛、恶心、食欲下降、失眠、呼吸困难等。

情绪方面:情绪低落或明显高涨,冲动易怒,烦躁不安;过分敏感,孤僻自闭;易紧张焦虑等。

认知方面:上课注意力不集中,成绩下降明显;怀疑自己能力,自我贬低等。

行为方面:人际关系差,孤僻沉默,常怀疑、疏远同学和老师;行为冲动;有过离家出走、自伤行为等。

从导师反馈的情况来看,郁梦近期容易流泪,和以往相比上课注意力不集中、容易打瞌睡,精神状态不是很好,导师也曾建议她喝牛奶、做运动等以提高睡眠状态,但是没有改善;这段时间刚考完试,她考得并不理想,从原来初中学校的佼佼者，变成了高中班级的后进生，曾让她引以为傲的学习成绩一落千丈，一时之间难以接受；同时，她对于高中的住宿生活很难适应，因住宿生活减少了和父母之间的沟通，每天使用手机的时间非常有限，也没有找到特别要好的伙伴，所以她处于孤立无援的状态。

基于以上搜集的信息，可以初步判断郁梦发朋友圈的信息不是开玩笑，而是发出了求救信号，可能出现了心理危机。因此，建议导师第一时间与班主任、心理老师进行沟通、反馈，商议后续处理方法。

有关心理危机，需要导师了解其定义以及可能会出现的一些特点与信号，以便于进一步判断与处理。

二、可能引发心理应激的负性生活事件

表 14 - 1　可能引起青少年心理应激的 27 项负性生活事件

1. 被人误会	10. 与教师产生矛盾	19. 批评处分
2. 受人歧视	11. 本人患急重病	20. 转学/休学
3. 考试失败	12. 亲友患急重病	21. 违纪/违法
4. 好友纠纷	13. 亲友死亡	22. 升学压力
5. 生活习惯变化	14. 失窃	23. 打架斗殴
6. 讨厌上学	15. 当众丢面子	24. 遭父母打骂
7. 恋爱问题	16. 家庭经济困难	25. 家庭压力
8. 远离家人	17. 家庭矛盾	26. 意外事故
9. 学习负担重	18. 评选落空	27. 其他

表 14 - 1 是刘贤臣、刘连启、杨杰等发表的论文《青少年生活事件量表的编制与信度效度测试》中所呈现的关于可能引起青少年心理应激的 27 项负性生活事件，主要涵盖人际关系、学习、健康、生活等方面。导师们在平时和学生沟通交流的过程中，当发现学生有相关负性生活事件发生时，可以多加关心和及时沟通以了解情况。

三、心理危机的警示信号

如果学生出现了心理危机警示信号，需要导师时刻保持充分的敏感性，警惕

学生可能做出过激行为。当导师发现学生出现以下情况时,需要格外注意,及时跟进。

- 谈论过自杀并考虑过自杀方法,包括在信件、日记、图画、朋友圈、微博等只言片语中流露死亡念头者。
- 不明原因地突然给同学、朋友或家人送礼物、请客、赔礼道歉、说告别的话等行为明显改变者。
- 情绪特别烦躁、高度焦虑、恐惧、易感情冲动,或情绪异常低落,或突然从低落变为平静,或饮食睡眠受到严重影响等突然明显异常者。
- 拜访或者打电话与别人告别。
- 有对自我无价值感的议论,经常说"我离开就好了"等。

……

应对策略

一、发现危机,及时预警

当导师得知心理危机的表现特征就能知道哪些人需要帮助,哪些状态需要关注。当一个人处在心理危机的状态,也就是心理失衡的状态时,会有一些言语、情绪、行为方面的异常表现。

针对以上案例,结合重点关注学生特点和心理危机警示信号,可以初步判断本案例中的郁梦同学存在一定的情绪困扰,有出现心理危机的可能,需要及时跟进、处理。导师与班主任取得联系、整合信息后,马上与心理老师取得联系,并上报学校心理危机干预领导小组,立刻与家长取得联系,询问家长孩子在家情况,并告知家长孩子情绪状态不佳,请家长多关注孩子状态,约谈家长共同商议后续帮助孩子的针对性措施。

二、心理小工具

当导师遇到学生情绪波动时可以参考使用以下的"安全岛技术",尽快在第一时间安抚学生情绪。

安全岛技术可以让学生在自己的内心深处找到一个绝对惬意舒适的场所,在这个想象的安全岛里,没有任何压力存在,有的只是好的、保护性的、充满爱意的东西。

指导语：请找一个神奇、安全、惬意的地方……找到属于你自己内心的安全岛，可以动用一切你想得到的器具，比如交通工具、日用工具等各种材料，当然，还有魔力……现在，你眼睛所看见的让你感到舒服吗？如果是，就留在那里；如果不是，就变换一下，直到你的眼睛真的觉得很舒服为止……你能听见什么，舒服吗？如果是，就留在那里；如果不是，就变换一下，直到你的耳朵真的觉得很舒服为止……如果在小岛上感觉到绝对的安全，就请用自己的躯体，设计一个特殊的姿势或动作，用这个姿势或者动作，可以随时回到这个安全岛来。以后，只要一摆出这个姿势或者一做这个动作，就能迅速地回到这个地方来，并且感觉到舒适。可以握拳，或者把手摊开。请带着这个姿势或者动作，全身心地体会一下在这个安全岛的感受有多好……好，请睁开眼睛回到现实世界。

以上就是"安全岛技术"的介绍和简单的体验，能够帮助调适当下的状态。当然这个"安全岛技术"也可以用于导师自身。

📖 实践思考

受导学生说最近心情一直很低落，动不动就哭，已经持续一段时间了，爸爸妈妈天天在家为了自己而吵架，她说自己有时候想，如果没有她的存在，是不是爸爸妈妈就不会这样吵架了，或许她不应该存在在这个世界上。作为导师的你该怎么办？

第二节 紧急突发！导师该如何应对？

当突然遇到学生心理危机事件时，导师该怎么办？情急之下，怕反应出错或者慌乱，万一帮不了学生怎么办？

📖 案例聚焦

吴奈是我的导生，比较内向，平时不太愿意主动和我沟通和交流，学习成绩一般。

有一天，我听到教室里有一阵骚动，等我冲过去的时候发现他居然已经爬到

了窗口,几个同学正把他从窗口拽下来。看到这个状况,我突然懵了,我该怎么办呢? 我能做些什么呢? 我该和他聊些什么?

理论分析

案例中导师遇到的突发情况是非常紧急的,需要立刻进行心理危机干预。因此,首先需要了解心理危机干预的流程,并了解后续操作方法,以更好地去帮助受导学生。

一、什么是心理危机干预?

心理危机干预指的是通过调动处于心理危机中的个体自身潜能,来重建或恢复心理危机爆发前的心理平衡状态的行为。主要目的有两个:一是避免自伤或伤及他人;二是恢复心理平衡与动力。

根据本案例的信息,吴奈性格内向,不爱说话,平时在班级里也是独来独往,没有特别要好的同学。最近,平时比较要好的初中同学突然跟他断了联系,心情很沮丧;他学习成绩一般,最近几次默写都没有过关,有些挫败感;母亲近期的突然重病对他而言也是一个非常大的打击。

当发现学生正处在心理危机状态,应当立即启动心理危机干预机制,不能让学生独处,必须有老师陪伴,在给予支持的同时,立刻寻求帮助,共同进行妥善处理和应对。

二、学生出现心理危机后的操作流程

1. 第一时间联系班主任,从班级同学、家长、任课老师处询问、了解更多相关信息后进行综合判断。

2. 尽快联系心理老师,稳住孩子的情绪,保证孩子的安全,及时上报学校心理危机干预领导小组,寻求专业资源,对孩子的状态进行综合评估。

3. 及时联系家长,告知情况,协助班主任及时跟进,告知家长近期需要密切关注人身安全,并建议转介市、区精卫中心就诊。

三、心理危机干预多方联动机制

必要时,可以联系校外心理辅导员或其他心理专家等提供支援,共同处理。

尤其是在处理棘手情况时,可以启动四方联动机制:集结学校、家庭、区未成年人心理辅导中心和区精神卫生中心的力量,共同联合开展相关工作,以更好地处理心理危机事件,真正帮助学生(见图14-1)。

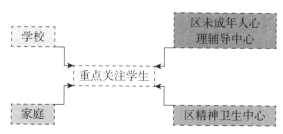

图 14-1 心理危机干预四方联动机制

📠 应对策略

一、确保安全,给予共情

由于导师是吴奈当下情绪的第一发现人,建议导师做到关心关爱,可以询问其是否遇到了困难,是否可以把心里的困难或者想法告诉导师,是否需要导师的帮助。给予吴奈陪伴和温暖,确保他安全,让他感受到自己是有人关心的,能够第一时间缓解不良情绪,避免事件的恶化。让他知道有人关心他,并不孤独,还可以有很多途径和方法来寻求帮助,共同解决问题。

1. 小贴士

(1)倒数法:可以尝试请学生在心中数数,从10倒数到1,如果情绪还不是特别稳定,可以再来一遍。在数数时,情绪会因注意力的转移得到一定的调节。

(2)呼吸法:把注意力放在呼吸上进行情绪调节,用鼻子深深地吸气,用嘴巴缓缓地呼气,用呼吸来安定自己。可以尝试"三口呼吸法":第一口呼吸,感受自己是如何呼气和吸气的;第二口呼吸,可以一边呼吸一边尝试放松自己的身体,比如把肩膀下沉放松,后背舒展,提醒自己放松身体;第三口呼吸,一边呼吸,一边问自己:此时此刻,什么对我是最重要的? 可以帮助自己抓住重点,把握当下。

2. 如何与出现心理危机的学生进行谈话

由于心理危机出现时的情况往往比较紧急,因此导师有可能会遇到没能在第一时间找到心理老师及时跟进,需要直面出现心理危机的学生,并与之谈话的情境,此时,导师该怎么办呢?

• 主动倾听:倾听学生说话,并向他陈述、重复你所听到的,确保你的理解正确,同时让对方感受到被理解、被接纳。如果学生当下不愿意说话,或者说表现得非常内敛,可能不想让别人了解自己的某些事或某些情绪,还可以尝试利用纸笔等媒介,请他写下来。

例如:可以尝试说:正如你所说的,现在对你而言是非常困难的时刻,你不知道该怎么办。

• 不加判断:避免妄加判断或者与学生争论。尽量尝试从他的角度理解问题,表达你的理解。

例如:可以尝试说:是啊,你觉得在这件事情上面,对你来说是不公平的。

• 理解对方:理解学生正面临的问题并重视其感受。人处于心理危机时,最需要的是理解、关怀和希望。因此,先表达理解他的感受比提出建议和方法更加重要。

例如:可以尝试说:听起来你现在感觉到很伤心、难过,你觉得没有人理解你。

二、陪伴支持,寻找力量

如果他很伤心、痛苦,可以静静地坐在他身边,这其实就传递了一种支持,陪伴也是有力量的。导师在陪伴的同时,可以更多地让他说,让他说是一种倾诉,也是一个自我整理的过程。允许流泪,允许表达,哭也是一种减压方式。可以引导他回想以往成功克服困难的方法,从过去的经验中找到力量;也可以分享学生同伴的成功经验或方法,让他知道面临的困境能够有所改变,不是完全无能为力的。如果需要,还可以给他提供专业帮助方面的信息。

三、提供帮助,携手共育

在后续的学习、生活中,更多地关心关爱他,帮助他更好地适应学习、生活中可能会遇到的各类困难,同时联合心理老师、班主任和家长的力量共同帮助他,为他提供足够支持,共同促进他的身心健康成长。

四、心理小工具

着陆技术可以有效帮助处于紧张、焦虑或痛苦中的人从消极情绪中分离出来。着陆技术包括躯体着陆、精神着陆和抚慰性着陆。这一技术的最终目标是将注意力转移到外部世界，远离负性感受。

具体方法：一是躯体着陆。可以用温水或冷水洗手；或者握着一个物体，感受它的温度和触感；或者感受双脚与地面的接触；或者用力张开、握紧拳头，感受手指末端的感觉。二是精神着陆。环顾四周的物体，快速、无声地报出它们是什么；想象痛苦是一个视频，而你可以按下关闭键。三是抚慰性着陆。想想能让你安心的人、事、地点；想一件你期待去做的事情。

着陆技术是非常简单有效的稳定化技术。当感觉到特别焦虑恐惧、感觉要被淹没的时候可以把注意力转移到外部世界，可以环顾四周，把注意力放到所处的环境——房间的颜色、房间的装饰、脚踩的地板、周围的桌椅等。保持自然而缓慢的呼吸，静静观察。如果有了足够了解，可以停下来回到当下，通过着陆技术快速缓解焦虑、恐惧、负面的情绪。

实践思考

受导学生最近学习成绩始终没有提升，怎么努力也达不到父母的要求。他哭着跟你说觉得活着没意思，并且最近会拿刀子划伤自己。当你得知这个消息时该怎么办？作为导师的你该怎么回应？

第三节　导师如何预防，和心理危机 say goodbye?

案例聚焦

下课后，在课间看到施洛同学趴在窗口若有所思，神情呆滞，默默流泪。此时此刻，我是否该做些什么呢？

理论分析

施洛和同学产生了一些矛盾冲突，同学不理解他，自己还被误会，他感觉自己这么长时间的付出却换来了这样的不理解和不信任，非常委屈，所以非常伤心难过，表现出默默流泪、神情呆滞和若有所思的状态。案例中的施洛同学虽然只是流泪,但是并不是默默地独自流泪,而是在师生面前忍不住流泪,所以其实从这个角度来看,他的心情已经受到很大影响,此时如果不及时跟进、了解,帮助他疏导情绪的话,累积到一定程度,就有可能会发生一些极端行为。此时,老师或者同学应该走近他,倾听、沟通、帮助他,并提供一些处理和应对的方式方法,让他知道其实事情还有转机,这并不是最终的结果,让他感受到其实还是有很多人愿意关心他,帮助他调整此时此刻的情绪状态,激发他内在的潜能来面对。

一、心理危机的变化过程

任何心理危机在其发生前都有一个从量变到质变的累积过程,容易出现心理危机的学生群体都会经历心理危机发生前的动荡、转折与过渡,如果此时能得到及时的关注与有效帮助,就可能将成长中遇到的困扰与问题及时解决,就不会进一步向心理危机方向转化,他们也可能获得问题解决的能力,在问题解决中成长。

二、诱发心理危机的主要因素

个人因素:个性敏感、灵活性差、看问题容易偏激、对自己要求过高、自尊心过强。

家庭因素:家庭暴力、父母离异或再婚、家庭氛围紧张、经常吵架等。

时间节点:考试前后、开学时和春季是学生容易爆发心理危机的重点时间。

三、预防心理危机的主要做法

自我认知:全面而正确地认识自己、评价自己;辩证地看问题,遇事要客观、理智,不因一时的挫折或失败而气馁,甚至做出过激行为。

人际交往:学会与他人相处,掌握一些人际交往的技巧和方法,善于解决与同学之间的矛盾,理解和帮助他人。

情绪调适:做自己情绪的主人,善于悦纳自己,以乐观的态度去看待他人、社会现实,学会适当宣泄,掌握缓解情绪紧张的方法,减轻心理压力,恢复心理平衡,切实提高在心理危机中的自救和互救能力。

发现需重点关注的学生,及时给予所需的疏导与支持,预防心理危机的产生。

▊ 应对策略

施洛同学虽然只是流泪，但并不是默默地独自流泪，而是在师生面前忍不住流泪，所以其实从这个角度来看，他的心情已经受到很大影响，此时如果不及时跟进、了解，帮助他疏导情绪的话，累积到一定程度，就有可能会发生一些极端行为。

一、沟通指导

针对施洛的情况，可以在平时加强沟通，帮助他分析人际沟通交往的情况，聚焦人际交往的困惑，教授一些人际沟通的方式方法，帮助其发掘自身内在力量，提高心理水平，提升解决人际交往问题的能力。

例如，可以推荐他了解并参考运用《非暴力沟通》一书中写到的化解人际冲突的四个原则，即非暴力沟通的四个关键要素：观察、感受、需求和请求。观察是用"局外人"的视角去描述客观事实，而不带有主观色彩；感受是要放下想法或评判，体会自己当下的感受并表达出来；需求是去体会此时此刻自己有什么需要；请求是要清晰地说明自己要表达的是什么，或者给对方的建议是什么。

二、培养自信

施洛的情绪低落，其实与自身不够自信有关，导师可以在平时的沟通交流过程中，帮助其发现自身优势，包括学科优势、爱好特长等，还可以通过鼓励他积极参与各类活动，培养其自信心，帮助其学会积极面对生活。可以借助兴趣爱好的角度切入，避免传统的说教模式，在互动过程中自然而然地建立信任关系。例如一起运动来走入他的内心，运动可以分泌多巴胺，有利于提高自控和专注力，还有利于提高睡眠质量，可以选择一项他喜欢的运动，如跑步、打球、跳绳、健身等。

三、缓解压力

导师可以帮助他了解、评估自身压力，寻找压力源，教授一些应对压力的方法，还可以提供一些放松身心的方法。帮助其发现自身的支持网络，并厘清必要时寻求帮助的途径和方法，默默地给予支持、鼓励。可以让学生了解压力水平的曲线，适度的压力反而能够产生动力，因此，需要让学生能够直面压力，不畏惧

压力。

四、心理小工具

1. 情绪日记

情绪日记不同于普通的日记,主要是记录使你产生情绪波动的消极情绪,通过把原始的或未经处理的感受转化为语言来帮助理解自己的情感。更重要的是,还可以让自己在下一次再遇到类似的场景时,能够更有效、更冷静地去应对。它并非将消极情绪宣泄在纸上,而是要把表达情绪和质疑自己的想法和感受结合在一起,这样写出来的情绪日记才能显著改善情绪,起到心理治疗的作用。

怎样写情绪日记呢? 简单模板如下:

- 我刚刚产生了一种什么样的情绪?
- 我感觉怎么样?
- 导致产生这种情绪的外部事件是什么?
- 我对这个事件的解读/担忧是什么?
- 换一个角度,我可以怎样去理解这件事?
- 下次遇到类似的事情时,我可以做些什么?

2. 五感法

可以尝试通过五感来寻找生活中的小幸福,去创造愉快的体验,来调整自己的情绪状态(见表 14 - 2)。

表 14 - 2　创造愉快的五感法

创造愉快的视觉体验	如:看一段萌宠视频……
创造愉快的听觉体验	如:打开收藏的歌单,跟着哼唱……
创造愉快的嗅觉体验	如:闻自己喜欢的花香……
创造愉快的触觉体验	如:洗一个舒服的热水澡……
创造愉快的味觉体验	如:品尝一杯温热的红茶……

可以保存这份清单,当感觉疲惫的时候,提醒自己做一些让自己开心的小事,关爱照顾自己。

实践思考

受导学生和寝室同学出现了矛盾冲突,最近突然变得不爱说话,心情低落,连平时喜欢吃的菜都觉得索然无味。作为导师的你,可以做些什么呢?

资源链接

一、推荐书籍

1. 周小东,苏朝霞.心理危机干预实操:自杀心理及其预防[M],北京:清华大学出版社,2023.

2. 孙宏伟,等.心理危机干预[M],北京:人民卫生出版社,2018.

二、相关资源

序号	区心理中心全称	电话号码	开通时段
1	黄浦区未成年人心理健康辅导中心	63036588	24小时
2	徐汇区未成年人心理健康辅导中心	64642525	24小时
3	静安区中小学生心理健康教育发展中心	52392751	24小时
4	普陀区中小学心理健康教育中心	4009209087	24小时
5	长宁区未成年人心理健康辅导中心	4008216787	24小时
6	虹口区中小学心理健康教育研究中心	65160361	24小时
7	杨浦区未成年人心理健康辅导中心	4008209856	24小时
8	浦东新区青少年心理健康教育发展中心	4008206235	24小时
9	闵行区中小学心理健康教育发展中心	54333867	24小时
10	嘉定区未成年人心理健康辅导中心	4008205081	24小时
11	宝山区学校心理健康教育发展中心	4008200535	24小时
12	奉贤区中小学心理健康教育指导中心	4009208761	24小时
13	金山区未成年人心理健康辅导中心	4001001890	24小时
14	松江区未成年人心理健康辅导中心	①67725123 ②4009200525+160	①9:00-17:00 ②16:00-09:00
15	青浦区学生心理发展辅导中心	4001600525	24小时
16	崇明区未成年人心理健康辅导中心	4001001690	24小时

图 14-2　上海市未成年人心理健康中心热线电话一览表

序号	热线名称/主办单位	电话号码	开通时段
1	上海市心理援助热线	021-12320-5	周一、三、五、日8:00-22:00 周二、四、六24小时不间断
2	黄浦区精神卫生中心	021-63183158	周一至周五 8:30-11:00、13:30-16:30
3	徐汇区精神卫生中心	4009213120	周一至周五8:00-17:00（工作日接听）
4	长宁区精神卫生中心	021-80110808	周一至周日24小时不间断
5	静安区精神卫生中心	021-62530984	周一至周五8:00-17:00（工作日接听）
6	普陀区精神卫生中心	021-66055120	周一至周日8:00-20:00
7	虹口区精神卫生中心	021-66696619	周一至周五9:00-17:00（工作日接听）
8	杨浦区精神卫生中心	021-61230673	9:00-16:30（工作日接听）
9	闵行区精神卫生中心	4000219003	周一至周日24小时不间断
10	宝山区精神卫生中心	021-66019885	周一至周五8:00-16:30（工作日接听）
11	嘉定区精神卫生中心	021-39590800	周一至周日24小时不间断
12	浦东新区精神卫生中心（北）	13072154838	周一至周五8:00-16:00、17:00-21:00
13	浦东新区精神卫生中心（南）	17317146287	周一至周五8:00-16:00（工作日接听）
14	金山区精神卫生中心	4001001890	周一至周日24小时不间断（不含法定假日）
15	松江区精神卫生中心	021-57846274	周一至周日24小时不间断
16	青浦区精神卫生中心	021-69200120	周一至周日8:00-20:00
17	奉贤区精神卫生中心	4009208761	周一至周五8:00-17:00（工作日接听）
18	崇明区精神卫生中心	18017890645	周一至周日24小时不间断
19	上海交通大学医学院附属第九人民医院	021-63307931（面向九院新冠肺炎确诊、疑似患者及家属）	周一至周五8:00-17:00

图 14-3　上海市医疗卫生机构心理热线一览表

模块六：

青春辅导篇

第十五章　护航青春成长

最美年华是青春,然而,处在青春期的孩子,心底有一泓清泉,时而静静流淌,时而小溪潺潺,时而暗泉涌动,青春的心事布满心中的每一个角落:为自己的长相而烦恼,因青春萌动而羞涩,为"情"所困而不知所措。作为青春期孩子的导师,在这一刻,怎么说、怎么做,才能给予他们爱的力量和智慧,以更好地帮助他们树立正确的异性交往观念,把握适恰的异性交往尺度,释放青春的能量,平复青春的躁动,获得与异性相处的愉悦体验和积极经验呢?

《检阅自己的青春》一书中这样写道:"排列好青春历程的每一个音符,每一个脚印,每一次心跳,为自己做一次庄严的检阅!"给孩子撑起一把青春的保护伞,不是阻止孩子去经历风雨,而是让孩子在风雨中经得起考验,学会在风雨中前行!

 本章学习目标

一、认识青春期体像烦恼、产生原因及其影响,学会积极应对

二、了解青春期学生异性交往特点,掌握正确引导的方法和策略

三、读懂青春期校园恋情的常见心理现象,把握正确的引导策略

第一节 导师如何面对青春期学生的体像烦恼?

案例聚焦

进入八年级的小城,一脱过去的稚嫩与清秀,在成长发育的过程中,脸上长满了青春痘,又因自己总控制不住地去抠这些痘,留下了不少疤痕。每当在镜子里看到自己这张坑坑洼洼的脸,再想到同学们戏称自己为"麻子"时,就不想去上学。为此,他与父母发生了多次争执。父母无奈之下,向孩子的导师求助……

理论分析

一、什么是体像烦恼

体像或称躯体意象,是指个体对身体的主观感受,它包括我们对自己身体的知觉、想象、情感与物理特征的感知等。青少年的自我体像是其对自我身体的认知评价,是个体的自我系统中最早发展起来的部分,是整个自我意识的基础。

个体体像心理状态一般可以分为三种类型:第一,正常的体像心理;第二,体像烦恼,这是一种由于个体自我审美能力偏差致使自我体像失望而引起的烦恼;第三,体像障碍,这是个体想象客观上不存在的体貌缺陷并因此而痛苦的一种心理症状。可见,体像烦恼是一种介于正常体像心理和体像障碍之间的心理困惑。

简言之,青春期体像烦恼是指青少年对自己的形体、外貌、性别特征等不满意而引起的心理烦恼。

二、体像烦恼对孩子的影响

1. 体像烦恼对自尊的消极影响

有研究表明,青少年体像烦恼与自尊呈显著负相关,说明青少年身体自我概念是整体自我概念中的一个重要组成部分。随着年龄的增长,青少年体像中与整体自我价值感相关的内容呈现减少的趋势。因而,青少年体像烦恼对其自尊的影响会随着年级的升高而减少。在初中阶段引导孩子正确看待自身的体像特征,及接纳不完美的自己,对其自尊心的提升有着积极意义。

2. 体像烦恼对社会交往的消极影响

有体像烦恼的青少年会因对自己体像的自卑而导致不能与他人从容、自信地交往,不主动交往,回避交往,有时在不得不与人交往时产生苦恼和焦虑,易产生社会适应不良。有研究发现,有体像烦恼的青少年回避社会交往倾向与人际交往时产生的苦恼感受要超过无体像烦恼的孩子。

3. 体像烦恼对情绪的消极影响

在对青少年体像烦恼与情感平衡性的相关研究中发现,青少年体像烦恼与其负性情感之间呈显著正相关,而与正性情感之间的相关不显著。这说明有各类体像烦恼的青少年会较多地表现出负性情感。

4. 体像烦恼对学习积极性的消极影响

有研究发现,有体像烦恼的青少年在学习积极性得分方面极其显著地低于无烦恼者。因为,有体像烦恼的青少年在平时会因过多地关注自己的形象及追求自己的理想型外形而占据了学习时间。[①]

三、对体像关注的原因

1. 身心发展的特点

随着青春期性意识萌发与性别角色的深化,青少年开始关注自己形体变化和仪态,以及在意自己在异性眼中的形象。

身体的形象在青春期孩子的自我意识中占据非常重要的地位,认为身体形象会决定他在同龄人当中的受欢迎程度。因此,他们之所以重视自己的外形和打扮,其实就是希望能够获得他人的认可和好的评价。

2. 受外界评价标准的影响

青春期的孩子开始热衷于追星,常通过模仿和效仿自己崇拜的偶像来获得认同感和满足感,并希望通过他们的言谈举止来塑造自我,找到自己的成长方向。而在流量明星盛行的当下,颜值和身材俨然成了部分人的评判标准,使得一些青少年对自己的外在越加在意,从而产生不健康的体像观念。

3. 个体的理想身体信念

青春期孩子在未形成自己的价值观时,更易接受社会主流文化中的审美标

---

① 吴增强.班主任心理辅导实务(中学版)[M].上海:华东师范大学出版社,2009:114-117.

准,并以此作为自己的理想身体信念。同时,青春期又是孩子爱幻想爱憧憬的阶段,对理想体貌的标准往往高于自身的实际情况,会不自觉地更多注意到负面身体信息,放大自身的不足,从而影响对自我的认识和评价。

四、案例解读

面对学生的烦恼和家长的求助,导师需要对小城"长痘痘"与"不想上学"这两件事的关联性进行探析。"长痘痘"是客观存在的事实,"不想上学"是内心活动的外在表现,是"长痘痘"这件事直接导致小城产生"不想上学"的想法,还是"长痘痘"只是一个表面现象? 或许这表象的背后隐藏着以下三个原因。

1. 父母的不理解

父母对小城因为"痘痘"而不去上学,感到不可理喻,觉得小城这是小题大做,存心赖学。认为到了青春期,总是要遭此一"劫",别人也长痘痘的,又不是他一个人长,太矫情! 而且作为男孩子,靠本事吃饭,何必这么在意自己的脸面呢? 因此,在看到小城为这些痘痘烦恼不已时,总是流露出不屑,有时忍不住会指责一番。一味的嘲讽和指责,加深了小城对"痘痘"的厌恶——"都是因为'你',身边的同学嘲笑我,连我爸妈也看不起我!"致使其抠"痘痘"的行为更为严重。

2. 同伴的嘲笑

根据埃里克森人格发展八个阶段理论,青少年(12—18岁)是角色认同与困惑阶段,是个体处于身份认同危机的关键阶段。他们需要通过同伴交往获得认同感和归属感,并形成自我身份和价值观念。因此,这个阶段的孩子特别在意来自同伴的评价,显然被同学称为"麻子",使小城的自尊心受到了伤害,自信心受到了挫伤,对容貌的焦虑感陡增,继而选择用逃避的方法做自我保护。

3. 自我认知的偏差

常言道:爱美之心,人皆有之。爱美不分性别和年龄,追求高颜值也是当前的社会主流观念,毕竟"长得好看"更易留下良好的第一印象,更易受他人的关注和青睐。女孩希望自己婀娜多姿,男孩希望自己挺拔帅气。小城正处青春年少时,当然也希望自己是俊朗少年,不可避免地会与自己的过去作比较,与同龄人作比较,在比较中,愈加对这满是痘痘的脸产生不满,当听到同学们喊他为"麻子"时,就陷入"我长得不好看,所以他们不喜欢我"这样的错误认知中,越来越自卑,陷入无尽的体像烦恼中。

应对策略

总说每个人是独一无二的,这不仅是指外貌、性格、兴趣爱好等,也指在面对同一个问题时,每个人会产生不同的情绪状态和采取不同的应对方式。就如小城这样一个身处青春期的孩子,身心在急速发展,却又处于不平衡发展的状态,易产生矛盾心理,在完成自我同一性的过程中,易产生冲动、烦躁、叛逆等情绪和行为。因而,面对小城这类问题,我们可以尝试从家长、孩子和他人三方着手进行应对。

● **To 家长:**

1. 看到孩子行为背后的情绪,转移其注意力

当目光集中于孩子的某个行为时,总会不自觉地放大这个行为,更关注于判断这个行为的对与错,花大量的时间和精力努力纠正某个"错误"行为,却总是事倍功半。事实上,行为也是情绪表达的一种方式,小城不停地抠痘痘,想要消灭它,是他焦虑情绪的表现;小城不想去上学,不仅是因他不想被嘲笑而采取的回避行为,也是他对害怕、担心等情绪的表达。

因此,在看到小城抠痘痘时,不厉声制止,不刻意提醒,不冷嘲热讽,可以用转移注意力的方式,将他从抠痘痘的场景中抽离出来。比如发现他又控制不住地在抠痘痘时,不指出,假装没看见,喊他出来帮个忙,阻断他的习惯性动作。

2. 建议父母给予理解和关爱,必要时就医

虽然青春期因为受体内雄激素的影响,皮脂腺分泌时,皮脂分泌增加,很容易长痘痘,但并不代表这一定是青春期成长的标志。从小城长痘痘的面积以及已形成的疤痕看,需要通过专业的诊断和治疗及早干预,不要让疤痕成为成长的烙印,留下终身的伤痛。

父母在看到小城抠痘痘时,不要用指责的语气说:"又在那里抠个没完了,时间都被你抠没了,作业做了没?"不要说具有贬低性或威胁性的话:"你再抠,再抠就成丑八怪了,看你以后怎么见人!"不妨对他说:"我们小城长大了,知道爱美了,让妈妈看看,这些痘都长在哪里? 鼻翼两侧,人中部位的痘痘千万不要去抠哦,这里很容易引起感染。要不妈妈还是带你去医院看看吧,这么多痘痘,确实有点让人担心。"

认同孩子爱美的心理需求,说出自己对孩子的关爱和担心,提醒孩子在抠痘痘时需要注意的事项,提供孩子求助的途径,在切实的关爱与陪伴中,让孩子感受到当自己面临困境时,不是一个人在孤军作战,还有爸爸妈妈,全家会一起参"战"。这种被爱、有依靠的安全感,可以降低他的焦虑感,激发内在的力量,不再因外在的评价而全盘否定自己。

· To 孩子:

1. 引导孩子正视自己的体貌特点,转变不合理信念

"金无足赤,人无完人。"脸上长痘痘是既成的事实,不如接受它,增强内心的力量,坦然处之,随着焦虑感的降低,"痘痘"也会随之减少。因为,青春痘的爆发与压力也有一定关系,精神高度紧张时,情绪过于激动时,人体激素就会分泌增多,皮脂分泌功能增加。

当自己产生"都是因为痘痘,害我变成丑八怪,同学们因此都不喜欢我"的想法时,可以对自己说:"即使我满脸痘痘,但我依然是我,如果同学因此而不喜欢我,那是同学以貌取人,道不同不相为谋,没必要在乎别人的评价。"或者用自嘲的方式:"不觉得这坑坑洼洼的脸看着很有岁月感吗? 多稳重靠谱啊!"

2. 丰富孩子的学习和生活,提升其内在修养

泰戈尔说:"你可以从外表的美来评论一朵鲜花或一只蝴蝶,但你不能这样来评论一个人。"一个人的相貌是天生的,无法做选择,但内在的东西可以由自己来塑造。多看一点书,增添一分文化底蕴;多听一点音乐,增添一分艺术修养;多看一些画展,增添一分欣赏美的能力……在多样化的学习和生活中,开拓视野,增强自信,犹如绽放的花朵,散发由内而外的美丽!

3. 养成良好的生活饮食习惯,与健康青春拥抱

青春期好长"痘痘"不仅与成长期的激素变化有关,还有很多的影响因素,饮食与生活习惯是其中两个重要方面。因此,除了接受必要的专业治疗外,还需在个人的饮食与生活习惯上做调整。

(1) 调整饮食,平时多吃一些清淡的食物,多喝水,多吃蔬菜和水果,少摄入糖果、巧克力、油炸食品等高糖和高油脂物,保持大便通畅,这有利于体内毒素的排除,以及减少痘痘的发生。

(2) 养成良好的作息规律,避免熬夜,保证充沛的睡眠时间。缺乏睡眠会导

致身体内分泌失调,刺激皮脂腺分泌过多油脂,从而诱发痘痘的生长。因此,睡眠不足不仅会使身体感到疲劳,抵抗力下降,还会影响皮肤健康。

（3）控制电子产品的使用时长及频率。电子产品会释放出蓝光,长时间接触蓝光会导致皮肤发炎,并刺激皮脂腺分泌更多的油脂,导致痘痘的形成。因此长时间面对电脑、手机不仅对眼睛有伤害,对皮肤健康也有一定的影响。

（4）保持良好心态,缓解学业压力。压力过大也会导致身体内分泌失调,刺激皮脂腺分泌过多油脂。因此,可以听听音乐,舒缓情绪;做做运动,促进血液循环;试试冥想,放松身心,平复心绪。

（5）注意面部清洁,早晚各一次用温水洗脸,夏天也用温水。在洗脸前用热毛巾盖在脸上(这样有助于毛孔的打开),并使用温和的洗面奶及适合自己肤质的护肤品。不要用手挤压痘痘,以免引起化脓发炎,脓疮破溃、吸收后易形成瘢痕和色素沉着,影响面部美观。

（6）保持生活环境整洁,常洗常换常晒枕头套、被单、床单等,少摆放毛绒玩具,这些东西易滋生细菌,皮肤直接接触易受感染。

• **To 他人**

学校是青少年学习成长为社会人的重要场所,学校中的同伴则是他们进行社会化训练的同行者,同伴对青少年行为和价值观的影响有可能超过父母和老师,成为其价值观的重要来源。从小城因被同学戏称为"麻子"而产生不想上学的想法的程度上可见,在班级里不只个别同学这样称呼他,可能已得到同学们的默认。以取笑他人不足为乐的同学一旦在班级里成群成风,对班集体的发展会产生很大的不利影响。因此,导师可以以此为契机,与班主任联手开展活动,帮助小城摆脱困惑,重树班风。

（1）开展主题班会,培养自主解决问题的能力。比如,以"我的称呼我做主"为题,探析雅号、昵称和绰号的区别,讨论称呼对一个人的意义,表达"我喜欢别人怎么称呼我"等,以此明确"起外号"不是同学间嬉戏的一件小事,有时会给他人造成心理上困惑和伤害;无论这一"外号"是出于欣赏的目光还是出于好玩的心态,只要本人不喜欢或不允许,那么就请做到尊重本人的想法。

（2）个别交流,换位思考。与喜欢称呼小城为"麻子"的同学进行个别谈话,了解他们的行为背后的动机,是故意为之,以此为乐,还是缺乏是非观念,盲目跟

从？亦或是煽风点火，唯恐天下不乱？根据不同的动机转化角色，让其感受小城所承受的压力和痛苦，从而纠正自己不当的言行，既可帮助小城走出困境，也是给自己一次成长的机会。

（3）发挥同伴榜样力量，营造积极向上的班级氛围。初中阶段的孩子乐于模仿他们认可的行为和形象，与一个有心灵共鸣的人进行交流沟通，更容易得到他们的认同，产生更好的效果。因此，导师可以以朋友的身份，请班中有一定号召力的同学帮忙，发挥同伴榜样的力量，以点带面，消除同学间不雅称呼的现象。

青春期的孩子随着自我意识的觉醒及性意识的萌发，对自我形象愈加关注，会不自觉地放大自己认为的不足和缺点，总觉得自己比别人丑，比别人胖，比别人矮，甚至别人不经意的一句话："呀，你脸上怎么长了颗痘啊！"都会在意好几天，直到它褪去才能释怀。因此，在面对青春期孩子的体像烦恼时，请多一份理解和支持，让这首青春战"痘"进行曲唱出优美的旋律！

📖 **实践思考**

情境：某天，班级里一向活泼开朗的女生小敏来到办公室，一改往日的咋呼劲，而是怯生生地问道："老师，我是不是真的很胖？体育课跑步时，同学们说我像只大熊猫！"

建议：可以从以下几个方面进行思考分析。

1. 你是否需要回答"老师，我是不是真的很胖？"这个问题？

2. 小敏为何会突然问这个问题？你从中读到了怎样的情绪状态？

3. 活泼开朗的小敏，为何会变得怯生生？

4. 你如何看待"同学们说我像只大熊猫！"这句话？

5. 试着根据上述案例中的视角分析原因并提出建议。

第二节　导师如何指导青春期学生的异性交往？

📖 **案例聚焦**

最近学校有个艺术节，班长小胜和身为艺术委员的小米经常聚在一起商量相关事宜。有一次,他俩觉得教室里太吵闹,就到学校的小花园里去碰头,不巧被同班同学小乐看到了。等他俩回到教室,就听到同学们在说:"你们知道吗?小米和小胜在谈恋爱!"随即,教室里就是一阵哄笑声。更有"好事者"上前询问是不是真的,小米和小胜尴尬万分,不知如何解释……

📖 理论分析

一、青春期异性交往的特点

青春期异性交往随着年龄增长,一般会经历以下四个阶段,每个阶段有不同的特点。

1. 异性疏远期

青少年在第二性征出现后的 1—2 年内,会朦胧地意识到两性差别,彼此显得拘束和陌生。在此阶段,两性之间存在着焦虑与紧张不安的情绪,疏远的背后潜藏着对异性差异的好奇。

2. 异性吸引期

对异性产生好感与爱慕,一般发生在女孩 12—13 岁、男孩 13—14 岁以后。此时,男孩乐于在女孩面前显示自己的能力和才华,以赢得女孩的好感和赞许;女孩开始注意修饰打扮,以引起男孩的注意和喜欢,相互渴望接近,因而更乐于参加与异性在一起的集体活动。但是,此时异性之间的好感是泛泛的,没有具体对象,没有专一性和排他性。

3. 异性眷恋期

进入异性眷恋期的男孩女孩在对异性好奇的基础上,逐渐由对群体异性的好感转向对个别异性的依恋,形成一对一的"专情"行动。但是,这种情感离真正意义上的爱尚有一段距离,是一种蕴藏于内心的好感,纯洁而美好。在此阶段,宜积极自然地与异性朋友交往,要在交往中学习两性尊重和平等,增强自尊和自信,培养责任感,提高自控力,把握尺度,不让友情变味。

4. 爱情尝试期

随着性情感的不断丰满、性意识的成熟,社交自由和交往范围的扩大,交往兴趣和交往能力的提高,青春后期的青年突破了自我封闭和羞于袒露秘密的心理,开始不加掩饰地爱慕、追求异性并向往忠贞不渝的爱情。因此,爱情尝试期

的青年男女开始萌发爱情,自然地进入恋爱择偶季节。这种感情带有一定的选择性、专一性和排他性。

当然,并不是每个孩子都会经历这几个阶段,但都有可能表现出其中某些阶段的特点。[①]

二、异性交往的准则

异性交往是同伴间最平常、最自然的一部分,也是个体成长中不可缺少的一部分,健康积极的异性交往有利于个体人格的健全发展。对待异性朋友需把握尺度,遵循以下七条准则。

(1)交往范围要广而不狭、不乱。正常的异性交往往往是没有排他性及唯一性的,多进行群体性的异性交往有助于自身人格的健康发展。

(2)交往程度要淡而不深。君子之交淡如水,在异性交往中也同样如此,不要有所图和有所取,不要奢求对方过多的情感给予,也不要让自己投入过多的精力和情感于异性交往中,把握好交往的尺度有利于保护自己,不让自己身陷其中而影响学业。

(3)交往关系要疏而不远。与异性同学交往时,要注意保持一定的距离,切忌打打闹闹、随便轻浮,举止要大方,说话要文明,不要给对方传递错误的信息,避免自己受到伤害。

(4)交往感情要喜而不痴。在异性交往中要有正确的心态,即将异性同学作为普通同学对待,以交朋友的心态建立健康的友谊,而非以对恋人的心态痴情投入。避免自己在异性交往的道路上遇到不必要的挫折。

(5)交往对象要真而不假。所谓真就是真朋友,是以正常友谊的姿态交往;所谓假就是打着友谊的幌子另有所图。因此,在交往中要学会识别,避免上当受骗,贻害终生。

(6)交往场所和时间要当而不偏。在与异性同学交往时,不可在阴暗偏僻的场所,不可在晚上单独交往,更不可到异性住所作长时间的停留。

(7)交往中要学会拒绝过度要求和自我保护。当异性朋友提出超越友谊范围的要求时,一定要给予对方一个明确而坚决的答复,切忌含糊不清,引起对方

---

① 吴增强.班主任心理辅导实务(中学版)[M].上海:华东师范大学出版社,2009:125－127.

的误解。当拒绝遭到强制时,一定要学会保护自己,将伤害降到最低。

三、案例解读

所谓的绯闻纯粹是捕风捉影的谣言,是无中生有编造出来的有关异性交往的事件。当听到校园里的"绯闻"时,导师的反应会因自身的性格、成长环境、教育背景及受当下社会价值取向的影响,有不同的应对方式和解决方案。在决定采用何种方式和方案前,需要了解"绯闻"的起源,以及孩子藏于行为中的内心活动。

1. 与青春期孩子的身心发展特点有关

随着第二性征的成熟、性心理的发展,以及性意识的萌发,青春期孩子对异性充满了好奇感和神秘感。处于异性交往吸引期的他们,既渴望与异性同学交往,又不敢表现出自己对异性同学的兴趣,因此,往往会借由他人的故事,夸大自己的"所见所闻",表达自己对异性同学的关注和兴趣,满足自身对异性交往的期待和向往。就如案例中的小乐,他看到的一幕是正常的异性同学间的交往,但却用夸张的手法将其演变成"恋爱"故事,过"嘴瘾"的背后是自我探索的过程及猎奇心理。而身为同龄人的同学自然也更易听信他的说辞,校园"绯闻"由此而诞生。

2. 当事人无意之举引起的误解

在青春敏感期,异性同学在交往时,言行举止稍有不慎,就会被同学起哄,在"草木皆兵"的氛围下,需要有意识地避免误会产生。在此案例中,当事人小米和小胜引起误解的原因之一是选择了"小花园"这样的较为隐秘的场所;另一原因是就两人相处于这一空间,说话也没必要大声,在视觉上就产生了"俩人很亲密"的错觉。于是,小乐将其所看到的画面进行了脑补想象,加上青春萌动期对异性交往的敏感和好奇,"绯闻"制造成功。

3. 传言者"以此为乐"的心态

"绯闻"从诞生到传遍班级甚至整个年级,并非没有明事理的同学,而是这些同学寡不敌众。在"绯闻"事件中,看热闹的同学会占大多数,特别在六、七年级,对异性交往似懂非懂,八卦新闻是他们课余生活的"调味品",在瞬间释放"多巴胺"中享受即时的快乐。在"口嗨"中,没有意识到这样的"绯闻"也会给同学带去烦恼与伤害。

应对策略

1. 与当事同学个别交谈,学习自我觉察

作为当事人,同学们的风言风语或多或少会对自己产生影响,如果仅仅是言语上的澄清,有时反而会有"越描越黑"的无力感,不如做个自我观察,回想一下当时是否有不妥的言行举止引起了同学的误解。如果没有,则顺其自然,可采取置之不理的方式,让周围的同学自觉无趣,让谣言自动消除;如果有,那就及时改正,做到以下交往原则。

(1) 等距交往:对班上所有异性同学保持一视同仁的友好态度,避免与某一异性同学有过多的接触。

(2) 公开交往:尽量在公共场合交往,并且避免长时间与某一异性同学单独往来。

(3) 坦然交往:与异性同学相处时,言谈举止自然大方,目光真诚坦率,衣着得体端庄,谈话内容健康适宜。

2. 与传言者个别交谈,学习换位思考

模拟场景和对话,让传言者作为被传谣的对象,体验在无中生有却又百口莫辩的事件中会产生哪些感受和情绪,以及会出现怎样的心理困惑。在换位思考中做自我反省,勿以"开玩笑""闹着玩儿"等作为托辞,给同学带去伤害。

3. 与听信者交谈,增强辨别能力

常言说:谣言止于智者,当自己听到这样的"绯闻"时,需要作出自我理性的判断,而非被他人牵着鼻子走。传言者的"口嗨",目的就在于引起他人的关注,与"同道中人"起哄找乐子。因此,听到"绯闻"时,对传言不道听途说,不夸大其词……对被传言的同学给予充分的信任和支持,帮助澄清事实,让流言蜚语随风飞逝。

在青春的路上,总会遇到这样的"好事者",面对这些并非事实的"绯闻",需要坚定信念,不为"谣言"所困,不向"谣言"妥协,避免弄假成真。毕竟,身处青春年华的少男少女,在相互欣赏中,也易彼此吸引。此时,向左还是向右,要帮助他们获得与异性交往的正确认识,作出理智的选择,相信所有的流言蜚语终究敌不过事实与时间的合力。

📖 实践思考

　　小琦是个活泼开朗的女孩,乐天派的她是同学们的开心果。可是,今天从中午到现在,她总是安静地坐在自己的座位上,显得心事重重。于是,同学将这一反常现象告诉了老师。老师在与小琦交流中得知,她今天午饭后收到了一封邀请信,邀请她本周末一起去公园玩,落款是班中各方面都挺优秀、她并不讨厌而且挺欣赏的一位男生小鹏。她不知道自己该怎么做。

　　1. 小琦的选择会是什么? 为什么?

　　2. 小琦真正的苦恼是什么?

　　3. 赴约还是不赴约,你会提出哪些建议?

第三节　导师如何理性看待青春期校园恋情?

📖 案例聚焦

　　一天,小美的导师收到一条微信:

　　老师,我想问您个事儿。前几天,小胜向我表白,说喜欢我,我当时拒绝了他,告诉他现在的主要任务是好好学习,但他觉得两个人在一起并不一定会影响学习,说不定还能互帮互助,爱情与学业齐头并进。我觉得有点道理,网上确实也有圆满的校园爱情故事。

　　我们是不是也可以做到呢?

　　……

📝 理论分析

一、校园"恋爱"行为

　　情窦初开,喜欢一个人,那是孩子成长的表现。虽然无法制止他们前行的青春步伐,但是却可以为他们的青春之路洒满阳光,铺上鲜花,明亮而又灿烂。虽然对他们的"爱"满是担忧,却又无可奈何,那就不妨帮助他们分析这份"爱",而不是将"校园恋情"看成凶猛的豺狼饿虎,避之不及。告诉孩子为什么会有"校园恋情"的举动,这样才能帮助他们更看清自己的情感。不妨先来了解几种"恋爱行为"。

1. 从众型恋爱行为

在中学里,只要班里有一对同学谈"恋爱",很快就会有第二对,甚至有同学说:"班里那么多同学在谈恋爱,如果我不谈或者没有人喜欢我,那不是说明我没有魅力嘛!"在这样的攀比心下,就会产生"别人找,我也要找!"的从众型恋爱。

2. 逆反型恋爱行为

有的"恋爱"是被逼出来的,比如同学间的风言风语,传到家长和老师耳朵里后,就紧张地将"早恋"的帽子扣在俩人的头上。于是,并非有意的俩人,在老师和家长的阻止和同学的讥笑下,"同为天涯沦落人"的患难之情促使他们更"团结",继而真的确立了"恋爱"关系。

3. 寄托型恋爱行为

由于缺少兄弟姐妹的陪伴,父母忙于工作,无暇与其交流,或者因家庭特殊因素的影响,孩子得不到理解和关心,于是便在外界寻找自己的"知音"和"依靠",求得精神的寄托。"同病"使这样的学生自然地"相怜",进而彼此由同情向"恋爱"转化。

4. 模仿型恋爱行为

看言情小说,自己也想"纯情"一番,于是模仿文学或影视作品中的恋爱情节,追求浪漫和潇洒。

5. 虚荣心型恋爱

认为有男朋友或女朋友是身份、地位的象征,觉得身边围绕的异性多,就代表自己的魅力大,甚至有人把换男女朋友的快慢作为相互攀比的资本。

少年轻狂,却不知情为何物,当这份情感给孩子带来困扰时,我们还可以告诉他们一些将喜欢化为动力的"魔法"。

"魔法"一:不回避。接纳自己成长中的身心变化,包括对异性的好感,接受这一事实,坦然处之,才能平静而合理地应对。

"魔法"二:不炫耀。有虚荣心是正常的,但感情不是炫耀的资本,拿一个人的感情来成就自己的快乐,是不可取的,是对他人的不尊重,也将成为彼此的伤害。

"魔法"三：不盲从。人或多或少都有从众心理，请审视自己的感情，没必要跟着流行"恋爱"，有时候你需要的是友情，而非爱情。

"魔法"四：不对抗。以对抗的方式来应对父母与老师，受伤的将是三方，尤其是处于这一阶段的自己。对抗来源于不理解或误会，坐下来沟通，比站起来反抗要安全得多。

"魔法"五：不出格。假如你们真的彼此喜欢，那就请不要在学校、公众场合作出一些出格的行为。表达爱意没有错，但请注意场合，更要注意自己学生的身份。无论感情多么深厚，在没有成年之前，建议你们不要做出格之事——性是你们难以承受的痛。

"魔法"六：多交友。不要忽视同学、朋友的友情，莫让中学的生活成为"二人世界"，多交些朋友，让自己今后的社会活动更多彩。

"魔法"七：多珍惜。如果你们确定自己很"爱"对方，那么请珍惜这样的感情，并请认真思考以下几个问题：

（1）你觉得他（她）什么地方吸引你？

（2）什么让你觉得你爱他（她）？

（3）假如你爱他（她），怎么保证他（她）的幸福？拿什么保证他（她）的幸福？

（4）你觉得做哪些事会给他（她）带来困扰？如何处理为好？

（5）你知道他（她）身上的缺点吗？你有信心包容这些不足吗？

（6）你考虑过你们的未来吗？你能为你们的未来做什么？

（7）你觉得如何才能让父母接受你们的爱情？

（8）恋爱很可能影响你们的学习，如何平衡恋爱与学业？

（9）你会要求他（她）和你发生性关系吗？对此你有何看法？

（10）你能为你们的未来做一份计划吗？①

二、校园"恋爱"的利与弊

校园"恋爱"的成分里更多的是彼此的欣赏、共同的追求，是异性交往中的一种状态，对青春期少男少女的身心发展有一定的积极作用。

（1）从智力上的优势领域而言，可以取长补短，提高学习能力；

---

① 和云峰.学会自己长大[M].北京：光明日报出版社，2012：141-144.

（2）从情感上的互为慰藉而言，这份异性间的友谊，可以让人感受到关爱和温暖，从而达到心理上的平衡和统一；

（3）从性格上的互补而言，可以使彼此的个性更趋完善。

但这并不意味着校园爱情有益而无害，或许一时的分心还不足以导致学业的下滑，但精力的分散势必会有不良后果，只是时间早晚的差异。不提倡校园爱情，影响学习是一个重要原因，但并不是唯一，还有四个理由。

（1）思想性格还不成熟，尚未定型，可塑性大，即使现在合拍，将来也会发生变化，难以作出一个对未来负责的选择。

（2）身体还未发育完全，身心不稳定，容易感情冲动，热恋之中不善于控制自己的情感与欲望，极易作出出格行为，造成生理及心理上的创伤。

（3）经济还未独立，吃穿住都还需依赖父母的中学生，何以撑起一个独立的空间去承担一份爱的责任？

（4）未来还不可知，中学阶段是积累知识、增长才干的重要时期，在一切都是未知数的前提下，自己尚且无法获得足够的安全和幸福感，又何以兑现爱的承诺？

三、案例解读

初中阶段的孩子在激素的作用下，变化的不仅是身体性器官的勃发，更有性意识的觉醒与发展，对两性的差别和两性的关系，开始产生特殊的心理体验。面对班级中有关"校园恋情"的流言蜚语，虽然在社会进步和观念更新的推动下，家长与老师对此的态度已开明甚多，但开明并不代表默认或放任，仍然需要帮助和引导孩子学会正确的异性交往。因而，首先对孩子"恋爱"的行为与情感需求做一个了解。

1. 性本能的驱使

人类都有生存繁衍的本能，我们的视觉、听觉、嗅觉和触觉都在寻找生存所需要的事物，并对大脑发出信息："我要这个！我真的非常需要！"我们能真切地感觉到身体里被激发的能量。这种渴望得到某物的能量在身体里聚集，促使我们去采取行动，获取所渴望的东西。①

---

① ［美］莎伦·麦克维尔.如何让女孩不被性伤害，如何让男孩不被性教坏［M］.幸敏，译.北京：北京联合出版公司，2013：34.

性本能亦是如此,青春期的孩子在激素的作用下,时常会有性好奇和性冲动,他们需要释放或转化这些性能量。于是,他们试图通过"一己之力"满足自己的这一需求,在言语上表现为说话带"色",爱制造和传播"八卦新闻"等,以逞口舌之快;在行动上表现为肢体触碰,写表白信,模仿情侣间的举止等,以满足心理需求。

2. 情感发展的必经阶段

青春萌动是青春期的情感萌发和动荡,是对异性的欣赏,对美好生活的向往,是人生中最纯真、最美好的情感。它可以激发个人的爱情观念和情感体验,有助于个人思想的发展和个性的塑造,可以拓宽人际交往,丰富情感体验,对成年后的异性交往及婚恋观有着积极的影响作用。

但是,青春期的萌动也易让青少年陷入情感的迷茫和焦虑,易将彼此的好感与欣赏上升为"爱情",沉迷于二人世界中,导致情绪波动及不恰当举止的发生。本案例中的小美自认为爱情与学业可兼顾,非常完美,然而,校园恋情虽纯粹而无瑕,但它同样会带给人"爱"的伤痛和烦恼。

3. 对爱情的憧憬

纵观现在青少年接触的网络小说,无论是校园纯情还是霸道总裁与灰姑娘,对爱情的描述更多着重于浪漫与唯美。对于正处于青春萌动又爱幻想的青少年来说,满足了他们追求美好生活的愿望。当发现自己喜欢的人也正好喜欢自己时,那种美妙感仿佛从书中来到现实世界,难以抗拒的情感开始生根发芽,让自己成了生活中的男女主角。

当然,也有部分同学会在他人身上寻求这份对爱情憧憬的满足感,因此,一旦班级里有个"风吹草动",就会兴奋不已,见风就是雨,比当事人还沉浸于那份情感的愉悦中。

4. 对爱情的误解

对于心智尚未成熟的孩子来说,爱就是一种感觉,莫名心动的感觉,莫名想要靠近他(她)、抚摸他(她)的冲动。于是误以为这就是爱情,开始模仿校园小说里的情节、影视剧中的言行,误将朦胧的好感、身体的欲望、被关爱的需求以及嫉妒心等当成爱情。

📖 **应对策略**

青春是人一生中最美好的词,却也是最激荡的一个阶段。叛逆、冲动与矛

盾,是青春的代名词;好感、悸动与困惑,是青春的专有名词。性意识的萌发,使他们开始关注异性并渴望接近异性,然而,这份期待中又有着焦虑与不安。如何为自己的学业与萌动找到平衡点? 如何让这份有别于友情的情感不翻入"爱河"? 接受考验的不只是青少年,也考验着导师们的智慧。不妨试着这样做:

1. 与有共同困惑的导师组团,合作开展活动

(1) 巧设情景故事,聆听孩子内心最真实的声音

青春的话题永远都有一层羞涩感,而情景故事中的人物不属于在场的某个人,犹如多了一层防护面纱,非常安全。因而,当我们用第三个人的方式去敲开心扉聊青春的话题时,孩子会少一份防备之心,表达出自己最真实的情绪、情感,说出最真实的想法。

同时,情景故事的感染性,易激发孩子的情感,在感同身受中发挥主观能动性,积极思考,参与讨论,在多视角思考中,养成辩证思维的习惯,逐步澄清心中似存非存、似对非对的观念,最终明确并澄清自己的异性交往观,树立正确的异性交往准则。

(2) 巧用辩论赛,调动孩子自身的资源

青少年随着年龄的增长,服从性趋于下降,若采用单一的说教、权威的约束、奖惩的机制显然会适得其反。而同龄伙伴间因有着共同的爱好和文化背景,更易激起心灵的共鸣,在你来我往的争论中,看似谁都不愿意放弃自己的观点,实则在思辨过程中,个人的价值观在相互影响,并在辩驳中激发多种价值观的碰撞,以润物细无声的方式引导学生最终走向主流价值观。从而,能够正确看待异性同学间交往时的言行举止,对自己的所见所闻产生正确的认识和判断,避免出现流言蜚语满天飞的现象。

(3) 组织受导学生开展集体活动,增强异性同学间的互动

在设计集体活动时,尽量选择需要男女生合作的游戏或活动,给予孩子与异性同学交往的机会,使其在自然的状态中发现各自的优势,在通力合作中感受异性交往的好处,体验异性同学间的纯洁友谊。而且,集体活动是开放性的,避免了同学间独处的尴尬以及谣言的诞生。

另外,在集体活动中,可以运用青少年亚文化群体的影响力,凝聚人心,激励行为,约束成员的不良言行,促进异性同学间和谐相处。

2. 与受导学生个别交流,启发孩子思考

(1) 培养思维习惯,减少冲动行为

青春期孩子在激素的作用下,会变得偏激,会让他们的大脑在行动之前很难清晰地思考,作出理性判断,经常做事不考虑后果。因此,需要培养"三思而后行"的思维方式,在行动之前问自己三个问题:

① 可不可以这样做?

② 这样做会有什么后果?

③ 这个后果是自己想要的吗?

当在大脑中形成判断与决定的神经路径,并使之成为习惯后,每经历一次,习惯就得到一次巩固,最后这个路径将指导孩子养成成年后的思维和行为习惯,在青春阶段的异性相处中多一分安全感。

(2) 延迟满足,对欲望说"不"

面对身体本能的欲望,还需要锻炼孩子的自制力,就如幼年时,面对糖果的诱惑,是否有足够的自制力做到"延迟满足"。要学会衡量"立即满足欲望"是否真的能够让自己得到最大利益,在思考中阻断欲望对身体的控制,恢复理智,成为一个思想与行动更成熟的人。在欲望面前,要有力量说"不",使自己在异性交往的过程中不犯错。

青春很美,校园恋情也很美,但是为了追求理想中的爱情而赌上青春与前途,即使它很清纯、很浪漫,终究会对当前的学习和生活添烦扰增忧愁!不妨驾驭自己的情感之舟,遨游于生命的长河,掌好生命之舵,不让小舟搁浅于岁月的滩头,顺利到达成熟的彼岸,让青春"恋"曲的旋律更优美!

📖 实践思考

小文和小美是同班同学,小文帅气又阳光,小美活泼又漂亮。小文每每听到小美开朗的笑声就忍不住多看她几眼。按捺不住内心的冲动,小文向小美写了一封信,表达了爱意。小美想了很久,终于答应了他。接下来的日子,小美过得异常甜蜜。早晨,小文会给她买好早点;天冷了,他又会提醒她多穿衣服;下雨了,他会给她备好雨伞;放学后,小文早早推了自行车送她回家……慢慢地,小美发现她的思绪经常在小文身上游动。

1. 小美与小文之间的情感是爱情吗?

2. 你会对小文和小美分别提出怎样的建议？

3. 你会选择将此事告诉家长吗，为什么？

4. 你会如何引导其他同学看待校园里的爱情故事？

📖 资源链接

1. ［美］劳伦斯·斯坦伯格.与青春期和解——理解青少年思想行为的心理学指南［M］.孙闰松,译.北京:人民邮电出版社,2019.

2. ［美］杰西卡·米纳汉,［美］南希·拉帕波特.破解问题学生的行为密码——如何教好焦虑、逆反、孤僻、暴躁、早熟的学生［M］.杨颖玥,张尧然,译.北京:中国青年出版社,2014.

3. ［荷］伊夫琳·克罗恩.青春期的大脑——孩子为何难以相处［M］.马嫽,译.北京:北京大学出版社,2015.

4. ［美］莎伦·麦克维尔.如何让女孩不被性伤害,如何让男孩不被性教坏［M］.幸敏,译.北京:北京联合出版公司,2013.

5. 关承华.别和青春期的孩子较劲.北京:中国青年出版社,2011.

第十六章　读懂青春期的"爱"

青春期性心理的发展,使青少年逐步产生了对爱情的渴望,对异性交往的需求日益强烈。但青春期理性脑发育又不够成熟,青少年往往分不清好感、友谊与真正的爱情。有研究指出,青春期的学生在异性交往过程中遇到的困惑如果得不到及时、妥善的解决,成年后出现个性反叛、情感淡漠的概率会大大增加。高中生学业压力繁重,学业容易受到异性交往的影响。因此,引导学生认识自己的情感,探索爱情的影响,树立正确的爱情观,是青春期爱情指导的重要组成部分。

📌 本章学习目标

一、表白被拒绝了怎么办? 引导学生正确认识"爱"

二、面对校园里的"出双入对",引导学生学会理性"爱"

三、面对恋爱中的分手,引导学生从"爱"中成长

第一节 表白被拒绝了怎么办——导师如何 引导学生认识"爱"?

导师在工作中可能会遇到这样的情况:学生抱怨周围的同学有不少在谈恋爱,他很羡慕;自己喜欢对方,但是对方不知道,想要和他表白,却担心表白被拒绝,不表白又心有不甘,不知道该怎么办。针对学生这样的困扰,导师该如何引导?

案例聚焦

向廉媛同学最近陷入了烦恼。她说:"我有一个从小就一起玩的朋友,我们在一起无话不谈,分享生活的点滴。有一天我和他表明爱慕之情后,他说对我没感觉,无法和我发展更为亲密的关系。我很不解,我们明明那么聊得来,为什么不能在一起?他拒绝我了,我很痛苦,也很茫然,我该怎么办?"

理论分析

首先,青春期性心理的发育,使青春期学生逐步产生了对爱情的渴望。青春萌动期的学生,受到社会环境和文化产品的影响,他们产生了渴望尝试爱情的想法,但往往又分不清友谊、好感与真正爱情的差别,错把对异性的初步好感、爱慕、感激、同情、赞许、崇拜等都当作爱情。

升入高中后,向廉媛成了寄宿生,与家人和曾经的好朋友的联系变少了,与舍友的关系一般,本来新交了一位好朋友,两人一起吃饭、上下学。但是新交的好朋友最近和班上的一位男生确立了"恋爱"关系,课余时间经常和"男朋友"一起,男生给女生拎书包,女生给男生送零食等。他们两人的互动让向廉媛觉得孤单的同时,也产生了谈恋爱的想法。

其次,向廉媛同学受青春期情感发展的影响,随着成长,对朋友的情感也发生了变化,见面时会很紧张,从最初的无话不谈到生怕自己说错话,对朋友的态度变得敏感,有空时就查看朋友的朋友圈,观察朋友的蛛丝马迹。下课到朋友的班级门口观望,打听朋友的动态。朋友和自己说话时会很开心,忽略自己的时候就会很难过,这些感觉让向廉媛同学觉得自己对朋友的感觉很特别,觉得这就是所谓的"爱情",有特殊的感觉要说出来才有可能拥有。

最后,向廉媛同学本身对异性交往存在认知偏差。向廉媛同学认为自己和朋友聊游戏、聊明星、聊八卦,分享学校里的点滴,有共同的兴趣爱好,朋友平时对自己也照顾有加,这就是喜欢,所以朋友不可能不喜欢自己。

心理学研究发现,青春期异性交往的动机多种多样,绝大多数时候并不是以谈恋爱为目的。他们或者因家长和教师对异性交往一味回避不谈而对异性交往充满好奇和神秘感,抱着"好奇,想试试看"的目的;或因父母感情不和甚至离异而对自己过分忽略,其内心处于孤独、寂寞之中,此时,异性交往就如久旱逢甘霖,弥补了他们精神上的空虚;或者因学习成绩差而长期得不到老师和同性同学的关爱,此时,异性交往可以补偿他们情感上的缺失;或者因社会对其期望值太高而学习压力过重,这时,异性交往可缓解他们学习上沉重的压力。中学生异性交往动机呈现出多样化的趋势。导师可以多方搜集信息。

应对策略

一、情感同理,疏导情绪

导师要本着尊重、倾听、理解的态度帮助向廉媛厘清表白后被拒绝带来的情绪感受,导师可以这样说:

"你很在意他,喜欢他,当你跟他表白被拒绝的时候你的感受如何?"

"可以尝试将这样的感受具体化吗? 比如说这个感觉像什么? 有多大? 如果用一个物品来形容,可能是什么?"

"如果给现在的情绪打个分数,可能是几分?"

认同这些情绪的产生是正常的,帮助向廉媛舒缓情绪,营造安全的表达环境。

二、调整认知,提升自信

1. 导师可以跟向廉媛同学探讨她对朋友的感情是不是爱情

心理学家海伦费希尔认为,浪漫的爱情源自欲望、吸引力和依恋。当我们和一个人接触的时候,身体会不自觉地分泌激素,让我们感觉快乐,于是,就会将这

个人与快乐联系在一起,确认是自己喜欢的人。随后就会采取更多的策略来愉悦对方,但是其实爱情远不是如此。

导师可以使用人际距离测验,请她和自己保持距离,并不断调整彼此间的距离,体验距离带来的感受。引导向廉媛同学觉察人际交往距离的舒适性,理解不同人对人际距离的不同感知。理解自己对朋友有亲密感觉,想要靠近,但是对方不一定认同,也许还会产生不适。

2. 引导向廉媛同学看到自己的恋爱动机,并找到相应的替代活动

可以使用如下的问题:回想朋友们那些"情感故事"中最令你羡慕的一幕是什么? 具体发生了什么事情? 这时你需要什么?

例如,最令我羡慕的是:好朋友课余时间经常和"男朋友"一起,男生给女生拎书包,女生给男生送零食,等等。

我希望:有人陪伴。

通过这样的梳理,帮向廉媛同学察觉到:尚未足够成熟到拥有爱一个人的能力时,通常会先期待从这段情感关系中"获益",我们进入一段"情感关系"的目的,有可能是为了减少自己的孤独感,也有可能是满足自己的"虚荣心"。

从走读到住宿的转变,自己与家人和曾经的好朋友联系减少,支持感不足,这些都可能是自己想谈恋爱的动机,但不是真正的爱情,而这些是可以通过其他方式获得的。可以和向廉媛同学讨论制订日常活动安排表,也可以使用如表16-1所示的问题解决技巧。

表 16-1　问题解决方法表

1	问题	感觉孤单
2	解决方法	方法 1:参加学生会竞选 方法 2:参加才艺达人比赛 方法 3:有空时间数学老师题目 方法 4:发展更多的朋友 ……

（续表）

3	评估解决方法		好处	坏处
		方法 1	担任职务,锻炼自己。	可能会占用业余时间,选不上的话可能会打击自信心。
		方法 2	练习了技能,更多的人关注到自己。	可能会占用太多时间。
		方法 3	数学问题得到解决,成绩提升。	无。
		方法 4	练习社交技能,拥有更多朋友。	可能没有达到预期的效果。
		……		
4	选择一个办法			
5	是否起效			

三、持续关注,积极引导

一般来说,向廉嫒同学的问题会随着生长发育、性心理的成熟、导师的引导得到缓解,后续导师可以持续关注。如果她的困扰没有得到缓解,且影响到了学习成绩、人际交往等,导师可以及时和班主任及心理老师沟通,携手共同促进向廉嫒同学身心健康地成长。

📖 **实践思考**

小红最近被隔壁班的同学当众表白了,表白的男生会经常到小红的班级找小红,给小红送零食、礼物等。小红内心其实不喜欢这个男生,但是却享受这个男生经常来找自己时同学投来的美慕、欣赏的目光,怕拒绝了男生后显得落寞,但又会因这样的情绪而自责。小红不知如何是好,作为导师,我们该如何做?

第二节　校园里的"出双入对"——导师如何引导学生理解"爱"？

导师在教育过程中难免会遇到这样的情况：上课的时候学生私自换位子和喜欢的异性同桌坐在一起，交头接耳；一些学生在校园里不在意周围人的目光，高调地"出双入对"。导师可以怎么做？

案例聚焦

谈鹏佑和褚湘南同学是同学当中公认的"情侣"，他们经常成双入队地出入老师的办公室，有一次还被语文老师看到两人在路上接吻。社团课、拓展课上两人经常坐在一起说悄悄话，褚湘南同学成绩明显下降，同学也抱怨他们的行为影响到了别人，但是谈鹏佑和褚湘南两位同学坚持认为这是他们自己的事！

理论分析

青春期由于生理、心理发育，对异性产生好感，并产生"恋爱"行为，这样的情况在青少年中并不少见。这个时期的学生对爱情的认知程度相对较低，对爱情的理解相对简单，对异性交往的分寸缺乏正确的认识。情窦初开会被青少年认为这只是两个人的事情，所以会不分时间和场合，不顾及对周围的影响，毫无顾忌地表达自己的想法和行为。他们认为爱要大声说出来，要让同学和老师们都知道，要明目张胆地喜欢，而不是"偷偷摸摸"，认为这是一种对爱负责任的表现。

谈鹏佑和褚湘南同学在异性交往中表现出的问题，是青春期心理发展跟不上生理发育的典型表现，是生理发育迅速但是理智不足导致的异性交往的行为偏差。

一、性心理发展：青春期性心理发育一般经历以下三个阶段

第一阶段：异性疏远期。随着青春期开始，第二性征的出现，他们内心深处产生了青春懵懂的感觉，认为异性和男女之间的关系很神秘。与异性接触时会觉得羞涩、不自然，他们担心与异性相处会被议论，因而常常"心有相互吸引之

力,而行又互相疏远",出现不一起走、不做同桌等现象。这是一个对异性好奇并知之甚少的阶段。

第二阶段:异性接近期。完全进入青春期后,随着生理机能的进一步发展,生活阅历的日趋增加,青少年对异性之间的关系有了进一步的理解和认识,对性意识的情感体验也开始有了新的变化,异性间羞涩心理较之前大大减少。他们对异性产生神秘的新奇感,有广泛好感并开始关注异性,希望吸引异性的注意。

第三阶段:异性眷恋期。随着生理机能的进一步完善、知识面的拓宽、视野的增长,十五六岁之后,青少年逐渐形成"理想模型",渴望"一对一"的交往。他们会默默关注、合理宣泄或是直率表达,模仿成人的恋爱方式。

谈鹏佑和褚湘南处于异性眷恋期,在满足异性交往带来的美好感受的同时,可能会因为异性交往分寸感缺乏带来一些负面影响。如过度依赖对方,可能会忽略其他朋友和同学,影响社交发展和人际关系;过度关注对方或沉浸在恋爱关系中可能会导致学习分心,影响学习成绩和未来的发展。青春期的感情往往不稳定,如果交往过密,可能会在分手或吵架后产生不必要的矛盾,在异性交往过程中产生情感内耗,影响学习和人际关系,甚至会因为异性交往分寸感缺失,违反学校规定,导致受到纪律处分。

二、青春期理性脑发育不足,对爱情缺乏正确的认识

斯滕伯格的爱情三元素理论认为,成熟的爱包括亲密、激情、承诺。

亲密是爱情的情感成分,它包括与爱人紧密或亲密的感觉,通常包括与爱人间相互理解、亲密交流、给予爱情情感上的支持和接受它的支持。亲密也存在于友情、亲情中。激情是爱情的生理成分,也是爱情与其他感情最不同的部分,包括身体上的吸引和性表达的内驱力,一般来说,激情在爱情成分中最容易唤起,也在长久关系中最容易消退。承诺是爱情的认知成分,由短期和长期两部分组成,短期是要作出爱不爱一个人的决定,长期则是要作出维护这一爱情关系的承诺,包括对爱情的忠诚和责任。

从这三个构成要素来看,要找到并享受真正的恋爱不是一朝一夕的事。缺少其中任何一个要素都不能称其为爱情。谈鹏佑和褚湘南之间的"爱情"更多的是亲密与激情,并非成熟的爱。

 **应对策略**

一、情感同理，拉近关系

导师可以找与自己关系更好的男生谈鹏佑聊聊。如何与谈鹏佑聊"爱情"很关键，如果一开始让谈鹏佑感觉到自己是带着评判、说服的态度来的，接下来的引导多半会失败。因此，导师在和谈鹏佑沟通之前要先明确自己的定位及想要达成的目的，做一点相应的准备，如了解一下当下学生中流行的爱情观、青春期"爱情"的特点等。

导师可以听听他对"爱情"的想法，保持倾听的态度；导师可以和他一起看电影《初恋这件小事》，聊聊青春期喜欢一个人的感觉，喜欢一个人的做法，肯定青春期恋情是人类美好的情感，恭喜他有了自己喜欢的异性伙伴，恭喜他长大了。

导师还可以和他聊聊他喜欢的褚湘南，和他讨论为什么需要"爱"，他欣赏褚湘南的哪些方面。带着欣赏与好奇，不加批判，让他觉得自己是被理解的。

二、认知分析，全面发展

导师可以客观、坦诚地表达自己平时的观察和感受，表达对他们这些行为可能带来的后果的担心。如："当我看到你们在校园里接吻时，我会担心这样的行为会给你们带来麻烦，比如违反了校纪校规，会受到处分。成绩的下降也会带来新的麻烦，学业上的压力、家长的反对等，这个时候爱情就变成甜蜜的烦恼了。"

也可以和他聊聊两人长远的规划，成熟的爱不只是着眼于眼下的甜蜜，还有长期的维系。现在做些什么可以让"爱情"更持久？

导师可以使用案例，邀请谈鹏佑从旁观者的角度谈谈如何看待当下的感情，可以用"爱情意见指导书"的方式引导他从未来视角看当下。

"爱情意见指导书"可以设置不同的人生阶段，如：从正值高中的青少年、步入婚姻的成年人、作为父母的中年人、步入古稀的老年人的角度看，会对正处于高中阶段的同学间的"爱情"有何忠告或具体建议，从而引导他看到、理解成熟的爱不一定是时时刻刻在一起（见表16-2）。

表 16 - 2　爱情意见指导书

阶段	忠告或具体建议
正值高中的青少年	
步入婚姻的成年人	
作为父母的中年人	
步入古稀的老年人	

三、持续关注,合作共赢

导师可以和班主任合作,开展爱情教育主题班会,设置学生案例引导学生展开对"爱情"的思考,帮助学生树立积极的爱情观。

实践思考

小明,是一个高大英俊、性格活泼的男孩,学习成绩一般,但体育很棒。小玲,学习认真自觉,成绩偏上水平,但情感细腻,多愁善感。性格有着巨大反差的两人,恋情始于高二第一学期,恋爱后,两人的表现有了明显的变化,小玲突然比平常注重衣着打扮,上课注意力不集中,甚至精神恍惚,成绩下降明显。两位同学返校、放学回家的时间也变得不正常,离家上学的时间过早,放学后回家的时间过迟,手机联系频繁……作为导师,我们可以如何进行辅导?

第三节　"失恋了怎么办"——导师如何引导学生从"爱"中成长?

导师在工作中可能会听到一些关于感情的抱怨:在经过一段非常美好的恋爱状态后,发现对方和自己想象的不一样了,免不了出现种种心理落差;原来两人非常亲密,约好要"白头偕老",转身却发现对方喜欢上了别人,于是开始陷入深深的自我怀疑。此时,导师可以做些什么?

案例聚焦

小静与小明在高一确立了"恋爱"关系。进入高二后,小静觉得两个人接触

时间越来越少了。开始以为是学业原因但据小静对小明的了解,小明并不是特别关心学业的人,以往小明会主动和她联系,后来越来越少了,直到上周,小明突然主动找到小静,向她提出分手,这让小静很伤心,她经常一个人哭,不知道怎么办才好。于是,小静找到导师李老师诉说伤心事。

理论分析

首先,学业压力。小静在校各方面表现出色,对高中生活也有很多憧憬,既希望自己在学习上能有更好的发展,同时又希望自己有良好的人际交往和丰富多彩的业余生活。但进入高中后,高中学习的要求与自己想象的有差距,教学速度快、难度也大,这让她一直感到有点累,成绩与自己的理想状态有差距,这使她一直有压力,对自信心有所动摇。因为她学习成绩一直比较好,父母对她也比较放心,交流的时间就比较少,对于正处于青春期的小静来说,她心里的很多困惑和压力只能自己面对,父母方面的支持不充分。

其次,环境影响。一进入高中,她就是老师和同学心目中的好学生,对于老师和同学来说,小静的良好表现是理所当然的,因此老师对她的关心度不高。事实上,高中与初中相比有很大不同,难度和要求都有很大提升,这对她来说是很大的压力。而同龄人丰富的业余生活始终是对她有吸引力的,尤其是异性交往方面,这是同龄人都很关注的事。当一个长得挺帅、篮球打得好的男生主动来认识她,虽然一开始觉得不应该接受,但看着同龄人"恋爱"的愉快过程,一贯安分守己的小静很难抗拒这种机会,不做模范学生的新鲜感、刺激感和内疚感同时存在,当"失恋"时,内疚感会很强烈,会觉得自己很差劲,自我评价变低。

最后,认知偏差。小静在认知方面一直觉得自己应该努力成为一个乖巧听话的孩子,如果自己表现出这样的行为,别人会认可她的价值,这也会让她觉得自己很有价值,否则别人就会不满意,她就会变得很焦虑。她越乖巧听话,别人就会更多地肯定她,如果她没有做好,那别人就会生气,甚至离开她。一旦有人生气或离开她,就会让她出现自我谴责以及彻头彻尾的无价值感。

上述这些方面共同构成了一种循环适应不良模式,在她成长过程中形成的这种模式,在以往的环境中是常让她获益的,但同时她也有很多苦闷,这次"恋爱"让这种模式的不利之处充分暴露出来,让她无法继续忍受下去。

基于以上分析可以判断小静的一系列不良情绪和自我评价偏低是由于对恋

爱动机认识不足及"失恋"产生的自我认同的偏差。

📖 **应对策略**

一、情感同理,疏导情绪

导师可以针对小静很伤心的情绪,通过倾听、共情来引导小静释放和稳定情绪,认同"失恋"带来的痛苦感受,认同她寻求帮助的行为,让她觉得有人关注,有人倾听,有人理解,营造安全的表达环境。

二、调整认知,提升自信

导师可以引导小静分析自己的思维方式,建立事件、信念、情绪、替代思维记录表,调整认知方式(见表16-3)。

表 16-3 事件、信念、情绪、替代思维记录表

诱发事件	信念	情绪	替代思维
失恋	认为自己无价值。		是为了寻求新鲜感,不意味着自己本身怎么样。
生活变化	负性事件不能和父母说,父母不能接受成绩不好,不能理解谈朋友的事情。		想象不一定是事实,告诉父母的最坏结果就是被骂,也是新鲜的体验,父母是爱和支持的。

识别不合理的自动思维,进行调整,如好女孩应该是乖巧、听话、顺从的,各方面都应该表现好,这是一种不合理的自动思维、"应该"的自动思维。可能是受家庭教育的影响,这样的"应该"以前自己会获益,比如会得到父母的认同表扬、奖励等,但不一定是对的。打破"应该",从不同的角度看问题,如叛逆是正常现象,谈恋爱也是青春期正常的情感需求,成绩不突出并不意味着不好。

三、持续关注,合作共赢

导师可以和其他任课老师合作,一起建立小静学习与其他方面表现的记录表,可以设置奖励机制,当小静能识别自己的不合理信念并用合理信念替代时可

以获得奖励,当小静打破自己人际交往模式时也可以获得相应奖励。引导小静更多地去体验通过自己的努力带来的成功,而不是将目光、提高自信放在别人身上。引导小静从失恋中获得成长,将"失恋"作为她成长的一个契机,在生活中培养更多的积极思维。

实践思考

进入高中后,小红和小刚发展成男女朋友关系,从最初的甜蜜到偶尔争吵,最后是产生激烈的矛盾。小刚认为小红太黏自己,常无理取闹,故最终提出分手。小红十分伤心、痛苦,经常回忆"恋爱"时的美好,非常后悔自己的行为,认为全是自己的错,非常伤心:自己到底做错了什么?为什么小刚要和自己分手?现在如此痛苦该怎么办?

资源链接

1. 周隽,等.看见 看不见——高中生心理解忧杂货铺[M].上海:华东师范大学出版社,2022:203 - 207.

2. 周国平.爱情的容量[M].北京:北京理工大学出版社,2009:236.

3. [美]罗兰·米勒.亲密关系[M].王伟平,译.北京:人民邮电出版社,2015:250.

4. [美]贝克.认知疗法基础与应用(第二版)[M].张怡,孙凌,王辰怡,译.北京:中国轻工业出版社,2013:101.

5. 桑标.学校心理咨询基础理论[M].上海:华东师范大学出版社,2017:356.

模块七：

生涯辅导篇

第十七章　遇见一个可见的未来

生涯辅导对于处在生活和学业关键阶段的中学生而言非常重要,生涯教育能帮助中学生在兴趣、能力和专业选择等方面有清晰的认识,明确自己的目标和方向;能帮助中学生更好地适应社会,提前对未来的生活和工作有所准备。但是,中学生在生涯规划方面也有自己的困惑,许多初中生对自己的兴趣、天赋和潜力缺乏清晰的认识;对职业世界了解不足,对各种职业的具体要求、工作内容以及发展前景缺乏了解;对选择理科还是文科、报考什么样的高中或专业知之甚少。本章将给导师提供一些简单易操作的方法,来帮助学生认识自我,做好选择。

 本章学习目标

一、学会引导学生更全面地认识自己,了解自己的职业个性

二、学会引导学生了解变化发展的职业世界,为适应未来社会做好准备

三、了解生涯选择的方法,学会引导学生面对未来做出合适的选择

第一节 导师如何提升学生的自我认知?

案例聚焦

小吴是一名初一男生,成绩中等,但是在导师看来正值青年年华的小吴同学却完全没有朝气和活力。导师与小吴同学多次谈心之后,他终于说出自己的烦恼:因为他学习成绩一般,所以他把大量的时间都用在学习上,好像生活中除了学习就没有其他感兴趣或者可以做的事情了。看着同学们三三两两地一起做航模、一起打篮球,他总觉得自己形单影只,觉得生活很单调、很枯燥,也不知道自己将来能做什么。

理论分析

小吴除了学习,不知道自己有什么兴趣,有什么特长,也没有自己的社交圈,对未来也很迷茫,甚至对现在的生活失去了热情,这些可能是小吴同学自我认知不足的表现。每个人对于自我探索的侧重点会根据人的不同发展阶段进行调整和转换,每个年龄段都有需要完成的自我探索,这样才能更全面、更充分地认识自我。

美国职业管理学家萨柏(Donald E. Super)提出的生涯发展阶段理论指出:每个人的生涯发展自我探索可以划分为成长阶段、探索阶段、确立阶段、维持阶段和衰退阶段等五个主要阶段,每个阶段都有必须完成的生涯任务。初中生属于自我探索的成长阶段(0—14 岁)[①],成长阶段的发展任务是认同并建立起自我概念,对职业好奇占主导地位,并逐步有意识地培养职业能力。

根据上海市教委 2018 年颁发的《关于加强中小学生涯教育的指导意见》,小学侧重生涯启蒙,学生要了解自身的兴趣爱好,培育终身发展意识。初中侧重生涯探索,学生要拓展自我认识,形成生涯规划能力。普通高中侧重生涯规划,增强学生的社会参与能力,提高生涯管理能力。中等职业学校侧重职业规划,提升

---

① 黄岳辉.职业生涯教育研究及其对我国普通高中的启示[D].上海:上海师范大学,2006.

学生社会适应力,提高职业素养。

理论与制度同时强调,初中学生的生涯指导主要集中在提升自我意识,培养生涯规划能力上。

应对策略

作为导师,如何帮助导生更全面地认识自己呢? 可以尝试从以下三个方面入手。

一、指导学生认识自己的兴趣

从小吴身上可以看出,他不知道自己的兴趣是什么,也没有尝试和同伴一起做感兴趣的事情,生活很单调。

其实,对于中学生而言,认识自己的兴趣非常重要,它不仅能提升自我认知,从而更清楚地理解自己在什么样的活动中能感到快乐和满足;同时还能缓解压力,给忙碌的学习生活带来乐趣;而且通过挖掘和追求自己的兴趣,也能发现并开发自己的能力。这对他们的个人成长和未来的职业发展都有积极的影响。

导师可以带着导生们开展"兴趣大转盘"团体游戏活动。具体操作如下:先让导生们把自己知道的所有的兴趣写在大转盘上,然后让导生逐一去旋转大转盘中间的指针,转到哪一个就让他说说这个兴趣是什么,自己是否曾经尝试过类似的活动,自己对这类活动的感兴趣程度。这样可以让导生知道同龄人感兴趣的东西有哪些,了解不同的兴趣是什么,从而选择自己可能喜欢的活动,并能找到志同道合的同伴。

导师还可以依托学校的资源增加导生接触更多兴趣的机会。现在每个学校都有丰富的课后服务活动(或者有些学校称之为拓展课),有些学生可能只了解班主任介绍过的、自己参加过的或者是好朋友参加过的那几个课后服务活动,导师可以把自己学校里所有的课后服务活动整理后介绍给自己的导生,让导生根据自己感兴趣的程度做个排序,并且做好每个学期想要参加哪个课后服务活动的攻略。

二、指导学生认识自己的能力

案例中的小吴把大量的时间用在学习上,只用学习成绩来评价自己,这是一种唯分数论的单一评价模式。但是,人是多元的,我们可以用更多元化的方式进行自我评价。

美国教育学家和心理学家霍华德·加德纳(H.Gardner)博士提出了多元智能理论,他认为智力不是一种能力而是一组能力,每个人身上至少存在八项智能,即语言智能、数理逻辑智能、音乐智能、空间智能、身体运动智能、人际交往智能、自我认识智能、认识自然的智能,而且包含的智能类型还在不断增加,这些不同的智能可能影响人们的才能。[①]

因此,导师可以根据多元智能理论引导导生更多元化、更全面地认识自己。以下是基于多元智能理论设计的游戏"能力挑战赛",导师可以带领自己的导生一起体验一下。

"能力挑战赛"[②]是一个团队游戏,每个团队由 4—6 名学生组成,每次比赛可以有 2 个以上的团队参加。游戏包含 8 个挑战,每个挑战对应多元智能理论中的一种特定的智能。每个挑战完成后,根据评分标准获得相应积分。最后,积分最高的团队将成为赢家。具体的游戏设计详见表 17-1。

表 17-1　"能力挑战赛"游戏设计

游戏环节	环节内容	该环节要求
游戏准备	1. 每个团队由 4—6 名学生组成。 2. 向学生解释游戏的规则和目标,以及每个挑战的具体任务。	游戏规则解释到位,准备好各挑战环节的道具。
挑战环节	挑战环节包含 8 个挑战,每个挑战对应多元智能理论中的一种特定的智能。	每个挑战限时 20 分钟。
	语言挑战:每个团队写一个特定主题的短故事(如:开学第一天、我的未来等),写到 20 分钟就停笔。	评分标准包括:创新性、语言运用和故事内容。
	逻辑数学挑战:团队需要在 20 分钟内解决一组数学谜题或逻辑问题。	每解决一个问题得 1 分。

①　钟志贤.多元智能理论与教育技术[J].电化教育研究,2004(3):7-11.
②　刘立云,严博,薄文彦.基于多元智力理论的儿童教育游戏《智力马拉松》设计[J].中国教育信息化,2016(24):61-63.

（续表）

游戏环节	环节内容	该环节要求
挑战环节	空间挑战：提供一些材料（如积木、纸张），团队需要在20分钟内完成一个主题模型（如塔、桥等）。	评分标准包括：创造性、完成度和团队协作。
	肌肉运动挑战：完成一个简单的接力赛（如障碍接力或球类接力）。	完成时间越短得分越高。
	音乐挑战：20分钟内进行团队猜歌比赛。	猜出的歌曲数量越多得分越高。
	人际挑战：用角色扮演的方式来解决人际冲突（如：解决一个班级冲突或缓解一次家庭矛盾）。	评分标准包括：创新性、解决问题的策略和团队协作。
	内省挑战：在20分钟内写一篇关于自己最近一次重要经历的反思文章。	评分标准包括：文章的深度、真实性和写作技巧。
	自然观察挑战：在20分钟内在校园内找到特定种类的植物或动物。	用时越短得分越高。
结果公布	在所有挑战完成后，计算每个团队的总分。公布结果，对得分最高的团队进行表彰。	可以给不同的团队颁发不同的奖项。
反馈讨论	让每个团队分享他们在挑战中的经验。	讨论每个挑战代表的智能类型，让学生思考自己在哪种智能上表现最好。

通过这个"能力挑战赛"游戏，让导生发现自己的智能特点，从而更多元化地认识自己的能力。

三、指导学生认识自己的职业个性

小吴没有把自己现在的兴趣、能力、性格特点与自己未来的职业相联系，使得他对自己的未来很迷茫。导师可以引导导生去探索与自己未来职业相关的心理特征，即学生的职业个性。

霍兰德职业兴趣（RIASEC）测试[①]是由美国心理学家约翰·L.霍兰德（John L. Holland）在20世纪50年代初发明和提出的，它可以为导生提供一个探索自己职业个性的方法，它将人的兴趣和职业类型分为以下六大类别。

---

① ［美］苏珊娜·M.达格.职业规划心理咨询全案［M］.谢晶，译.北京：中国人民大学出版社，2020.

（1）实际型（Realistic）：倾向于物理活动、工具和机器，通常喜欢户外活动和手工艺。适合的职业包括工程师、飞行员、农民等。

（2）研究型（Investigative）：倾向于观察、学习、分析、评估和解决问题。适合的职业包括科学家、医生、研究员等。

（3）艺术型（Artistic）：倾向于创造、创新和想象力的表达，通常喜欢艺术、音乐、戏剧等。适合的职业包括艺术家、演员、作家等。

（4）社交型（Social）：倾向于帮助、治疗、培养他人，通常善于沟通和教育。适合的职业包括教师、社工、心理咨询师等。

（5）企业型（Enterprising）：倾向于影响、说服和领导他人，以及控制和组织资源。适合的职业包括销售员、经理、律师等。

（6）常规型（Conventional）：倾向于规则与程序，通常善于处理数据、细节和组织。适合的职业包括会计、秘书、审计员等。

导师可以让导生完成线上霍兰德职业兴趣测试。在测试中，测试者要对一系列与各种职业相关的事情或者活动进行"是"与"否"的选择。例如：您是否喜欢装配修理电器或玩具等。完成所有测试后，导生会收到表17-2所示结果，分数最高的三个类型通常就是该导生主要的职业兴趣类型（即R、A、S），分数最低的一个类型通常就是该导生不喜欢的职业兴趣类型（即E），然后根据每个类型分数高低会产生一个该导生的职业兴趣代码（即ASR），这样该导生就可以根据这个职业兴趣代码去看看自己适合哪些职业，不适合哪些职业了。

表 17-2　霍兰德职业兴趣测试结果

实际型（R）	研究型（I）	艺术型（A）	社交型（S）	企业型（E）	常规型（C）
6	5	9	7	2	5

霍兰德职业兴趣测试发明至今已经有六十多年了，如今的职业世界已经发生了翻天覆地的变化，所以测试只能作为自我探索的一种方法。导生的内心需求与心底的热爱才是最真实、最重要的，导师要鼓励导生去探索，去发现，去培养，去发展自己的兴趣、能力与职业个性，而不是给导生一个最终的结果。

实践思考

邱祝同学，每次学校要选课后服务活动时，他总是很迷茫。一来是因为学校的课后服务活动种类很多,包括艺术类、运动类、传统文化类等;二来是因为邱同学不知道自己喜欢哪一类,也没有志同道合的同学可以商量。如果您是邱祝同学的导师,您会如何引导他呢?

📖 资源链接

1. 黄岳辉.职业生涯教育研究及其对我国普通高中的启示[D].上海:上海师范大学,2006.

2. 钟志贤.多元智能理论与教育技术[J].电化教育研究,2004(3):7－11.

3. 刘立云,严博,薄文彦.基于多元智力理论的儿童教育游戏《智力马拉松》设计[J].中国教育信息化,2016(24):61－63.

4. [美]苏珊娜·M.达格.职业规划心理咨询全案[M].谢晶,译.北京:中国人民大学出版社,2020.

第二节　导师如何指导学生探索职业世界?

📖 案例聚焦

小洁是一位初二女生,她的课桌上每天都放着小镜子,上课就是照镜子,梳头发,不听课,不记笔记,回家也不做作业,总是捧着手机看直播。导师知道后就主动和她谈心。小洁直言"以后要做美妆主播,听说美妆主播只要每天试不同的化妆品,卖化妆品,就能赚大钱"。当导师问她现在需要做些什么准备时,小洁觉得只要每天好好睡觉、保养好自己、美美地出镜就可以了。当被问到如果做不了美妆主播还有什么备选的职业选择时,小洁很迷茫地表示自己根本不知道现在社会上有哪些职业。

📖 理论分析

小洁同学的案例在中学生中并不是个例,有时他们仅仅依靠媒体的一些宣传就建构起自己对职业世界的全部认识。他们对自己的生涯选择很迷茫,也是因为没有开发出更多的渠道去了解职业世界。

生涯发展领域的知名学者萨维科斯(Mark L. Savickas)提出的生涯适应力理论(career adaptability theory)主张,个人的生涯发展不仅取决于他们的兴趣和能力,也取决于他们如何适应不断变化的生活和工作环境,这就是生涯适应力。所以,导生需要了解变化发展中的职业世界,提升未来生涯的适应力。[①]

应对策略

案例中的小洁之所以想要做主播是因为她不知道现在社会还有哪些职业。所以,导师可以指导导生从以下三方面来挖掘资源。

一、挖掘家庭资源

家庭成员的文化传承、工作经验和知识都是非常宝贵的资源,他们可以为学生提供职业信息、职业经验、职业体验等信息;当学生在职业探索中遇到挫折时,他们还可以无条件地提供情感支持。

导师可以将以下三个小方法推荐给导生与导生的家长。

1. 家族树(family tree)

家族树,是一种帮助导生探索职业世界和自己家庭历史的有趣方法。通过家族树,导生不仅可以了解家族的职业历史,还可以帮助导生看到职业选择是深受个人背景、经验和兴趣影响的过程。

家族树的游戏规则如下:

(1) 创建家族树:让导生创建一棵自己的家族树,可以包括父母、祖父母,甚至更远的亲戚(见图 17-1)。

(2) 调查家族历史:学生可以通过访谈家族成员,了解家族成员的职业及其相关经验和故事。

(3) 分析家族职业:在了解了家族成员的职业之后,学生可以分析这些职业的特点,如所需的技能、教育程度、工作环境等。学生也可以思考自己对这些职业是否感兴趣。

(4) 反思和讨论:学生可以反思家族职业对他们职业理想的影响。例如,他

---

① 孙竞,张嘉虹.基于生涯适应力提升的高校职业生涯规划课程教学改革及有效性验证[J].中国大学生就业,2023(9):57-64.

图 17 - 1　家族树

们可能发现自己有继承家族职业的愿望,或者他们可能想要探索完全不同的领域。

2. 跟着父母去上班

开发导生中的家长资源,梳理一下每个导生父母的职业,形成一张父母工作资源清单,在课余时间、双休日、寒暑假可以让导生"跟着父母去上班"。通过这种方式,导生可以直接看到工作的实际情况,了解各种各样的职业,这将有助于他们对自己的职业兴趣和目标产生更深层次的理解。

跟着父母去上班的活动设计如下:

(1) 计划和准备:首先,需要确保父母的工作场所允许孩子来参观,提醒父母要提前进行沟通和安排。

(2) 实地参观:参观日,导生将跟随父母去上班,亲自观察他们的工作环境、工作内容,还可以与父母的同事进行交流,了解他们的职业角色和日常任务,在方法 3 中向导生推荐一些访谈职业人物的方法。

（3）观察和记录：导生可以记录下在工作场所看到和听到的事情，包括：工作的具体任务是什么，需要哪些技能，工作环境如何，同事们的相互交往怎样，等等。

（4）反思和讨论：参观结束后，导生可以与家长和导师一起讨论他们的体验以及对这种工作的感受。对于他们所感兴趣的职业，他们还可以进一步研究需要哪些知识和技能才能进入这个领域。

3. 人物访谈

导生可以通过自己的家长找到从事自己感兴趣的职业两年以上的从业人员开展职业访谈，以此帮助导生更具体地了解这个职业。如：当导生"跟着父母去上班"时，导生就可以带着访谈提纲（参考表 17－3）去采访父母单位的同事或朋友。

表 17－3 访谈记录表

访谈维度	访谈内容	记录
个人背景和职业经历	简要介绍个人背景和教育经历	
	目前从事的职业和工作年限	
职业选择和动机	选择该职业的原因和动机	
职业的具体工作	描述每天的工作安排	
职业发展和成长	职业发展过程和成长经历	
	持续学习和提升专业能力的方法	
工作环境和挑战	描述当前工作环境	
	遇到的挑战以及应对方法	
技能和经验	该职业所需的关键技能和知识	
	影响职业发展的重要经验	
行业趋势和前景	对行业发展趋势的观察和看法	
	行业可能面临的挑战和机遇	
职业建议	针对希望进入该领域的人的建议	
	成功获得该职位的关键因素	

二、挖掘学校资源

1. 借助学校社会实践资源

每个学校都有自己的社会实践基地资源库,导师可以了解学校现有的社会实践基地名单,然后告诉导生,让导生可以有机会去参加自己感兴趣的社会实践体验活动。例如:小明对消防员的工作很感兴趣,消防队正好是学校社会实践基地之一,暑假里学校组织学生参观消防站,小明的导师就把这个信息告诉了小明,并与小明的班主任联系,帮小明报名参加了这次社会实践体验活动。

2. 借助学校班主任资源

每个班主任都会有自己班级的志愿者服务点,导师可以询问不同班级的班主任,梳理出一张志愿者服务点菜单,然后根据导生的兴趣,带领导生参加不同班级的志愿者服务。例如:小芳对社工的工作很好奇,导师曾经听说另一个班级的志愿者服务点就是附近街道的社工站,于是就和该班级的班主任取得联系,提前了解参加社工站志愿者服务的时间,然后带着小芳在规定时间参加了社工站的志愿者服务工作,帮助小芳更深入地了解社工的工作。

3. 借助导师自己的资源

例如:导师可以给导生介绍一下自己曾经就读过的高中和大学,并带导生参加这些高中和大学的"学校开放日"活动或假期研学活动;跟导生分享一下自己的实习经验;跟导生聊聊自己曾经找工作的经历;深度剖析教师这个职业的特点和工作内容;等等。

三、挖掘社会资源

中学生可以通过社区服务、职场实习、网络资源等途径获取广泛的职业体验和实际工作经验,这些机会不仅可以帮助导生理解各种职业的实际需求和挑战,还可以发展他们的社交技能,建立有价值的人脉。

1. 参加职业体验活动

导师可以带着导生了解一下上海的中等职业学校,通过关注这些学校的公众号,获取这些学校的职业体验信息。例如:中华职业学校每年5月份会向全市中小学生提供职业体验活动,其中"蓝天小使者"职业体验项目是体验空中乘务员工作、"皮影小剧场"职业体验项目是体验简易皮影制作、"小小毡画师"职业体

验项目是体验羊毛毡画师的工作。

2.寻找职业信息

导师可以为导生提供一些在线职业数据库,导生可以在这些网站上找到各种职业的名称、职业描述、工资范围、必需的技能和教育等。例如,中国就业网、人力资源和社会保障部官网等。

导师可以推荐一些适合中学生的职业规划书籍与指南,为导生提供职业选择、行业趋势、面试技巧等在内的职业规划建议。例如:朱晓慧等主编的《大中专学生人生与职业规划读本》[①]、杨娟主编的《中学生学业规划》[②]等。

导师还可以推荐导生观看一些纪录片或者是有关职业介绍的科普节目,让导生可以更直观地了解各种职业的日常工作。如:医护类《人间世》《ICU的日与夜》等;律政类《是这样的,法官》《律师来了》等;教师类《良师》《育见未来》等;军警类《法医密档》等;体育类《少年体校》《跑者的世界》等;综合类《令人心动的OFFER》《AI梦想曲》等。

职业世界日新月异,所以导师只是给导生提供了一些认识职业世界的方法,为导生打开通往外部世界的窗口。面对变化发展的世界,导生需要不断努力,把自己培养成创新型、合作型、跨文化型的未来社会所需要的人才,主动提升自己的未来生涯适应力。

实践思考

邱祝同学对游戏产生了浓厚的兴趣,但是父母一直说游戏又不能当饭吃。邱同学很想知道有哪些职业是与游戏相关的,自己今后是不是可以从事这类工作,现在的自己可以为此做哪些准备。如果您是邱祝同学的导师,您会如何帮助他呢?

资源链接

1.孙竞,张嘉虹.基于生涯适应力提升的高校职业生涯规划课程教学改革及有效性验证[J].中国大学生就业,2023(9):57-64.

---

① 朱晓慧,许步国.大中专学生人生与职业规划读本[M].北京:中国社会出版社,2013.
② 杨娟.中学生学业规划[M].北京:现代教育出版社,2020.

2. 朱晓慧,许步国.大中专学生人生与职业规划读本[M].北京:中国社会出版社,2013.

3. 杨娟.中学生学业规划[M].北京:现代教育出版社,2020.

第三节　导师如何提升学生的生涯选择力?

中学阶段是学生开始思考和探索生涯选择的重要阶段。生涯选择力是指个体在生涯规划和生涯选择过程中所需要的能力和技能。拥有良好的生涯选择力能够帮助学生更明智地比较和选择各种可能性,更有效地应对决策过程中的困难和压力,从而做出更满意的生涯选择。如果缺乏生涯选择力,学生就会在面临生涯选择时产生选择困难,做出不适合的选择,导致更多的压力与焦虑。

案例聚焦

小芳是一位初三的女生,爱好阅读,不擅长理科。有一次和父母聊到未来的工作,父母强烈希望小芳能和他们俩一样做会计,因为他们觉得会计的工作稳定又适合女生,而且今后父母还能在她找工作时帮衬一下。这给小芳带来了很大的压力,想到将来要每天和数字做伴就非常焦虑,不想听父母的安排又不知道自己怎么才能选择到适合的职业。

理论分析

小芳同学的焦虑,似乎更多的是不知道如何做选择。是选择听父母的,还是选择听自己的? 如果选择听自己,自己又要怎么选择?

根据戈特弗雷德森(L. S. Gottfredson)的职业抱负发展理论可知,生涯选择不仅仅是选择一个工作或职业,它也包括选择一个行业领域,选择追求某种教育或训练某种技能,甚至是选择生活的地点和方式,因此,生涯选择对于大多数人来说非常重要,生涯选择对他们的满足感、身份认同、生活质量以及经济状况等都有深远的影响。但是,生涯选择会受到许多因素的影响,包括个体的兴趣、能力、价值观,家庭和社会的期望,教育和职业的机会,以及经济和劳动市场的条件等。① 可见,生涯选择是一个复杂的过程。

应对策略

所以,导师可以为导生今后的生涯选择提供更多的方法和参考,以提升导生的生涯选择力。

一、帮助学生认识自己的生涯决策风格

美国职业生涯专家斯科特(Susanne G. Scott)和布鲁斯(Reginald A. Bruce)于 1995 年提出了职业决策风格理论,他们认为决策风格是在后天的学习经验中逐渐形成的,可以分为四类:直觉型、依赖型、逃避型和理智型。②

导师可以先给导生提供"决策风格测试问卷"(见表 17 - 4),让导生根据这个问卷来了解一下自己的决策风格(见表 17 - 5)。

表 17 - 4 决策风格测试问卷

序号	情景描述	是否符合
1	我常常仓促做草率的判断	
2	我做事情时不喜欢自己出主意	
3	碰到难做的事情,我就把它放到一边	
4	我会多方收集一些做决定所必需的个人及环境材料	
5	我常凭一时冲动做事	
6	做事时我喜欢有人在旁边,以便随时商量	
7	遇到需要做决定的事,我就紧张不安	
8	我会将收集到的材料加以比较分析,列出选择的方案	
9	我经常改变我做出的决定	
10	发现别人的看法与我的不同,我就不知该怎么办	
11	我做事总是东想西想,下不了决心	
12	我会权衡各项可选择方案的利弊得失,判断出此时此地最好的选择	

① 侯志瑾,梁湘明.Gottfredson 的职业抱负发展理论简介与研究评述[J].心理科学进展,2005(2): 201 - 210.

② 王延超,孙蓉,钱铭怡,等.心理咨询师的决策风格与伦理决策行为[J].中国心理卫生杂志,2014, 28(12):891 - 896.

（续表）

序号	情景描述	是否符合
13	做决定之前,我从未做任何准备,也未分析可能的结果	
14	我很容易受别人意见的影响	
15	我觉得做决定是一件痛苦的事情	
16	我会参考其他人的意见,再斟酌自己的情况来做出最适合自己的决定	
17	我常常不经慎重思考就做决定	
18	在父母、师长或亲友催促做决定之前,我并不打算做任何决定	
19	为了避免做决定的痛苦,我现在并不想做决定	
20	经过深思熟虑之后,我会明确决定一项最佳方案	
21	我喜欢凭直觉做事	
22	我常让父母、师长或亲友为我做决定	
23	我处理事情经常犹豫不决	
24	当已经决定了所选择的方案,我会展开必要的准备行动并全力以赴做好它	

注:根据选项做出判断,符合记 1 分,不符合记 0 分。

表 17 - 5　决策风格类型测试结果

题号组	1.5.9.13.17.21	2.6.10.14.18.22	3.7.11.15.19.23	4.8.12.16.20.24
得分				
决策类型	直觉型	依赖型	逃避型	理智型

注:得分最多的决策类型就是测试者的主要决策类型。

导师在导生了解了自己的决策风格类型后,可以和导生共同探讨不同决策风格类型的特点,并给出相应的建议,让导生在今后的生涯选择中扬长避短。

1. 直觉型决策者

优点:能快速做出决策,而且他们的决策常与他们的核心价值观和信念相符。

缺点:有时候过度依赖直觉可能会忽视重要的信息和理性分析,可能会导致决策错误。

建议:直觉型决策者在信任自己直觉的同时,也要注意收集和考虑足够的

信息。

2. 依赖型决策者

优点：善于利用他人的观点和建议，这有助于他们看到更多的选项和角度。

缺点：过度依赖他人可能会导致他们忽视自己的需求和判断，做出不符合自己真实想法的决策。

建议：依赖型决策者在听取他人意见的同时，也要明确自己的需求和价值观。

3. 逃避型决策者

优点：可能会避免快速决策带来的风险和后果。

缺点：过度逃避决策可能会错失机会，长期如此还可能带来压力和焦虑。

建议：逃避型决策者要学习如何面对做决策的责任和压力，逐步提高他们的决策自信心。

4. 理智型决策者

优点：在决策时会进行全面的信息收集和分析，这可以帮助他们做出明智的选择，避免未考虑到的后果。

缺点：过度分析可能会导致花费太多时间在决策上，导致决策推迟。

建议：理智型决策者要学会在充足分析和快速决策之间找到平衡。

二、帮助学生掌握生涯平衡的方法

生涯平衡是一种理念，主张一个人的生涯不仅仅包括他的职业或工作，也包括他的各种人生角色（如员工、家长、学生、朋友等），以及他的幸福感和满意度，在生涯发展的过程中，应该平衡各种生活领域和角色。

对于中学生来说，保持生涯平衡可以帮助他们更好地管理时间和精力，避免因过度专注于某一方面（例如过度学习）而忽视其他重要领域（例如健康和社交），从而培养他们更全面的能力和视野。

生涯平衡轮（career balance wheel）就是生涯平衡中的一种可视化的工具（见图 17-2），可以帮助学生在生涯选择中找到平衡。具体的操作步骤如下。

（1）确定关键领域：生涯平衡轮通常包括几个关键领域，如自我实现、个人成长、人际交往等。导生可以根据自己的实际情况确定这些关键领域。

（2）评估满意度：导生对每个关键领域当前的满意度进行 1 到 10 的评分，

图 17 - 2　生涯平衡轮

其中1代表非常不满意,10代表非常满意。在生涯平衡轮上用不同的颜色填充每个关键领域,满意度越高,填充的部分越大(见图17 - 3)。

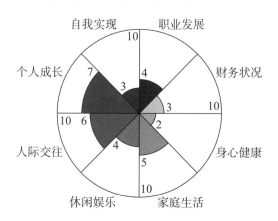

图 17 - 3　评估并填充生涯平衡轮

(3) 分析结果:填充完成后,导生可以直观地分析自己的生涯平衡轮。如果平衡轮看起来不平衡,或者某些关键领域的满意度很低,可能意味着他们需要在这些领域做一些改变。

(4) 制订行动计划:基于分析结果,导生可以制订一个行动计划,如设定新的目标、学习新的技能,或者改变行为和习惯,等等,以提高他们在关键领域的满意度。

生涯平衡轮作为一个工具可以为导生在生涯选择上提供参考。

三、帮助学生设定自己的目标

导生在了解了自己的生涯选择后,就需要为自己设立适合的目标,要让目标更有效,就需要导生有管理自己目标的能力。

导师可以向导生推荐一个简单易操作的提升目标管理的方法——SMART目标管理法。

SMART目标管理法中的每个字母代表一个关键词,分别是:具体(Specific)、可衡量(Measurable)、可达成(Achievable)、相关(Relevant)和时间限定(Time-bound)。

1.具体——设定的目标需要尽可能具体、详细,这样可以清楚地知道需要做什么。一个具体的目标应该可以清楚地回答以下的问题:我要做什么? 我为什么要做? 我在哪里做? 我需要什么资源?

2.可衡量——设定的目标需要有明确的标准,可以衡量进度和结果。例如,不仅设定"我要提高英语水平"这样的目标,而且要进一步设定"我要在六个月内背完中考英语词汇手册"这样的可衡量目标。

3.可达成——设定的目标要在你的能力范围内,也就是说,你有足够的资源和能力去达成它。设定太难达成的目标会让自己产生强烈的挫败感,从而失去继续努力的动力。

4.相关——设定的目标需要与你的长远目标和价值观相符,这样才能保持你的动力。例如,如果你的长远目标是想成为一个程序员,那么学习编程就是一个相关的目标。

5.时间限定——设定的目标需要有一个明确的时间限制,这样可以让你有紧迫感。例如,设定"我要在下个月写完这本小说"而不是"我要写完这本小说"。

我们通过一个案例来看看究竟怎么设定SMART目标。

小尤是一位初三的学生,他对计算机非常感兴趣,并希望未来能成为一名软件工程师。他根据导师提供的SMART目标管理法为自己设定了一个SMART目标(见表17-6)。

表 17 - 6　小尤的 SMART 目标

SMART 的 5 个原则	符合要求的目标内容
具体	学习 Python 编程语言。因为 Python 在许多初学者中非常受欢迎并且被广泛用于许多不同的应用中，包括软件开发，所以最后选定了 Python 编程语言作为开始。
可衡量	完成一个在线 Python 编程课程，并且能够独立编写一个简单的 Python 项目。
可达成	考虑到自己的学业负担和其他活动，计划每周投入两个小时来学习 Python。
相关	学习 Python 编程与自己成为软件工程师的长期目标是相关的。这项技能将为他的未来职业生涯打下基础。
时间限定	在接下来的 6 个月内完成在线课程和编写 Python 项目。

因此，小尤的 SMART 目标为："在接下来的 6 个月内，我将每周投入两个小时，完成一个在线 Python 编程课程，并且能够独立编写一个简单的 Python 项目。"

SMART 目标可以清晰地指出导生需要做什么、需要多长时间，以及如何衡量成功。

生涯选择是导生人生发展中的重要一步。恰当的生涯选择可以帮助他们找到真正的兴趣和激情，激发他们的学习动力，为他们的未来学习和工作道路打下基础。生涯选择不是一蹴而就的，它是一个需要不断调整的过程，导生要有意识地提升自己的能力，培养自己的个性，成为适应未来发展的人。

📖 **实践思考**

邱祝同学面临中考，他自己想考以编程见长的职业学校，通过老师和家人已经问到了要进入这所职业学校需要有一定的 C 语言编程基础，但是他不知道如何根据职业学校的要求设立现在的目标。如果您是邱祝同学的导师，您会如何指导他呢？

资源链接

1. 侯志瑾,梁湘明.Gottfredson 的职业抱负发展理论简介与研究评述[J].心理科学进展,2005(2):201－210.

2. 王延超,孙蓉,钱铭怡,等.心理咨询师的决策风格与伦理决策行为[J].中国心理卫生杂志,2014,28(12):891－896.

第十八章　助力学生遇见更好的自己

中学阶段是人一生中的重要阶段,是世界观、人生观、价值观逐步形成的关键期。到了高中阶段,学生们开始思考如何选科、今后考什么大学、学什么专业,向哪个方向发展,但同时又处于困惑的状态,而这些困惑主要聚焦在学业上。因此,在这个阶段进行学业指导,就是帮助学生通过认识高中,掌握高中的学习方法,进而启动从初中到高中的角色转型,逐渐培养对学校的归属感。学业指导可以包括帮助学生适应高中的教学模式,掌握高中学习的规律方法,激发学习的主动性和积极性,进而制订自己的学业发展规划,游刃有余地驾驭自己的学业,实现自己的学习和发展目标。希望通过本章的学习,和导师们共同探讨一些切实可行的方法,帮助学生更好地规划高中学业,助力学生遇见更好的自己。

📌 本章学习目标

一、认识高一新生学习适应的重要性,指导学生适应高中学业

二、学会指导学生做好时间管理,有效提高学习效率

三、指导学生做好高中选科,建立积极的学习态度

第一节　导师如何指导学生适应高中学业？

导师们在教育教学中不可避免会遇到这样的学生：通过中考，进入高中，但是在几次考试压力下，采用逃避努力的应对方式，无计划、无目标，整日无所事事，表现得很颓废，似乎在他们的眼中，曾经经过努力才进入的高中，一下子变得灰蒙蒙的，非常迷茫。

案例聚焦

小强是一名高一男生，性格内向，在班级中少言寡语。导师在与他接触中发现小强来自排名很靠前的初中，当下的学习状态与他的实际水平不符合。进一步接触后，导师感受到该生由于自感中考发挥失常，来到普通高中，对于学习没有目标，缺乏信心。小强认为自己再努力，也比不上那些考上区重点高中、市重点高中的朋友，还说他的未来没有了。

理论分析

从初中到高中，升到新的学段，进入新的班级，自身与环境都发生了新的变化，学生需要尽力适应和调整，找到适合自己的发展方向。小强的表现其实就是对高中学习没有好的规划，还没有很好地适应高中的学习。学业指导贯穿高中学习生活的始终，是一项系统工程。学业指导本着自我追求理念，明确方向，踏实行动。

学生学业适应和规划意识的唤醒，可以帮助学生探索自我、了解自己、评估自己，明晰自己的兴趣、爱好、特长、潜能和人格特质；还可以帮助学生确定目标，规划人生，对自己所学有更合理的决策，并不断做出调整。

应对策略

学生合理地规划高中学业对三年的发展有着非常大的影响，作为导师应如何引导学生主动规划，适应高中学业？建议从以下四个方面入手。

一、回顾初中，启航高中

初中升高中，不仅仅是学段的变化，也是人生发展的关键点，每当处于这样的关键点，主动地对过去一个阶段的经历进行总结和反思，有助于学生更加理性地看待自己的生命历程，也能促进学生对高中的发展进行更深入的思考。导师可以跟小强一起回顾他的初中：在初中他最喜欢的科目是什么？喜欢的理由？初中最成功的一次体验是什么？成功背后，他做了些什么？对高中生活的期待是什么？未来想成为什么样的人？通过对这些问题的探讨，一个是建立导师与小强之间的关系，让小强感受到导师的关心关爱；二是再现初中那个充满青春活力的小强，启发他重新思考高中生活。

二、利用导师资源，介绍学校，树立榜样

随着跟导生谈心谈话的深入，师生关系会越来越密切。导师需要主动向导生介绍学校——学校的选修课、社团活动、研究性学习、学校活动，鼓励案例中的小强主动参与，激发个人能量，不仅要着眼于眼前的分数，更要开阔眼界，看到不同场景下的自我潜能，在活动中发现自己的闪光点和优势。

导师也可以把学长介绍给小强，以访谈学长的方式，给予小强高中学习的启发和思考。比如：学长对适应高中学习的思考和建议，学长的学习规划是怎么做的，学长的学习方法是怎样的。通过同伴互助的方式，小强感受到高中的无限可能。

三、创设成功体验，启发学生自我规划

导师通过平时的悉心观察，及时捕捉小强的好的行为表现，适时给予回应和鼓励。比如，试着让小强制订三年的长期目标和各学年的目标，在落实的过程中，及时和小强做好复盘；同时指出小强的不合理的想法，告诉他虽然中考失利，和好学校擦肩而过，但是普通高中也有逆袭的成功案例；再把导师以往碰到的成功案例分享给小强，增强他的自信心。

四、帮助学生了解自身学习风格，进而优化学习方法

导师帮助学生了解一些常见的学习风格，包括听觉型、视觉型、动觉型和触

觉型等。不同的人有不同的学习风格,这代表着学生需要根据个体差异来调整自己的学习方法和策略。

指导学生尝试使用多种不同的学习方法,并根据需要进行调整。例如:可以通过阅读、听讲、观看视频、实践操作等方式进行学习,也可以使用不同的颜色、形状或方式来呈现信息以增强记忆和理解。多样化学习方法可以提高学习兴趣和学习效果。

同时引导学生做好对学习方法的反馈与调整:定期评估自己的学习效果,并根据反馈进行调整。例如:可以通过做练习题、参加考试或自我评估等方式来评估自己的学习效果;如果发现有不足之处,可以调整学习方法或寻求帮助来改进。

第二节　导师如何指导学生做好时间管理?

在高中阶段,考试类科目增加到十门,难度也呈几何级上升,很多学生在学业时间上的安排显得力不从心。在学习上,大多数学生都知道时间管理,也经常听到师长们不断强调时间管理的重要性,可是有许多学生都有一个疑惑,就是"时间都去哪儿了"。

📖 案例聚焦

小丽是一名高二的艺考生,她从高一开始就定位:发挥自己从小学习美术的优势,通过美术艺考考上自己心目中理想的大学。美术生除了学业还需要花大量的时间进行美术的专业学习。但小丽面对文化学习和专业学习,经常感到时间不够用,她觉得心力交瘁。于是她很苦恼地找到导师寻求帮助。

📖 理论分析

学业指导中很重要的一个环节就是指导学生对时间进行管理。先把时间用在最重要的事情上的时间管理原则对学生具有启示意义。时间管理学家提出了一个理论,把生活中的事件按照重要性和紧急性两个不同的维度进行划分,基本上可以分为四个象限,也就是四类:重要且紧急、重要但不紧急、紧急但不重要、不紧急也不重要。

我们可以根据四象限法则进行事项排序及时间规划。在第一象限里的是那些重要且紧急的事情,往往都有时限要求,必须首先处理、优先解决。第一象限的事往往是我们必须且要认真对待执行的。

在第二象限里的是重要但不紧急的事情,它们虽然在时间上没有限制,但对我们的学习和生活却有重大意义,对我们个人成长有重要价值。这些事往往需要我们长期坚持,养成习惯。

在第三象限里的是不紧急也不重要的事情,大多是些琐碎的杂事或休闲娱乐事项,这些事一般可以放在后面或放在其他活动中间做,起到劳逸结合的作用。

在第四象限里的是紧急但不重要的事情,往往是忙碌的源头,我们可以请他人代替做或者委婉拒绝。减少此类事件的投入,增加时间弹性,能让我们脱离忙碌且盲目的状态。

📖 应对策略

时间管理是运用策略和技术帮助学生尽可能地利用时间。时间管理的本质是自我管理。导师如何帮助学生做好时间管理呢?

1. 引导学生高效利用每一分钟

课上每分钟要提高学习效率,课后利用零碎时间复习知识点,背诵公式、课文等,以备应考。艾宾浩斯的遗忘曲线告诉我们,及时复习极为重要。

2. 让学生学会掌握自己的生理节奏

当精力最充沛、脑子最清楚的时候做最有价值的事,如早晨头脑清醒,记忆力最强,是背诵的大好时机。

3. 将干扰琐事最小化

排除手机干扰,限时定量使用手机,不要有过多的交际,不要天天忙着串班、交朋友、聊天。要勇于说"不",学会拒绝别人不合理的请求,将外界干扰最小化。

4. 拒绝拖延

拖延是力不从心的表现,我们要培养学生雷厉风行的做事风格,让学生成为有行动力和有执行力的人。

5.指导学生管理好自己的课桌

尽量保持桌面整洁,只留正在做的事情,学习中经常要用到的用品应容易取得。每一件物品应摆放在固定的位置,把各科的资料分好类,把不再需要的东西坚决扔掉。

6.培养学生随时检视时间管理状况的习惯

随时检视自己的时间管理状况,如果觉得不满意,可重新检查自身的时间管理方法,发现问题点后再做调整。

提高时间管理的"小工具"——To do list:

第一步:收集,尽可能把目前所需要做的所有事情都罗列出来。

第二步:整理,在第一步的基础上进一步拆解任务,把任务拆解为可执行的步骤,并预估每一步骤的完成时间。

第三步:排序,根据事情的轻重缓急来给任务的完成顺序排序,可使用时间管理四象限,给任务涂上不同的颜色。

第四步:执行和反馈(重要且紧急的事情先做,紧急不重要的事委托他人来做或立马火速做完,重要且不紧急的事可按照空余时间与预估时间配合插空来完成,不紧急不重要的事则不做)。

案例中的小丽是艺考生,学业学习与专业学习的时间平衡是导师指导的关键。对于艺考生,专业的学习是取得艺考成功的关键要素之一。利用双休日、寒暑假进行专业上的提升是实施的有效途径。学业的学习主要放在学校内完成,这就要求小丽提升在校学习的有效性。导师可以就上面介绍的方法逐一和小丽一起探讨,同时帮助其挖掘学业上的优势学科,抓住短板学科,做到事半功倍。

第三节　导师如何指导学生选科?

新高考改革带来的多元选择是综合性的,而学业指导恰恰更偏向于一种选择,如何在获得多方面信息时,做出适合自己的选择?学业指导是要让学生在认识自己和社会的过程中,逐渐认识到自己的兴趣和能力所在,学会把兴趣转变为学科优势、职业兴趣乃至事业追求,在高中选科和选专业方面能够有的放矢,激发个人的内在价值和潜能,去实现自己的职业目标,从而遇见更好的自己。

案例聚焦

晓明是读高一的学生，在选三科目上遇到疑惑。他从班主任的选科指导班会课上了解到：目前上海公布的政策是从政治、历史、地理、物理、化学、生物中6选3，一共有20种选择。对于晓明来说，做选择似乎总是件非常困难的事情，这些困惑一直以来总是纠缠着他。他找到导师，希望导师能够给他一些指导。

理论分析

在生涯教育的理念下，学习是为了更好地选择。而拥有做决策的能力显然也是学生在成长过程中需要培养和锻炼的必备能力之一。面对新高考改革，盲目地死读书，不做理性的选科决策，往往会事倍功半。

学生兴趣、性格、能力、价值观等方面的自我认知，是做出选科决策的前提条件。在选科指导这件事上，兴趣决定了"我喜欢什么"，性格决定了"我适合做什么"，能力代表着"我能做什么"，价值观代表着"我愿意做什么"。

兴趣是人们力求认识、掌握某种事物，并经常参与该种活动的心理倾向。美国心理学家霍兰德是著名的职业指导专家，他认为一个人的性格类型、学习兴趣和将来的职业有着密切关系。他将人的职业性格分为六种：实际型、研究型、艺术型、社交型、企业型和常规型。一般来说，具有六种典型职业性格的人是极少数的，多数人的职业性格具有多重性。也就是说一个学生的兴趣往往也是多样的。兴趣是成功的基石。

美国心理学家加德纳提出多元智能理论，分别为言语智能、逻辑数学智能、空间智能、身体运动智能、音乐智能、内省智能、人际交流智能、自然观察智能。可见，我们每个人都有一个巨大的潜能宝库，平时显现出来的能力仅仅是冰山一角，我们应努力探索自我，发现自己的优势潜能所在。

应对策略

学生的选科问题其实就是培养学生的生涯决策力。导师需要和学生一起探讨他的兴趣、能力、成绩等因素，在全方位的分析和沟通下，达成属于学生的最优化选择。导师如何帮助学生做好学科决策呢？

一、探索学生的兴趣

我们导师需要了解到一点：新高考改革政策下，孩子可以根据自己的愿望搭配出属于自己的选科方案。因此兴趣就成为我们必然会考虑的因素。我们会倾向于选择自己感兴趣、乐于学习的学科。而在我们教育学生的过程中，一起和学生找寻属于他的兴趣显得尤为重要。兴趣是最好的老师。步入高中的学生，可能已经在某些学科领域表现出强烈的兴趣倾向：有些学生偏向理性思考，爱好数学、物理；有些学生喜欢诗情画意，热爱文学、艺术；也有些学生向往竞技体育，在运动会上已展现出较高的天赋。这些兴趣往往是导师指导学生选择专业的风向标。让学生能够对自己的兴趣进行分析整合，挖掘自己擅长的领域，对激发学习动机、明确专业方向会有很大的积极作用。

二、共同探讨选科需要考虑的因素

选科问题涉及许多因素，导师作为学生的良师益友，可以一起探讨。理性思考下的选择往往更合理。

可以跟学生一起探索诸多影响因素：自己想考的理想大学和专业需要哪些选科；自己是否喜欢这门科目；在这门科目上自己的提升空间和成绩如何；是否喜欢这门科目的老师；等等。考量众多因素后，最终罗列出自己的选科科目。然后导师可以就孩子的选科科目与学生共同找相关科目老师，听听选科老师的学习建议，最终通过家校协助的方式，让孩子把自己的选科想法和父母沟通，直到形成属于自己的最优化选择。

在此案例中，我们导师可以以这样的思路去解答晓明的困惑：基于学业分数，一起探索晓明的兴趣，比如导师了解下来，晓明在理科方面相对有优势，那导师可以带领他探索：理科相链接的专业有哪些？这些专业跟晓明现有的兴趣之间是否有关联？当我们找到关联点，试着去引导晓明结合自己现有的资源看看兴趣和能力之间是否可以找到平衡点；同时从自我认识的角度，探索晓明的个性特征，以此来明晰晓明的选择和提升学习的动机。

实践思考

小漫是一名高三的学生，在进入高三下学期后，随着一模考分数陆续公布，小漫发现离最初自己定的大学奋斗目标相去甚远。面对接下去的学业,她明显感到力不从心。所剩的高中生活,她觉得好苦好累。

作为小漫的导师,你打算如何帮助小漫做好这个阶段的学业指导呢?

📖 资源链接

1. 周晓璐.工作的量身定位:职业生涯咨询[M].上海:上海人民出版社,2015.

2. 李国强,丁敬耘.高中生涯教育指导[M].上海:复旦大学出版社,2021.

模块八:

家校沟通篇

第十九章　成为亦师亦友的导师

在教育综合改革的背景下,传统的班主任管理模式难以满足学生全面发展的需求,全方位育人的导师制应运而生。全员导师制在校园内的开展,在为每一位学生提供个性化指导的同时,也衍生出一种新的师生关系。而良好的导师生关系的建立,非常依赖于导师与学生的沟通。因此可以说,师生沟通在导师制的实施过程中起着至关重要的作用,本章聚焦师生沟通板块,为导师建立良好的师生关系提供方法。

结合当下的导师工作与前期调研结果我们发现,导师在与学生沟通的过程中存在很多困扰,在调研中有70.25%的老师认为首要的问题是与学生的沟通时间不足;其次是66.39%的老师表达了与学生沟通的方法和内容单一,以学习主题的谈话为主;也有超过一半的老师认为主要的问题在于和学生的沟通流于表面,难以深入内心。

 本章学习目标

一、针对导师与学生初步建立关系时常常面临的尴尬期,掌握打破僵局、顺利建立导师生关系的策略

二、针对互动过程中沟通效果不佳,掌握巧妙利用沟通技巧,提高沟通效果的方法策略

三、巧妙解决师生沟通中不顺畅的情况,增进导师生之间的了解,密切关系

第一节　没什么可聊的，导师该怎么办？

导师与导生的关系建立初期，往往会遇到不知道该说什么，没什么话题可聊的问题。本节通过案例与各位导师共同讨论：没什么可聊的，该怎么办？

案例聚焦

张老师是一个年轻和蔼的数学教师，在本学期初成为高一学生小王的导师。这名学生的数学成绩比较稳定，也乖巧懂事，因此张老师在课堂上与导生的交流接触并不多。学校布置了统一的导师见面会任务，要求导师与导生面对面沟通。张老师就非常愁苦：自己和导生也不熟悉，见面要干什么呢？

理论分析

张老师要解决跟学生聊什么这个问题，首先要做的就是和学生建立良好的师生关系。一旦师生之间互相熟悉了，有了共同语言与话题后，聊天就会是一件自然而然的事，再也不会成为问题；而在初步建立关系的过程中，话题与沟通又是必不可少的。因此，不知道聊什么就无法建立关系，而没有建立良好的师生关系就更让他们无话可聊。这样一看张老师好似陷入了死循环。那么如果问题不能从张老师这边得到解决，我们不妨把这句话的主语做一个调整：从我该跟学生聊什么，转换成学生想跟我聊什么。

当我们从学生的角度来考虑，其实聊什么这个问题的核心就变成了他们想从导师这里得到什么，也就是学生的实际需求是什么。

1 我该跟学生聊什么？　　**2** 学生想跟我聊什么？　　**3** 学生需要什么？

当我们想了解学生真实需要什么的时候，可以参考美国心理学家马斯洛提出需要层次理论，他认为每一个个体都有相似的五个层次的需要，从底层到最高层次分别是生理需要、安全需要、社交需要、尊重需要、自我实现的需要。

每一个个体在日常工作、生活过程中所需要面对的实际问题，都对应着不同层次的需求。导师在沟通的过程中可以先了解学生的实际问题，然后帮助学生挖掘背后的需求，最后真正帮助学生解决问题，满足学生个性化成长与全面发展。

📖 应对策略

一、抓住机会，"刷存在感"

1. 碎片化时间

日常学习生活中，碎片化时间是很好的沟通时机，较为常见的是课前预备铃时间、课间 10 分钟时间，另外还可以与学生共进午餐，利用进餐时间进行交流。

张老师后来就采用了与小王同学共进午餐的时间和小王进行沟通，小王同学也非常乐意与张老师一起进餐，话题从评价菜品开始，逐渐展开。

除此之外，导师还可以利用与学生一同走路的时间进行沟通，交流的过程也是进一步了解学生学习、生活的过程。

2. 非正式沟通场景

除了利用日常的碎片化时间沟通，导师也可以自己创造沟通的机会。例如，利用线上的聊天平台进行线上沟通，另外，也可以通过每日批作业时在作业本上进行简单的点评，加深师生关系。

张老师在了解到小王同学觉得自己字不好看后，就与他约定，小王每天写一首诗、一段话作为练字交给张老师。每次收到小王同学的练字张老师会简单点评，或进行简单交流，增加沟通机会。

除此之外，导师和学生还可以利用每天分享一本书、一句话、一张图等，或是互赠礼物的形式创造共同话题，增加沟通机会。

3. 共同体验活动

缺乏沟通机会有时并不只是缺乏沟通时间的问题，也可能是出于沟通内容不足，不知道该说什么，不知道能说什么。因此，导师参与学生生活，扩展沟通内容就变得极为重要。导师可以主动参与班会活动、社团活动等，与学生共同体验活动过程，创造共同话题。

张老师在运动会时主动报名参与项目，还向小王同学请教了项目的技巧，在

交流过程中张老师逐渐了解到小王同学在运动方面的爱好与追求,并了解到未来小王准备考体育学院。

导师们可以充分利用各类校级活动,与导生共同参与,拓展沟通内容。

二、利用资源,把握需求

1. 工具调研

利用调查问卷、测试量表等工具,帮助导师全面、客观了解学生实际情况。

2. 多方联动

可以多与班主任和任课教师沟通,结合家访的形式与家长沟通,了解学生家庭情况,也可以通过与其他学生交流,全面了解学生,把握需求。

3. 挖掘问题背后的需求

问题背后可能隐藏着不同的需要。例如,张老师遇到的困扰:"导生小游在与张老师沟通的过程中话题总是围绕着游戏,张老师担心一直与他聊游戏好像有些玩物丧志,但聊别的小游又不感兴趣,该怎么办呢?"

沉迷游戏的原因有很多,可能是出于对现实人际困扰的逃避;需要游戏画面、内容的刺激;或是喜欢游戏过程中的挑战与正反馈。导师应当探索学生实际问题背后的真实需要,从核心需要入手,帮助导生解决问题。

4. 合理提供资源

高中学生最大的困扰主要集中在学业方面,导师也经常会收到学生关于学业困扰的求助。但是,导师们不是全科老师,当学生遇到其他学科的问题时,没办法从学科的角度给学生专业支持是很正常的。学生也很清楚这一点,因此在导生寻求帮助时,他更希望得到导师的陪伴与认可,导师可以从一个过来人和经历者的角度,给学生提供自己的成长经验,帮助学生多角度获取资源,解决问题。

总之,导师可以通过利用碎片时间,挖掘沟通时机;结合日常情景,创造沟通机会;融入学生生活,拓展沟通内容的方式,把握机会进行师生沟通。

实践思考

导生小叶是高一新生,作为导师的你与她交流不多,不太熟悉,近期学校要求进行导师活动,你需要快速与她建立良好的导师生关系。

请试着根据本节的建议,构思与小叶同学的沟通方案。具体可从以下四个方面尝试开启话题：

　　1. 利用碎片时间；

　　2. 挖掘非正式沟通场景；

　　3. 共同体验活动；

　　4. 多方联动，侧面了解；

　　你从侧面了解到，她最近一次考试失利后觉得自己怎么努力都没办法提高成绩，好几天了一直都郁郁寡欢。你将如何帮助她解决困扰？

第二节　怎么聊，学生才愿意听？

　　在导师生沟通过程中，老师们常常发现自己苦口婆心地与学生沟通，但是学生总是左耳朵进右耳朵出，甚至出现拒绝沟通的情况。有时候，不同的沟通方式会对沟通效果产生影响。本节我们将与导师共同探讨：怎么聊，学生才愿意听？

📖 案例聚焦

　　张老师在走廊上看见导生小丁正在推搡另一位同学，于是协助班主任把两人拉开，将小丁同学带到办公室谈话："怎么了？同学之间应该相互友爱，互相谦让。"丁："是他弄坏我东西！"张："弄坏你东西你可以跟我们说呀，无论发生什么事情，你怎么能动手呢？动手肯定是不对的，你等会先去跟那个同学道个歉。"丁："……"（沉默）。

📖 理论分析

　　在本次沟通过程中小丁同学感觉到很委屈："老师一上来就说我错了，让我道歉，我又没做错，凭什么要我道歉。"后续通过进一步了解，发现在沟通的过程中小丁同学有以下感受：

　　1. 导师对事件来龙去脉没有了解清楚；

　　2. 导师不信任自己；

　　3. 导师不认可自己；

　　4. 导师不站在我这边。

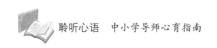

由此,小丁同学在这段沟通过程中产生了不安全感,自然不愿意进一步表达自己的真实想法,这也就不利于解决问题。

针对沟通方式,有位美国心理学家提出了非暴力沟通这种沟通方法,它是一种持续不断的提醒,提醒我们专注于彼此的观察、感受、需要和请求。它希望达成的是帮助我们在诚实和倾听的基础上与人联系。

非暴力沟通的理论告诉我们,在表达的过程中应当注重观察实际上发生了什么,表达我们的感受,表达我们的需求,并提出一个具体的请求。

应对策略

一、非暴力沟通促进师生和谐关系

在本案例中,张老师可以更细致地观察实际的情况,不做武断的评价。可以问问:"我看到你在推同学,是发生什么事情了吗?"在了解了事件发生始末后可以表达作为老师的担心:"看到你和同学之间发生了肢体冲突,我很担心。"同时表达自己的需要和请求:"我希望你能信任我,跟我说说你是怎么想的,我想帮助你一起解决问题。"

该理论特别提出要避免异化的沟通方式,这种沟通方式与非暴力沟通相悖,它忽视自己和他人的感受、需要和请求。

异化的沟通方式包括:

• 道德评判:用自己的标准(价值观、信念)等来衡量、要求别人,将责任归咎于对方。

• 进行比较:这种方式使我们蒙蔽了对自己和对他人的爱。

• 回避责任:日常生活中许多表达方式暗含了对于责任的回避,如"我不得不……""是你让我……"。

• 强人所难:要求和命令别人。

二、此时无声胜有声——合理运用肢体语言表达关心关爱

在沟通的过程中肢体语言也会传递很多信息,有时在学生沉默的过程中,小动作替他们表达了很多。例如,孩子在与你沟通的过程中双手抱胸,少有眼神接触,不断抖脚。我们可以据此判断他可能对这段沟通内容并不感兴趣或感到不

开心,希望快速结束这段对话。又如,学生在沟通过程中频繁地与你进行眼神交流,身体正面对你,并呈现自然、放松的姿态。这可能说明他对这段对话是有兴趣的、感到舒适的、愿意参与的。

当然,与学生沟通的过程中导师的肢体语言也会被学生观察到,因此导师可以运用积极的肢体语言在沟通过程中传递关心与关爱,让师生关系更近一步。

积极的肢体语言包括以下三点。

舒展的身体姿态可以给人开放、自信的感觉,帮助学生建立安全感,告诉学生:我接纳你与我的对话,我很愿意与你对话。满足学生被接纳的需要。

适当的眼神交流可以给人专注、认真的感觉,与学生的眼神交流是在告诉学生:我关注到你了,我在认真听你说话。满足学生被关注的需要。

亲切地点头微笑可以让人感受到放松与被理解,在沟通过程中亲切地点头微笑可以告诉学生:我认可你的话语,请你继续说。满足学生被认可的需要。

📖 **实践思考**

请你结合非暴力沟通理论与方法,尝试选择以下三个情境中,最适合张老师的表达方式。

情境1:

张老师在走廊上看见导生小丁正在推搡另一位同学,于是协助班主任把两人拉开,将小丁同学带到办公室:

A.“怎么了？ 同学之间应该相互友爱,互相谦让。”

B.“我看到你对同学很粗暴,你说说你怎么回事？”

C.“叫你家长来。”

D.“我看到你在推小甲,是发生什么事情了吗？”

情境2:

小丁将与同学发生矛盾的原因简单地向张老师解释了一番,说着还掉了眼泪,张老师看到后说:

A.“同学之间发生矛盾很常见,这么伤心啊？”

B.“你先动了手,也没受欺负,怎么还委屈上了？”

C.“你哭什么,这么小个事情,没必要。”

D.“我能感觉到你有点委屈,对不对？”

情境 3：

小丁同学把自己对于这件事的真实想法告诉了张老师，张老师听完后表示：

A."你去跟他沟通一下解决吧，大事化小小事化了。"

B."我去找班主任商量一下这个事情怎么解决。"

C."行，我知道了，你先回去吧。"

D."没事，先喝杯水吃颗糖，转换一下心情，我们一起解决。"

第三节　总是尬聊，导师怎么办？

导师工作中难免会出现学生不配合，有抵触心理，师生关系紧张，工作很难开展的情况。当这些情况出现，导师一定觉得非常困扰：怎么才能扭转师生关系呢？针对这一问题，我们将与导师共同探索怎样巧妙解决师生沟通中不顺畅的情况，增进导师生之间的了解，化干戈为玉帛。

案例聚焦

师："最近过得怎么样呀？"

生："挺好的。"

师："我听说你最近经常玩游戏，注意不要沉迷进去咯。"

生："好的。"

师："马上期末考试了，要认真复习。"

生："好。"

师："……"

理论分析

导生小徐曾经被导师发现在课堂上偷玩手机，导师将情况告知了班主任，由班主任处理。这件事后小徐觉得如果跟导师太过于亲近就容易被抓住把柄，因此不愿意再与导师建立进一步的师生关系。这导致后续导师主动发起的聊天也只能停留在表面，难以深入学生内心。要解决小徐与导师的问题，我们要了解以下心理学理论：

1. 冰山理论:主要包括七个层次,从上到下依次是行为、应对方式、感受、观点、期待、渴望和自己。

导师的沟通内容仅仅聚焦外显的行为表现是不够的,需要深入"水下",觉察到学生行为表现背后的过往经历,情绪感受以及真实的观点、想法。当沟通的内容触及学生内在感受、想法甚至是期待与渴望,才能够真实地了解学生,导师才有可能与同学建立深层联结,成为灵魂导师。

2. PAC人际交往理论:个体的个性是由三种比重不同的心理状态构成,该理论把个体的自我划分为三种状态。

父母(Parent):代表权威,表现为命令、教育的语气。"你应该、你必须……"

成人(Adult):代表成熟,表现为理性、分析的语气。"我认为、我觉得……"

儿童(Child):代表幼稚,表现为服从、情绪化的语气。"我不管、我就要……"

该理论认为这三种状态在每个人身上都交互存在,根据不同人际情景表达出不同的自我状态,并预判与期待对方的自我状态。而在沟通过程中就因为双方自我状态的不同与期待将会产生平行沟通与交错沟通两种不同的沟通情景,该理论认为平行沟通能够减少沟通过程中冲突的发生。

导师在沟通的过程中要关注到学生的自我状态,当发生冲突时可以有意识地引导学生调整自我状态,有必要时可以以退为进,迎合学生状态进行反馈,创造平行沟通的谈话氛围,减少不必要的冲突与误解。

📋 应对策略

一、倾听反馈,共情想法——探索冰山下的观点

情绪感受、行为反应,背后都反映着学生的认知与想法,深度沟通的核心也在于此。当导师真正好奇并了解学生对事件的观念与想法后,才能站在学生的角度真正理解他的感受,帮助他解决问题。

师:"我想听听你是怎么想的?"

生:"我知道我不该偷偷玩手机,我觉得这是你的课,我以为你会偏袒我……"

师:"我明白了,很感谢你这么信任我,但是再亲近的关系也应当遵守规则,对吗?"

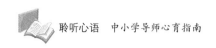

二、体悟情绪,共情感受——探索冰山下的期待

对于个体而言,感受往往影响了后续的行为与结果的走向,传统教育过程中我们普遍关注道理,帮理不帮亲,但在事件发生时我们本能地期待有人能够共情自己的情绪感受。因此,导师保持对学生情绪感受的好奇,能够帮助学生梳理自身感受,稳定情绪,提高沟通与解决问题的效率,让沟通更走心。

师:"我后来请班主任来处理这个事情,你是不是不开心了?"

生:"是有点,这本来是我们两个的事情,结果你让第三个人插手了,我有点没面子,也觉得你是不是没那么亲近我。"

师:"这是我没有考虑周到,没有跟你提前沟通好,我希望这件事不要影响到我们之间的关系。不过从责任范围来说,发生在班级的事情我想班主任应该知晓,对吗?"

三、保持好奇,共情经历——挖掘冰山下的渴望

学生的过往生活经历很大程度上影响了个体的认知发展,了解他的经历有助于理解学生的想法。导师可以通过问询、家访、调查问卷等形式了解孩子的兴趣爱好、生活经历,在聊天的过程中有意识地从学生感兴趣的点出发,以开放式的问句为主,唤起学生的表达与分享,挖掘学生深层的渴望。

师:"你好像对我们的关系界定非常在意? 这是为什么呢?"

生:"我预备年级开始有个我觉得特别要好的朋友,结果到初二他才说之前一直都是装的,不是真的想跟我做朋友。老师你说我们应该是亦师亦友的关系,我想跟你做朋友,但是又怕你跟我那个初中的朋友一样,只是工作需要才亲近我。"

四、觉察、调整自我状态,创造平行沟通

了解 PAC 分析理论,有助于我们在交往中有意识地觉察自己和对方的心理状态,作出互补性或平行性反应,使信息能够畅通地交换。例如,面对 C 状态的学生,老师可以调动自身 P 状态,以教育口吻帮助其梳理思路;或者也可以调动自身的 C 状态与导生继续沟通,建立情感"链接"。例如:

师:"这个知识点我课上讲过的,怎么又做错了?"

生："我不知道……"

P状态师："以后做作业之前把课上的例题都看一遍，巩固一下。"

C状态师："你不知道？我也不知道呀，要么问问××同学知不知道？"

而面对接近成年的高中生，如果能在交往中把自己的情感、思想、举止控制在成人状态，以成人的语调、姿态对待别人，给对方以成人刺激，同时引导对方也进入成人状态，做出成人反应，相对有利于建立互信、互助关系，有利于保持交往关系的持续进行。

生："我不知道……"

A师："我们一起分析一下，你看你公式用对了，说明解题思路是清楚的。但是第二步代入的数据这两个反了。是不是对公式的理解还不透彻？"

A生："对的老师，我觉得课上讲这块的时候我就没听明白……"

根据冰山理论，尝试看到、接纳学生水面之下的内在自我。保持对学生经历的好奇，唤起学生的分享与倾诉欲；保持对学生情绪的好奇，运用共情觉察学生的感受；保持对学生想法的好奇，接纳观点，进行深层沟通。在沟通过程中运用PAC理论，建构互补、平行沟通情境，减少冲突的发生。

📖 实践思考

分析冰山下的小华：

导生小华近期在课堂上有些心不在焉，总是出神。最近一次考试成绩也有些下滑，放学后总是磨磨蹭蹭不愿意回家。在家访中导师发现，小华的父母近期爆发了很大的冲突，在冲突后母亲经常抱着小华说要为了他忍耐到高考结束。

感受：

观点：

期待：

渴望：

分别用P、A、C三种自我状态回复小华的话：

"我又没考好，我真是一事无成！"

P：

A：

C：

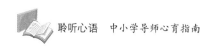

📖 资源链接

1. 上海市教育委员会发布的《师生关系构建指导手册》(试用本),2021.

2. [日]三好真史.教师的沟通力[M].吕艳,译.北京:北京科学技术出版社,2022.

3. [美]马歇尔·卢森堡.非暴力沟通[M].阮胤华,译.北京:华夏出版社,2009.

4. 李崇建,曹敬唯.萨提亚深层沟通力[M].长沙:湖南文艺出版社,2023.

5. [美]伯恩.人间游戏:人际关系心理学[M].刘玎,译.北京:中国轻工业出版社,2014.

第二十章　架设家校沟通之桥

全员导师制对导师的家校沟通提出了新的要求,导师在工作中如何做好家校沟通? 青春期的孩子让很多家长望而生怯,也让很多家庭的亲子关系如履薄冰。很多孩子进入青春期以后难以沟通,经常在与父母对话时"一说就急""一点就炸"。

本章围绕导师如何做好家校沟通展开,分为三个部分:第一部分是如何读懂青春期孩子的情绪;第二部分是如何指导青春期的亲子沟通;第三部分是如何化解青春期的亲子冲突。

 本章学习目标

一、指导家长读懂青春期孩子的情绪信号,学会理性沟通

二、指导家长掌握青春期的沟通密码,掌握有效沟通的策略和方法

三、指导家长积极认识和学会化解青春期亲子冲突的方法和策略

第一节　如何指导家长读懂青春期的情绪信号?

青春期被称作情绪的"疾风骤雨"期,这个阶段的孩子情绪多变,一会儿高兴,一会儿难过,常常弄得家长不知所措。导师在与家长沟通时经常会遇到类似的情景,这就要求导师必须读懂青春期孩子的情绪,理解孩子的情绪,帮助家长和孩子处理不良情绪。

案例聚焦

小海是一名优秀的音乐教师,学校全面推进全员导师制工作,他也成了 10 名学生的导师。在一次家访中他听到家长一直在抱怨:孩子最近不知道怎么了,回到家脸色就很难看,一句话不说,"砰"的一声关上自己房间的门,妈妈在厨房听到孩子的关门声,一脸茫然地说"你这个熊孩子,一回来就像吃了枪药,到底谁惹你了?"孩子趴在床上,捂着耳朵说:"心情不好,别理我!"面对家长的抱怨,小海老师一时不知道怎么回应……

理论分析

随着初中生心理能力的发展和生活经验的扩大,初中生的情绪体现出半成熟、半幼稚矛盾性特点。其情绪的感受和表现形式也不再像以往那么单一,但又远不如成人的情绪那么稳定,表现出明确的两面性。情感发展则主要表现为自尊的需要迫切,情感有文饰、内隐和曲折性以及情感容易受挫、忍受能力差等特征。青春期孩子的情绪具有以下特点。

1. 追求情绪自主是青春期孩子情绪的基本特点

青春期孩子在情绪情感上逐渐脱离父母的依赖和控制,形成自己的情绪感知、反应和表达系统。他们的开心和不开心带有明显的自我色彩。由自己的经历和想法主导自己的情绪体验。他们认为自己长大了,不愿像小时候那样顺从父母,他们有自己的见解和思考,在情绪上也是如此,追求情绪自主。

2. 青春期孩子情绪反应剧烈,不稳定、易波动

青春期是孩子情绪发展的关键过渡期。孩子在儿童期只有较为简单的情

感,没有复杂的情绪体验,而到成年期,人们拥有丰富而又相对稳定的情绪。青春期正处于情绪从简单到丰富的发展过渡阶段,情绪十分不稳定。

青春期孩子的情绪波动性很大。青春期孩子的情绪常常从一个极端转向另一个极端,情绪来得骤然,去得迅速,可能这一刻心情还"阳光明媚",下一刻就"暴雨倾盆"。具体表现为对父母时而冷淡时而亲密、学习劲头时高时低、心情时好时坏等。青春期孩子的情绪反应剧烈,表现夸张。他们往往遇到一点儿小事,就会产生很大的情绪反应。容易狂喜、暴怒,容易极度悲伤、恐惧。当取得成功或者受到某种鼓励和肯定时,情绪高涨、兴高采烈;当遇到挫折或失败时容易陷入极端苦闷的状态,心情低落、无精打采。

3. 孩子会"复制"父母的情绪

情绪虽然不能遗传,但情绪可以感染。父母的情绪会通过模仿、暗示、感染等心理机制传递给孩子,对孩子的情绪形成有很大的影响。

如果父母自身拥有积极、正面、稳定的情绪,那么即使孩子处于情绪"疾风骤雨"的不稳定期,也不容易在家中被激发而产生剧烈的情绪反应,在外面形成的不良情绪也容易在家中得到缓解和沉淀。反之,如果父母情绪比较暴躁、易怒,那么孩子很容易在遇到问题时不自觉地采用父母的情绪反应,也变得暴躁易怒,并且容易跟父母产生冲突,引发不良情绪。

📠 应对策略

一、做好孩子的情绪容器

首先要关注孩子的情绪。青春期孩子的情绪控制能力较弱,情绪较为外露,关注孩子的情绪有助于家长了解孩子。例如:孩子放学回家后一直闷闷不乐,连平时喜欢的菜都没有吃,这是一个"警报",家长需要及时与孩子沟通,了解孩子到底发生了什么事情,是否需要帮助。

其次要接住孩子的情绪风暴。青春期的孩子很容易陷入情绪风暴,有时会冲着大人发脾气,大吼大叫。但很多家长压根不知道如何面对10—15岁孩子的情绪。在心理学上有个概念叫"情绪容器",好父母就应当是孩子的情绪容器。孩子的焦虑、恐惧、愤怒释放出来时,你就得接住,然后转化为轻松、温暖和力量。如何接住?单纯回归到一个妈妈或爸爸的角色,不谈学习、分数、名次,不要跟他

讲道理,更不要泼他冷水,做好后勤保障,多跟孩子闹一闹、玩一玩。

当你把这些事情做好了,你就会发现,你和孩子的关系更近了!

二、适时表达你的善意

聪明的父母不会跟青春期的孩子硬碰硬。跟青春期孩子较劲没有赢家,要么两败俱伤。遇上争吵,一定要学会率先释放善意,把自己和孩子都拉回来。教你一句很管用的话,你看着孩子的眼睛说:妈妈刚才没有恶意,你相信我。一般来说,孩子听到这句话,他的情绪会很快冷静下来,局面就会控制下来。这里面的原理就是,青春期孩子特别怕家长误解他、冤枉他。你说的任何一句话,他都能从里面挑刺,去十倍、百倍放大你的敌意。遇到这种情况,作为家长,一定要比荷尔蒙不正常的孩子稍微清醒一点。你率先表达善意,给孩子一个信号——"你现在是安全的,没有人要伤害你",这对孩子来说非常重要。

三、先处理情绪,再解决问题

研究表明,父母如果经常一遇到问题就情绪激动,抑制不住怒火,对孩子大喊大叫,养育出来的孩子则更有可能出现人身攻击、语言攻击和社会退缩的现象,而且缺乏积极行为表现。也就是说,用发火、吼叫等发泄情绪的方式约束孩子,很多时候不仅不会让孩子的叛逆有所改观,甚至会适得其反。可见,遇事先让自己冷静下来,然后再解决问题,是父母的一种大智慧。

所以,面对叛逆期孩子的"磨人"行为,切记一定要先处理好自己的情绪,再去解决问题。对于小海老师遇到的问题,导师要清楚知道,青春期孩子的情绪反应剧烈,容易冲动,在指导家校沟通时要让家长明白,孩子一时冲动说出的话只是当时的想法,并不代表他们一贯的观点和态度,也可能是孩子口是心非,家长不必把孩子一时的说法严重化,采取一些行动去制止孩子,这样只会让孩子的情绪更恶劣。

第二节　如何指导家长开展亲子沟通?

有些家长总觉得自己很爱孩子,但爱与不爱,孩子对此最有发言权。可能会有家长比较困惑：为什么自己为孩子付出了那么多，他（她）却还是不理解、不领情？我们时常听到家长的这些反馈："孩子上了初中后脾气变得很差""女儿不如以前活泼了""我的孩子为什么不如以前听话了""孩子开始学会说谎了""成绩比小学时差了很多"……对于这些疑问，有时候我们应该反思自己与孩子的沟通是否出现了问题。亲子之间的"爱"与"怨"都在沟通里。

案例聚焦

"孩子现在处于青春期，特别逆反，不管我说什么，他总是和我唱对台戏，为了改善与他的关系，我主动与他沟通，但是，他总是爱理不理的。"

"我的孩子也是如此，每当我想跟孩子说几句话的时候，她总会说：'老爸，你又来了，烦不烦呀？'然后就走进自己的房间，'砰'的一声把门关起来，每当听到关门声，我就仿佛听到孩子把自己的心灵关起来了。"

"我的孩子很内向，特别喜欢网络聊天，他宁愿一整天坐在电脑前，也不愿意与我们多说一句话。有时候，我问他：'孩子，你们聊什么呢？'他就冲着我说：'告诉你你也不知道。'然后继续他的'人机'聊天，把我这位老爸晾在一边。"

小白作为一名预备年级的导师，听到家长说得最多的话就是这些，到了初中，孩子凡事都喜欢自己拿主意，明明自己做得不好，但家长的建议一点也听不进去，作为导师该怎么指导亲子沟通呢？

理论分析

1. 什么是亲子沟通？

沟通是通过言语或其他形式，如文字、图片、动作、表情等，将一方的信息、意见、态度、知识、观念乃至情感，传达给另一方，对方接受并有所反馈的过程。

家庭中的亲子沟通是指家庭中父母与子女之间交换资料、信息、观点、意见、情感和态度，以达到共同的了解、信任和互相合作的过程。有效沟通应该是流动的状态，父母与孩子之间有信息的交互和反馈，并且在这个过程中有良好的情感流动。

2. 如何检视沟通的有效性？

在这里给大家一个辨别沟通有效性的工具，如果父母与孩子的沟通没有达成以下三点，那有可能就是无效沟通。

（1）有没有达到沟通目标？

（2）有没有让亲子关系变得更好？

（3）有没有让沟通轮转起来？

3. 亲子沟通的卡点

（1）"我已经说过一百遍了"——唠叨：彻底堵住对话通道

这种强调过多、过细、过强、时间过久而引起的让人心里极度不耐烦，最后变成反抗或者对抗的现象被称为"超限现象"。父母如果把唠叨变成日常，内容再正确也会变得没有意义，经常被唠叨的孩子，就会对其免疫甚至产生对抗。

（2）"你怎么老这样，跟××一个德行"——否定：孩子偏就朝不好做给你看

孩子从重要关系的交互中得到否定，而且一次次被否定，很有可能会成为孩子内心确信不疑的限制："你都这么看我了，那我就这样了。"

（3）"你再不……我可要……"——威胁：促使孩子将对抗坚持到底

孩子小的时候，这招或许管用，但进入青春期的孩子就不容易受威胁了，他们需要的是自主性，希望能够掌控自己的人生，这时候想要孩子妥协显然不太可能。

（4）"你到底跟谁在一块？"——盘问：孩子说谎的触发器

盘问孩子，带给他们最大的感受是不被信任，不被尊重，被管得太紧，没有自由。孩子会在盘问中努力捍卫自己，进而出现撒谎、逆反等现象。

（5）"你要多向××学习"——比较：中伤孩子价值感的利刃

父母口中"别人家的孩子"，已成为很多孩子成长过程中最讨厌的人。这样做比较就是时刻提醒孩子"你做得不好，你做到的都毫无价值……"当一个孩子被比较时，内心会生出更多的无助感。

应对策略

一、"人事分离"的回应方式

"人事分离"的沟通方式有三个要点。

1. 语气比内容更重要

当大人对孩子大声嚷嚷或者骂骂咧咧时，孩子的大脑会进入紧张的状态，无法正常运作。

2. 用"我"替代"你"

"我讯息"表达的是自己的意见和感受,让自己的想法能充分地传达给对方,让对方更了解自己的心情和想法,以达到有效的沟通。

3. 只说"我"看到的事实

描述看到的客观事实,一旦遇到自己不太喜欢的行为方式,不要很快地做出是好是坏的判断,包容和积极欣赏孩子的长处才是关键。

例如下面这个情境:

情境一:妈妈回家时,发现孩子开着空调,而阳台的门却没关,就问:"你怎么不关阳台的门呢? 这也太败家了!"

情境二:妈妈回家时,发现孩子开着空调,而阳台的门却没关,就说:"我看见阳台的门还没关。"

对比两种不同的反应方式,孩子会有怎样的反应呢?

我们会发现,第二种沟通方式尊重孩子,关注"我"看见的事情,所以对方也能关注事情本身,所以,不同的反应方式,孩子的感受不一样,沟通的效果也不同。

二、学会积极倾听孩子的心声

听什么? 怎么听? 如何积极倾听?

第一步:换位思考

换位思考,是设身处地地为他人着想,即想人所想、理解至上的一种处理人际关系的思考方式。人与人之间要互相理解、信任,并且要学会换位思考,这是人与人之间交往的基础:互相宽容、理解,多站在别人的角度去思考。

第二步:感同身受

在事情上感受孩子的情绪和感受,只有当父母设身处地去感受孩子的感受,才能够做到真正地理解孩子。

第三步:情感反馈

找到孩子的情绪词,把握孩子的情绪感受,并将其反馈给孩子。

第四步:适当回应

以事实为出发点,不带评价地陈述看到的事实,不做价值评判。

下面通过一个事例来练习:

孩子:今天数学老师又把体育课给占了,真烦人。

家长:老师还不是为你们好,这么负责的老师哪里找去!

孩子:不跟你说了,什么都不懂!

换位思考练习:对于一个孩子来说,体育课是很值得期待的,轻松又好玩。

感同身受练习:体育课被换成了数学课,不管数学课有多重要,孩子一定还是会感到很失望,可能已经说好跟谁组队打篮球的计划也泡汤了。

情感反馈练习:如果盼了一周的体育课突然被取消了,你也一定很失望。

适当回应练习:嗯? 跟我具体说说是怎么回事? 你是怎么想的? 体育课轻松好玩,突然被换成数学课,确实没办法接受……

用这种方式沟通,我们发现沟通就会变得轮转起来。

三、找准时机,为关系赋能

1. 避坑:话不投机半句多,"六不原则"带父母避坑

不在备考时聊考试、不在考试后聊成绩、不在开始时讲过去、聊往事不"建碑立坊"、聊童年不扬此抑彼、时机不对不聊对错。

2. 赞美:关注正向面,关注的都会被强化

如果一个孩子能够从父母身上得到赞美和肯定,他(她)的内心便会有更多的安全感和自信心。如何艺术地赞美孩子?

(1) 赞美细节,而非敷衍

让孩子知道自己哪个细节做对了,以后便会把那些细节继续做好。赞美孩子时可以说出自己的情绪感受,比如:妈妈感到很欣慰,看到你作业的书写有了很大的进步,尤其这几个字很有书法的韵味,你真是一个认真刻苦的好孩子。

(2) 赞美过程,而非结果

你通过自己的勤奋练习,把这些错误全部纠正过来了,所以你熟练掌握了试卷里的题目,你拥有勤奋钻研的精神。

(3) 赞美勤奋,而非天赋

赞美天赋,孩子会往"固定型思维"发展,您给孩子设了限,孩子不敢挑战新事物;而赞美勤奋,有助于培养孩子的"成长型思维",不断推动自己前进。

(4) 赞美有度,不能浮夸

"浮夸"的赞美会让孩子失去动力,他会怀疑自己根本没有你说得那么好。

3. 正向引导,做赋能型家长

每个孩子都拥有足够的智慧、力量和自我负责的能力,家长要做的是成为孩子赋能的教练。如何给孩子赋能呢? ——身教重于言传,孩子都是很聪明的,家长平时说十句也抵不过自己的一次行为,孩子都会看在眼里记在心上,成为日后自己模仿的典范。要想孩子好,就先改变自己,让自己成为一个学习型家长,充满智慧、力量与爱,情绪乐观稳定,亲子关系自然而然就会朝着好的方向发展。

鲁迅先生曾说过,父母存在的意义,不是给予孩子舒服和富裕的生活,而是当你想到父母时,内心会充满力量,会感到温暖,从而拥有克服困难的勇气和能力,并因此而获得人生更多的乐趣和主动权。

第三节　如何指导家长面对亲子冲突?

进入青春期,孩子在生理上迅速发育,而心理发展的速度相对缓慢,身心发展的不平衡,以及父母对这种发展变化的不适应,造成亲子冲突大量增加。

有些研究认为,亲子冲突对青少年的健康发育是有益的,父母与青少年的冲突有利于青少年形成自己的观点和见解,促进其同一性的发展。但更多的研究却发现,亲子冲突对青少年的心理健康带来很多负面影响,比如青少年的行为问题、抑郁、焦虑等,对青少年健全人格的塑造有很大的影响。更有甚者,因为亲子冲突爆发,出现了严重的心理危机事件,后果无法挽回。

📖 案例聚焦

周五晚上,凯文做完作业,按照他和爸妈的约定,可以玩一会儿手机。可是手机到手就停不下来,就在他游戏打得最激烈的时候,妈妈来了,大声地提醒他还有 10 分钟就到时间了。凯文不耐烦地说:"知道了,到时间就会上交!"又过了5 分钟,爸爸进来了,吼道:"书不好好读,天天就知道看手机。"凯文不理睬,爸爸越说越生气,直接上手夺手机,凯文想要拿回手机,父子俩就扭打在一起。眼前这个场景,妈妈已经记不得发生过几次了,她急得要命,但又无可奈何……

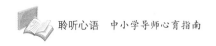 **理论分析**

亲子冲突是亲子关系转型的信号。亲子冲突的发生提示父母,孩子进入了他人生发展的一个新阶段,父母需要跟孩子一起成长,改变跟孩子相处的方式,适应孩子的变化以及随之而来的亲子关系的变化,亲子冲突是正常的。青春期的亲子冲突以学业和电子产品的使用为主,作为家长要明白,在这个信息爆炸的时代,过去的经验和观念正在接受挑战,孩子的知识储备往往比父母更多更丰富,父母要多向孩子学习,即"文化反哺"。

一、发生亲子冲突属于正常现象

研究表明,初中生与父母之间的亲子冲突是无法避免的,有一定的冲突是正常的。初中生正是在亲子冲突中不断成长起来的。进入青春期之后,孩子身体迅速发育,生理上的日渐成熟促使孩子在心理上要求独立自主,希望摆脱父母的束缚,以一个成人的姿态处理事情。对自主权的要求增大,加之父母对孩子变化的不适应,造成初中阶段亲子冲突的增加。

很多父母对亲子冲突有一些误解,认为亲子冲突一定是不好的。诚然,亲子冲突会带来消极的影响,如亲子关系紧张。但是,亲子冲突也存在积极的作用:有利于初中生自我同一性的发展,孩子在与父母的冲突中逐渐形成自己的观点,对父母做出更为客观、成熟的评价,自主性逐渐增强;亲子冲突的发生和解决帮助孩子学习如何处理同他人的关系,提高处理问题和控制情绪的能力。

二、青春期亲子冲突的原因

（一）基于家长的视角

1. 单向权威式沟通

大多数父母对孩子的沟通是单向权威式的,就是父母只需要传达,孩子必须执行。这种强硬的方式,剥夺了孩子发言的机会,所以他们所能采取的方式,要么是放弃不再沟通,要么是反抗,引起更大伤害。

2. 父母只关注自己不关注孩子

大多数父母与孩子沟通时,都带着自己已有的想法和判断,不管孩子说什么,都不感兴趣,也就是没有用心去了解孩子的需求和感受,单方面从自我的角度去判断。

3. 只处理问题,不处理情绪

不少家长在面对孩子遇到的困难和问题时,会站在自己的角度进行指点,忽略了孩子的感受。孩子的情绪没有被看到,体会不到父母的理解,很难听得进父母的其他意见。

4. 本能地情绪化表达,挫伤孩子自尊心

有的时候,家长因为生活、工作的琐事,在内心积压了许多负面的情绪,这些情绪通常不经意间就会被我们毫无缘由地发泄在孩子身上,孩子似乎成了家长的"出气筒"。如果不能意识到这个问题,长期下来,孩子势必会与父母发生激烈的冲突。

(二)基于孩子的视角

1. 不尊重我,似乎只有大人的事才最重要

爸爸妈妈对我的事情总是不以为意,好像只有他们的事情才是最重要的,我们这些小孩子的事都不值一提。

2. 不能以身作则,却提出各种要求

为什么父母要求我们的事情自己却做不到? 我们来指出父母的错误那就是顶嘴,而他们用吼叫的口气来教训我们就是循循善诱? 在他们眼里,好孩子和坏孩子的区别只有一个现象可以证明,就是够不够听父母的话。

3. 跟我聊天,话题只有学习

和父母没什么可聊的,一谈起话来总免不了问我学习的情况,这样让我感到很厌烦,总感觉话不投机。在家里爸妈每天说得最多的话就是要把学习搞好,什么成绩了、作业了、考试了、分数了……

4. 爱比较,喜欢用发火的方式代替交流

整天拿和我在一个小区的同班同学比较,总是和我说,你看人家怎么,你又怎么;只要我做的事情没让他们满意,迎来的只有大发雷霆,我也知道自己做得不对,如果心平气和地沟通,我会更愿意改正的,谁不想成为更好的自己呢?

应对策略

一、对孩子的情绪变化做到尊重、接纳、非评判

尊重意味着父母需要放低姿态,站在平等的角度和孩子进行互动。尊重孩

子的年龄和现实的水平,不要给孩子过高的期望,也不因孩子某方面的不良表现而不分缘由地横加指责。

接纳意味着承认并允许人、事、物当下所呈现的样貌。就是说不管我们喜不喜欢,能不能去接受,我们都要去勇敢地接受它的存在。

做好非评判也就要求父母能够时时观察心中的偏颇或好恶,不受个人的喜恶牵制。将观察和评判混为一谈,孩子就会倾向于听到批评并反驳父母。

二、在与孩子的互动中学会换位思考,将心比心

换位思考是指个体能够站在对方立场上设身处地思考,在人际交往过程中能够体会他人的情绪和想法、理解他人的立场和感受,并站在他人的角度思考和处理问题。

简单地说,父母可以在与孩子的互动中加强以下四个步骤的思考和训练。

第一步:如果我是他,我需要的是……

第二步:如果我是他,我不希望的是……

第三步:我原来的做法是……这是否是他期望的方式?

第四步:我可以尝试的,他期望的方式是……

三、在与孩子的关系问题上加强自我反思

李玫瑾教授曾在育儿讲座中提到,人最高层面的心理就是反思。她鼓励父母在孩子的教育和诸多问题上进行一定的自我反思,反思不仅是对行为和活动的简单“回忆”,而是在认真回顾事件经过的基础上通过深入的思考,探索找到“问题”和“答案”。心理学中,反思是“基于自我的一种思考”,是将自己的思想、行为置于自我监督或控制之下,使之不背离业已形成的处事规则或按照预定的计划目标发展。反思的过程就是自我再认识的过程,通过事件的再次呈现,帮助自己换个视角、换个时间对事件的整个过程进行分析和探索,发现自身存在的问题,进而寻找解决问题的合理方式。反思的背后不仅是一种谦虚的人生态度,更是一种正确的归因思维方式。

四、运用非暴力沟通化解亲子冲突

非暴力沟通是马歇尔·卢森堡博士提出的一种沟通方式,是用来帮助我们

在诚实和倾听的基础上与人联系,不是单纯地想改变他人,使他们的行为符合我们的利益。非暴力沟通有四个步骤。

第一步:陈述观察,避免贴负面标签

很多时候,我们自以为在进行客观表达,实际上却在进行主观评价,甚至是武断地给对方贴负面标签。例如,导师说某个学生"上课总是开小差,不认真听讲",这里"总是"的表达就不是观察而是评论,而家长听到这些也容易觉得教师太主观,产生抵触或不信任情绪。

第二步:表达感受,注意区分感受和自我评价

我们在表达感受时,经常容易混淆感受和自我评价。就像"我觉得我的吉他弹得不好,作为吉他手,我有些失落",前半句是想法和自我评价,后半句才是真正的感受。

第三步:明确教师自己、家长和学生三方的需求

明确需求,不仅仅要明确教师自己的需求,也要明确家长和学生的需求。可以分别问自己、家长和学生:"我/你的需要是什么? 为了满足这些需要,我/你希望对方做什么?"当我们表达指责和抱怨的时候,我们要去思考和探索这些指责和抱怨反映了什么需求,要把消极的表达转化为积极的表达。

第四步:提出切实可行的请求

导师与家长沟通,要提出具体的建议,如:准备一个本子,每天写出孩子的三个优点,拿给孩子看,或者告诉孩子。家长运用这些方法,能更好地配合学校,做好家校协同。

当然,我们日常生活中也并不是每时每刻都需要完整地遵循非暴力沟通的四个步骤,但家长可以有意识地去这么做,相信一定能看到效果。

有兴趣深入学习的导师可以阅读这些资料。也祝愿我们所有的导师和家长,能够在学习中不断成长,在成长中不断优化与孩子的沟通方式,成为有温度的导师和家长。

实践思考

线上教育期间,导师薇薇在与受导学生轩轩联系时,他正与妈妈发生冲突,两个人情绪都很激动,轩轩说妈妈不信任他,无论自己如何努力都达不到父母的要求,自己怎么做父母都不满意! 而妈妈则说他平时作业也是催催催,反正就是

不爱学习,就是喜欢打游戏,怎么说都没用,还跟导师说我知道他也不是学习的料,反正也没指望他考上大学……

面对这样的家长,薇薇导师该如何应对?

资源链接

1. 董奇.知心育人 适合每位教师的心理健康教育指导手册(中学版)[M].北京:教育科学出版社,2021.

2. 丁凤良.读懂学生:心之所向,身之所往——读边玉芳教授著《读懂学生》系列丛书有感[J].中小学心理健康教育,2021(18):72-73.

3. 边玉芳.读懂孩子·心理学家实用教子宝典(12—18岁)[M].北京:北京师范大学出版社,2014.

4. 郁琴芳,王萍,陆春晔,等.换一种方式说话——亲师沟通的技巧与实战[M].上海:华东师范大学出版社,2020.

5. 郏蒙蒙.亲子冲突一触即发,家长"让"一步海阔天空[J].中小学心理健康教育,2024(10):78-80.

模块九：

自我成长篇

第二十一章　做不内耗的导师

教师这个职业一直被认为是压力最大的职业之一,美国压力研究机构列出的十个最具压力的职业中,城市中学教师名列第一位。北京教育科学研究院基础教育研究所从北京城区和郊区随机抽取了 300 位教师进行问卷调查,发现93.1%的教师感到"当教师越来越不容易,压力很大",并认为这已经成为普遍性的重大的生活和生存问题。前期本工作室通过问卷调查也发现,84.3%的导师希望接受"压力与情绪的自我觉察与管理"培训。

 本章学习目标

一、学会识别过度压力的心理信号,掌握压力评估的常用工具

二、认识和了解压力的来源,掌握压力管理的方法和技巧

三、认识自我关怀的重要意义,掌握自我关怀的操作关键

第一节　导师如何识别压力的心理信号?

近日,教师工作压力过大的报道见诸各大媒体,引起社会对教师职业压力的广泛关注,也不禁让人对当前教育行业的现状以及教师所面临的压力产生了深刻的思考。

案例聚焦

河南郑州一名23岁的小学女教师吕某留下遗书后跳楼自杀。遗书中,吕某称自己像进了牢笼,工作压力太大了,让她喘不过气来,每天都提着最后一口气上班。作为导师,如何识别压力的心理信号?

理论分析

压力是指环境对人的要求,超过人本身所具有的能力和承受力,或是环境无视个人的欲求和动机,也可以定义为人与环境之间认知不协调或不适应的状态。

一、压力的危害

1. 压力与人体

压力过大会引发肌肉紧张、消化不良、心跳加快、血压升高、不断出汗、身体变凉、血栓增多、糖和脂肪溶入血液。受到压力后,肌肉会突然转变能量的来源,"击退"被察觉到的威胁。交感神经系统向肾上腺发出信号,释放肾上腺素、皮质醇等激素。这些激素会加快心率、升高血压、改变消化系统活动、升高血糖。

2. 压力与不良行为

压力过大会使人体对烟、酒、茶、咖啡的依赖性增加,出现强迫行为。很多人在面对压力时,采取吸烟、喝酒、喝咖啡等方式舒缓情绪,缓解压力,解除疲劳。由于生理和心理两方面的作用,尼古丁、咖啡因等物质能使人产生一种轻松愉快的感觉。另一方面,重复的行为也能够减轻人们的焦虑,如同有的人一旦感到有压力了,就喜欢吃零食或者去购物来调节一下。这样的效果,反过来又会刺激使用者继续采取吸烟、喝酒、喝咖啡等方式缓解压力。可是,由于尼古丁、咖啡因、酒精等是成瘾性物质,在逐渐的重复使用中,机体对这些物质产生了耐受性,即必须摄入更多以达到和以前同样的舒适感,从而导致上瘾。

3. 压力与疾病

据医学心理学家研究发现,压力过大会伤害人体神经系统、骨骼肌系统、呼吸系统、心血管系统、内分泌系统、胃肠道系统、生殖系统等七个系统的健康。压力过大还会引起过敏、气喘、偏头疼、刺激性肠炎、湿疹、鹦鹉热、荨麻疹、高血压、心脏病等疾病。

4. 增加心理负担

经常面临压力,却需要经常保持微笑的人容易导致抑郁;当一个人不想笑,又不得不微笑,这就会出现心理状况和面部表情不一致,心理压力得不到释放。长此以往,不良情绪会不断累积,会加重心理负担,使心率不正常,使免疫力降低,可能导致心理崩溃。

5. 影响记忆力和学习

压力过大令神经长期处于绷紧状态,影响睡眠质量,加速脑细胞的衰退,破坏循环系统的有序状况,影响大脑休息和供氧,使大脑的效率降低,影响记忆力和学习。

二、压力的积极意义

生活中的压力无处不在,正常的压力并不可怕,往往还能提升我们的工作效率。心理学家耶克斯与多德森的心理学研究表明,动机强度和工作效率之间的关系不是一种线性关系,而是倒 U 形曲线关系,心理学上称之为"耶克斯-多德森定律"。该定律是反映压力(动机水平)、任务难度与工作绩效之间的关系——当任务难度适中时,最佳的状态会发生在中等程度的压力下;当任务比较简单容易时,需要较高的压力才能提高工作绩效;而当工作比较复杂困难时,较低的心理压力将产生较高的工作绩效。

很多人在面临压力时,往往无法妥善解决。其决定性的原因在于大家都从精神及感情上抗拒它,而不是衷心地接纳和科学地处理它。其实压力无处不在,能感觉幸福的人,并不是没有压力,而是能够调剂生活压力。因此,只有真正学会缓解压力,才会有利于教师接纳导师角色、体验导师乐趣、避免职业倦怠。

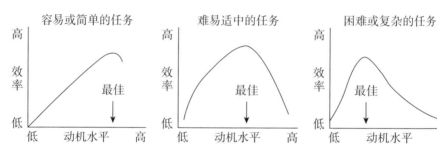

图 21-1 耶克斯-多德森定律

应对策略

在日常的工作中,老师们应该如何觉察和评估自己的压力呢？心理学中有一些专门的压力测试,可以帮助老师们测试自己的压力,做到对自己压力的监控和管理。心理压力自测量表(PSTR)就可以帮助人们了解自己面临的心理压力程度(见表 21-1)。它由瑞士心理学家爱德沃兹于 1983 年编制,以德国心理学家穆瑞于 1968 年提出的心理压力因素理论为基础。它一共有 50 道题,分为 5 级评分:A(总是)—4 分、B(经常)—3 分、C(有时)—2 分、D(很少)—1 分、E(从未)—0 分。根据自己最近一周的真实体验和实际情况来选择最合适的答案即可,做完测试之后把总分加起来。测试时间大约为 15 分钟。

表 21-1 心理压力自测量表(PSTR)

1. _____ 我受背痛之苦
2. _____ 我的睡眠不足且睡不安稳
3. _____ 我头痛
4. _____ 我颌部疼痛
5. _____ 若需等候,我会不安
6. _____ 我的后颈感到疼痛
7. _____ 我比多数人更神经紧张
8. _____ 我很难入睡
9. _____ 我的头感到紧或痛
10. _____ 我的胃有毛病
11. _____ 我对自己没有信心
12. _____ 我会自言自语
13. _____ 我忧虑财务问题
14. _____ 与人见面时,我会窘怯
15. _____ 我怕发生可怕的事

（续表）

16. _____	白天我觉得很累
17. _____	下午我感到喉咙痛,但并非由于染上感冒
18. _____	我心情不安,无法静坐
19. _____	我感到非常口干
20. _____	我的心脏有毛病
21. _____	我觉得自己不是很有用
22. _____	我吸烟
23. _____	我肚子不舒服
24. _____	我觉得不快乐
25. _____	我流汗
26. _____	我喝酒
27. _____	我很敏感
28. _____	我觉得自己像被四分五裂了似的
29. _____	我的眼睛又酸又累
30. _____	我的腿或脚抽筋
31. _____	我的心跳快速
32. _____	我怕结识新人
33. _____	我的手脚冰冷
34. _____	我患便秘
35. _____	我发现自己很容易哭
36. _____	我消化不良
37. _____	我咬指甲
38. _____	我耳中有嗡嗡声
39. _____	我小便频密
40. _____	我有胃溃疡的毛病
41. _____	我有皮肤方面的毛病
42. _____	我未经医师的指示使用各种药物
43. _____	我的咽喉很紧
44. _____	我有十二指肠溃疡的毛病
45. _____	我担心我的工作
46. _____	我口腔溃烂
47. _____	我为琐事忧虑
48. _____	我呼吸浅促
49. _____	我觉得胸部紧迫
50. _____	我发现难做决定

量表计分和解释:93分以上:表示处于高度应激反应中,身心遭受压力伤害,需要专业心理帮助。82—92分:表示正在经历太大的压力,身心健康正在受到损害,学会如何缓解压力是非常必要的。71—81分:显示压力程度中等,可能正开始对健康不利,可以仔细反省自己对压力的反应。60—70分:你生活中的兴奋与压力也许是相当适中的。49—59分:表示你能够控制你自己的压力反应,你是一个相当放松的人。

第二节　导师如何做好压力管理?

案例聚焦

　　小袁是一位年轻的男教师,他对很多事有着严苛的标准,能做到90分就不甘心做60分。最让他头疼的就是他带的学生是几个比较调皮的"问题学生"。他任教的是一个纪律较差的班级,他带的学生上课不听,作业无法完成。每次和学生谈话,他们总是嬉皮笑脸,态度敷衍。加上他带的学生中还有一个多动症学生,课堂上无法专注,有时还做出怪异举动破坏课堂纪律,多次教育但效果都不明显。他也尝试着和孩子们的家长沟通,但和家长交流后发现,家长的行为举止也不规范,而且并不配合学校教育,态度消极。每天在这些学生中周旋,小袁觉得压力很大,基本的教学任务都没有时间完成,常常要加班工作到很晚,没有充分的休息时间,因此很是烦恼。

理论分析

　　压力来源多种多样,可能与环境、个人自身因素、社会环境和家庭环境都有关系。

　　从压力的环境因素而言,包括环境本身固有的刺激压力、个人在环境中的作用方面所产生的刺激压力、人际关系所带来的刺激压力和生活边缘的刺激压力。比如,有一些老师会遇到与同事关系相处不好的问题,这给他们造成了压力。

　　从压力的个人因素而言,对于同一个刺激压力的发生源,存在着容易受影响与不容易受影响这两种类型的人。这种对于刺激压力的对抗性与脆弱性因人而异。有的人对压力往往会过度反应。过度反应常常会压制人们的理智,使之曲解别人说话的意思,看不清事情的真相。因为这种反应是由内而外出现,所以有时候人们并没有意识到它。还有一种"A型行动类型"的人,往往也会觉得压力较大。他们通常对外来刺激压力的反应敏感,容易产生比较激烈或较强的不安全感;但这类人有竞争心、精力充沛,说话、做事频率都比较快,时间观念很强,乐于接受挑战。

从压力的社会因素而言,夫妻或其他家庭成员分居两地,社会性的活动、气候、风俗习惯、所处的社会环境类型等也会造成压力。比如,现在整个社会对教育行业的关注较大,也是部分教师产生压力的原因。

从压力的家庭因素而言,与家庭成员的关系状态、家庭经济状况和信仰问题也是压力源之一。比如,青年教师会面临择偶与工作繁忙没时间的压力,中年教师会面临家务事与工作无法兼顾的压力,年长的教师则会面临身体与工作强度无法胜任的压力,等等。总之,缺乏家人的理解与支持也是造成导师压力的重要原因。

应对策略

结合压力管理的理论,可以从六个方面入手管理压力:寻求资源、改变思维方式、换位思考、调节情绪、有效时间管理和掌握放松训练方法。纵观小袁老师的案例,可以给他以下几项对策来应对他的压力。

1. 寻求资源

寻求资源是改变压力来源的方法之一。小袁老师的案例中,他觉得孩子们上课纪律和学习习惯差导致成绩不佳,加上孩子们又不服管教,导致他压力很大。其实这些"问题学生"虽然是小袁老师带的,但他们不仅仅是他"一个人"的学生,所以他可以寻求班主任老师的帮助。作为一名年轻的老师,他更可以寻求年长、有经验的老师的帮助。这些学生的问题其实还是有普遍共性的,对于一些有经验的老师而言,他们可能可以指导小袁如何应对这些孩子。对于特殊学生,如多动症孩子、随班就读的孩子,老师们还可以请教学校心理老师或者一些医学上的专业人士,整合多方资源,而不是一个人"单打独斗"。

2. 改变思维方式

小袁是典型的 A 型人格类型,对压力特别敏感。其实外界并没有给他很大的压力,他的压力主要来源于自己。他有一些非理性的信念,比如"我必须""我绝对应该"等,他不能忍受有一件事情不完美,一旦不完美,他就觉得这是"糟糕透顶"的,从而觉得自己是"没用的",开始"指责"自己,于是要求自己做到"完美"。如此周而复始,生活和工作都相当累。小袁如果能看到自己的问题,应驳斥脑中的一些"不合理信念",并替换为"合理信念",同时避免一些必须、应该或者绝对化的思维,如"我要把这些孩子变成好学生""我应该教好这些孩子"等,把他们替换为"我尽力教好这些孩子""我希望这些孩子有所成长"等合理的想法。

3. 换位思考

小袁还可以尝试换位思考——换个角度来看问题,可能答案就不一样了。在小袁的案例中主要体现在两个方面。第一,站在学生的角度:有的孩子的确存在多动症等问题,可联系家长及时就医,理解孩子在课堂上的种种破坏纪律的行为。第二,站在家长的角度:有的家长可能因能力、时间精力有限等无法承担家庭教育的任务;而有的家长从心态上来讲,就觉得教育是学校的事情,应该由老师管,家校合作的意识淡薄甚至是没有。随着社会的发展,这样的家庭可能会越来越多,小袁也要包容家长的这些态度。

4. 调节情绪

学会情绪调节是应对压力的一项重要技能。情绪 ABC 理论由美国心理咨询专家阿尔伯特·艾利斯创立于 20 世纪 50 年代。其中:A（Activating events）——诱发事件,B(Beliefs)——个人对此所形成的信念,C(Consequences)——个人对诱发事件所产生的情绪与行为的结果。这三者中,A 对 C 只起到间接作用,而 B 对 C 则起直接作用。换言之,一个人情绪困扰的后果 C,并非由事件起因 A 造成,而是由人对事件 A 的信念 B 造成的。所以,B 对于个人的思想行为方法起决定性作用(见图 21 - 2)。

A（Activating events）（事件）

B（Beliefs）（信念/观念）

C（Emotional and Behavioral Consequences）
（情绪和行为的结果）

图 21 - 2 情绪 ABC 理论图解

小袁必须认识到这是社会给教育行业造成的压力,是普遍存在的,可能作为老师都会遇到类似的问题,这并不是他一个人要面对的。心理学上认为,如果能让当事人意识到焦虑是普遍的、大众都存在的,本身就可以降低焦虑水平,达到缓解心理压力的目的。

既然家长配合的问题已经超出一个老师的工作范围,小袁就应该明确自己工作的边界,只要在学校中管好学生,尽职尽力即可,校外的很多问题主要还是要靠家长来监管的。当遇到一些消极情绪时,可用上述情绪 ABC 理论来调节自己的心态,而不是简单地把原因归结到自己身上;再辅以一些调整情绪的方法,比如听听音乐,出去走走,放松一下;适当宣泄;转移注意力,做些自己喜欢的事情,如运动、吃美食等;或者暂时离开让自己感到有压力的环境;在平时还可以发展自己的兴趣爱好等。

5. 有效管理时间

学习时间管理的帕累托原则,能有效帮助小袁重新组织好自己的生活。帕累托原则是由 19 世纪意大利经济学家帕累托提出的。其核心内容是生活中 80% 的结果几乎源于 20% 的活动。根据这一原则,我们应当对要做的事情分清轻重缓急,进行如下排序(见图 21 - 3):①

A. 重要且紧急(比如救火、抢险等)——必须立刻做。

B. 重要但不紧急(比如学习、做计划、与人谈心、体检等)——只要是没有前一类事的压力,应该当成紧急的事去做,而不是拖延。

C. 紧急但不重要(比如有人突然打电话请你吃饭等)——只有在优先考虑了重要的事情后,再来考虑这类事。人们常犯的毛病是把紧急当成优先原则。其实,许多看似很紧急的事,拖一拖,甚至不办,也无关大局。

D. 既不紧急也不重要(比如娱乐、消遣等事情)——有闲工夫再说。

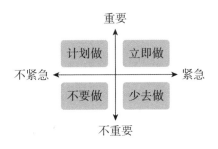

图 21 - 3　时间管理法则图

小袁的问题就在于什么事情都把自己逼得太紧了,甚至没有喘息的时间。这个时候时间管理法则对他就很有用了。可以把事情按照"重要"和"紧急"两个维度来划分处理,这样就可以有的放矢,把精力放在最重要、最紧急的事情上,集中精力解决问题,而不是"眉毛胡子一把抓",大事小事、要事闲事都"事事上心"。

① 吴增强,张跃进.高中生心理健康自助手册[M].上海:上海教育出版社,2012:76 - 77.

6. 掌握放松训练方法

当老师们感到此时此刻压力很大,非常紧张、焦虑的话,可以立刻停下手中的工作,尝试一下放松训练。它是按一定的练习程序,学习有意识地控制或调节自身的心理生理活动,以降低机体唤醒水平,调整那些因紧张刺激而紊乱了的功能。

你只需准备一间安静整洁、光线柔和、周围无噪声的房间。

（1）以舒适的姿势靠在沙发或躺椅上。

（2）闭目。

（3）将注意力集中到头部,咬紧牙关,使两边面颊感到很紧,然后再将牙关松开,咬牙的肌肉就会产生松弛感。逐次——将头部各肌肉都放松下来。

（4）把注意力转移到颈部,先尽量使脖子的肌肉弄得很紧张,感到酸、痛、紧,然后把脖子的肌肉全部放松,觉得轻松为度。

（5）将注意力集中到两手上,用力紧握,直至手发麻、酸痛时止,然后两手开始逐渐松开,放置到自己觉得舒服的位置,并保持松软状态。

（6）把注意力指向胸部,开始深吸气,憋一两分钟,缓缓把气吐出来;再吸气,反复几次,让胸部感觉松畅。

这样,依此类推,将注意力集中肩部、腹部、腿部,逐次放松。最终全身松弛,处于轻松状态,保持一两分钟。按照此法学会如何使全身肌肉都放松,并记住放松程序。每日照此操作两遍,持之以恒,必会使心情及身体获得轻松,如果在睡前做一遍也有利于入眠。

📖 实践思考

小宋是新入职的地理老师,她感觉最大的压力来自自己。她对自己做事有较高的要求,不甘心做得没有别人好,因此倍感压力,常常失眠。有时候如果第二天有重要事情,当天晚上会失眠,就算很困,躺下去也会有各种乱七八糟的画面浮现在眼前而无法休息,导致第二天非常没精神,这给她带来很大的困扰。由于工作繁忙,回家次数不多,母亲却催促她及早相亲,还要安排她见不少相亲对象。她不同意,母亲就跟她闹矛盾,不理解她的工作,觉得做老师应该很清闲,这导致家庭关系紧张。

请结合小宋的案例,谈谈如何帮助她调节情绪,缓解她的压力。

资源链接

1. TED 演讲大会：Kelly McGonigal，如何与压力做朋友。

2. 姚本先，何元庆，全莉娟，等.关爱教师的心灵世界：心理健康调试与维护[M].北京：北京师范大学出版社，2016.

第三节 导师如何做好自我关怀?

案例聚焦

小杜是新任的九年级毕业班的班主任和任课老师。对于刚从大学毕业、一点教学经验都没有的她而言，刚工作就直接带毕业班心里很没谱，生怕自己的经验不足耽误了孩子们的前途。对于她担任导师带的学生，她每次谈话之前也是左思右想自己的做法到底合不合理：对学生要求太严，怕孩子吃不消，落下一些心理疾病；对学生要求低的话，又怕自己在孩子们中树立不起威信。加之几次测验下来，学生成绩不理想，小杜想着利用午休时间给孩子们"开小灶"，又发现课上多了，效果不好，自己也疲于奔命，时间不够用，其他工作只好加班完成。周而复始，工作影响了休息，休息不好又无法好好工作，她的压力非常大，时不时就感到很紧张、焦虑，睡眠、饮食都产生了一些问题，情绪也十分低落。

理论分析

综合国内外相关研究，教师工作压力来源大致可分为外生性压力源和内生性压力源两大类。外生性压力源包括学生行为和成绩、工作环境、薪资待遇和学校支持、相关人员的要求等。内生性压力源则包括教师的个性特征、人际冲突、自我期望等。其中，自我效能感作为教师的内在信念和自我感受，对工作压力应对起着非常重要的作用。我们在案例中的小杜老师身上看到了内外两方面的压力，接下来我们从"自我关怀"视角一起去思考。

一、自我关怀是什么?

自我关怀是克里斯廷·内夫(Kristin Neff)博士提出的概念,她也是《自我关怀的力量》这本书的作者,是自我关怀领域创始人。自我关怀指的是对自己的痛苦敞开心扉,而不是逃避或切断与它的联系,然后用善意治愈自己;对于自己的痛苦、不足和失败,都用不带批判的眼光去看待。

总而言之,教师对个体自我的关怀有以下三大要素。

(一) 生存生活关爱

教师自我关怀,必然包含关爱自己的生存和生活状况。合理合法地获得维持生存所需的衣食住行等物质条件是每个教师的基本权利;同样,教师也有权利在条件允许的情况下合理合法地改善自己的生活、提高自己的生活质量。

(二) 职业生涯关注

如果一个教师不能对自己的职业生涯保持必要的关注,是谈不上自我关怀的。"我为什么要当教师?""教师到底是什么样的职业?""在整个职业生涯的每个阶段,我将如何度过?""我的职业生涯有没有规划,怎样合理规划?"等,构成了教师职业生涯关注的内容。

(三) 生命价值关心

教师对自我生命价值的关心,意味着自我精神的完善、德性的追求、使命的践行。教师在这种自我关怀中,自我价值得以实现,生命得以升华,因此能够得到自足与享受。

教师自我关怀的三个要素之间是紧密相连的,最终将完成自我关怀的终极功能——自我发展。而且这也是教师关爱自己的生存生活、关注自己的职业生涯、关心自己的生命价值的共同目的。[①]

在中小学导师群体职业压力越来越大的背景下,如何引导广大教师积极主动地增强自我关怀,缓解心理压力,促使教师身心愉快、充满激情地工作和生活是每位教师需要认真思考的一个问题。

二、导师自我关怀的意义

有研究发现,自我关怀能帮助个体应对负性事件,缓冲它们带来的消极影

[①]　朱伟.自我关怀:教师自我发展之路[J].教育研究与实验,2009(S3):4 - 6.

响,能培养积极的自我,能提高心理弹性、增强心理力量。高水平自我关怀者更能宽恕、移情力更强、更愿采择他人观点、更少感到挫折带来的个人痛楚。具体包括以下四个方面。

1. 能够提升导师的情绪修复力

自我关怀能够帮助中小学导师以积极的心态面对生活和工作中遭遇的各种困境,缩短消极悲观情绪持续的时间以及减少消极情绪对身心产生的不良影响,提升个体的情绪修复力。同时,自我关怀有助于导师积极乐观地面对自己遭遇的伤痛,敢于直面所有的负面情绪,让个体能够更好更全面地"爱自己"。

2. 能够提升导师的归因水平

有研究表明,自我归因是影响自我关怀的原因之一,即对于同样的遭遇,不同的自我归因会让个体产生截然不同的心理感受。因此,想要提升导师的自我关怀能力,应该关注导师个体积极的自我归因的构建,让他们坚信只有自身心怀希望,努力认真地生活和工作,才能成就自己的梦想和追求。通过合理、积极的自我归因构建,增强导师的内在动力,促使导师追求充满希望和快乐的生活与工作,进而积极健康地成长。

3. 能够增强导师的心理力量

自我关怀有助于导师积极地应对各种困难和挑战,同时缓解这些问题带来的消极影响,培养积极的心态和健康的自我认知,改善他们的心理健康状况。有研究表明,具有高水平自我关怀能力的教师更容易掌握心理移情的能力,规避心理伤害,能够更加理智地听取和接纳他人的观点,最大限度地减少挫折带来的痛楚。

4. 能够缓解导师的职业倦怠

职业倦怠指个体在工作重压下产生的身心疲劳与耗竭的状态。自我关怀有助于激活教师的资源系统并积极寻求朋友、亲人的帮助,从而解除外界带来的抑制感和威胁感,获得安全感和归属感。因此,导师要关爱自身,提升自我关怀能力以有效缓解职业倦怠,获取内在资源,不断自我发展、自我成长,进而培育具有良好的心理品质和完善人格的学生。[1]

---

① 包华.自我关怀:关怀型教师的成长途径[J].中小学德育,2020(9):13-16.

📖 **应对策略**

自我关怀有三个核心,包括善待自己、共通人性以及静观当下。

一、善待自己

其实自我关怀的整体都是讲善待自己,尤其是受挫之后,善待自己特别重要。受挫和沮丧的时候,我们经常会自我批评。

例如,案例中的小杜老师可以将对学生的担忧和自责等负面情绪转变一下内部语言:"我虽然经验不够丰富,但我在努力学习成为一名合格的教师,我会虚心请教,我会变得越来越好。"

总结一下,善待自己包括三步:首先需要做的是觉察我们对自我的批判,当感觉有自我批判的苗头出现了,便去有意识地注意自己脑海中浮现了什么样的词或句子。当我们意识到自我批判的存在,就可以进行下一步操作。

第二步要求我们去柔化这些攻击性比较强的自我批判,去与那个自我批判的声音"对话"。

第三步就是试着用更加柔和的方式重新组织一下自己那些自我批判的话,把它们转化成安慰自己的话。

当我们成功做到这三步,可以说我们正在拥有善待自己的能力。

我们要学会安慰自己,安慰自己最好的方法就是拥抱。如果不方便拥抱,也可以柔和地抚摸自己的双臂和脸颊,或者轻轻摇动你的身体。重点是让身体呈现出传递爱、关切和温柔的样子。

这里给导师们分享"蝴蝶拍"小技术。"蝴蝶拍"是通过有规律地拍打身体来增加自身安全感与稳定情绪的心理技术。

（1）双臂在胸前交叉,右手在左侧、左手在右侧,轻抱自己对侧的肩膀;

（2）双手轮流轻拍自己的臂膀,左一下、右一下为一轮;

（3）速度要慢,轻拍4—12轮为一组。停下来,深吸一口气;

（4）如果好的感受不断增加,可以继续下一组蝴蝶拍,直到积极的体验更为强烈。

在进行蝴蝶拍的时候速度要慢,就好像孩提时期母亲安慰孩子一样,轻而缓慢。通过这个动作,我们可以安慰自己,使心理和躯体恢复,并进入一种稳定状态。

二、共通人性

人都是不完美的,都会经历失败,都会经历低谷期。很多时候,我们在陷入痛苦时,会把我们和其他的人隔绝开来,我们没办法敞开心扉,也没办法关注到别人,只困在我们自己的痛苦里,就会觉得自己好像走进了死胡同。

但其实不是这样的,尤其是在痛苦的时候,我们才更应该看到,世界上不仅我一个人在经历痛苦,所有人都会经历痛苦,众生皆苦,看到这一层之后,我们就能在痛苦的时候和其他人建立关联感,这种关联感也会激活依恋系统,让我们感受到和其他人的联系。

正如前面案例中的小杜老师,在导育学生过程中因为学生的各种问题状况而感到焦灼无助,导师们也应该看到"不是我一个人这样,每个导师都会遇到各类学生,而且每个学生的情况都不一样"。

这里,要特别和老师们分享《自我关怀的力量》这本书里的一个故事,希望带给老师们一些思考和启发。

作者克里斯廷·内夫在得克萨斯大学任教的时候,有了一个孩子名叫罗文。他们夫妻俩最开始非常开心,但大概八个月的样子,内夫博士发现不对劲,这孩子不会像别的孩子一样,指着一个东西咿咿呀呀,他们叫他的时候,他也不转头,平时也不叫妈妈。

内夫就想:罗文是不是有某种类型的发展障碍? 她带罗文去看了医生,又看了很多书自己研究,但是毫无办法。后来她才发现,罗文患了自闭症。自闭症的孩子会沉浸在自己的世界里,和社会割裂,大部分都不能自己照顾自己,也很难在社会上取得好的成就。他们本来希望罗文以后能像爸爸妈妈一样,拿博士学位,或者成为一名成功的作家,但这些希望都破灭了,因为患自闭症的小孩和社会割裂,很难适应社会,也比较难成功。

内夫这时候感到特别难过,当她看到别的妈妈带着正常的孩子时,她会想:为什么他们的孩子都是正常的,为什么只有我的孩子不正常? 这对我太不公平了。她会觉得她特别孤独,没有人懂她的痛苦,她每天都感到特别难过。

后来她发现自己的状态不对,反思说这样不行,然后她关怀自己,关怀她经受的痛苦。她对自己说:养孩子的苦都是共通的,即使是孩子不是自闭症,也可

能会有别的困难和痛苦,比如孩子抑郁、饮食障碍、在学校被欺负、重病之类的。

当她关注到其他父母养孩子的痛苦时,她会渐渐感到,原来不是只有我这么痛苦、可怜,她的心会打开,想法也会发生变化。内夫自己说,因为自我关怀,她感到生活有了变化。一是她开始感到生命的不可预测性,我们没办法知道未来到底会是什么样子,但当她想到她不是一个人,所有的父母都会经历养孩子的挑战时,她内心会变得柔软平和一些,就会少一些割裂和孤独感。二是她发现自己能从更清晰的视角看到自己的处境。她不会再觉得其他的父母就是过得比我好,我就是最可怜的。她反而能感受到其他的父母也各面对各自的问题,有些问题可能比她的还棘手。这个时候,她就不会再顾影自怜,因为看到别人遭受的痛苦,她就知道这个世界上还有人比自己更值得被关怀,她心里反而生出一种力量,能更从容地去帮助罗文。

这件事也让她反思:到底什么是正常?美国社会觉得自闭症不正常,但内夫博士自己能感受到,罗文是一个懂得爱与幸福的孩子。这时候,是不是一定要让孩子符合大众对他的期待呢?不符合期待的孩子,就一定不能过得好吗?其实不是。每个人都值得被关怀,不管是患自闭症的孩子,还是不符合社会对成功定义的人,其实都值得被关怀。

三、静观当下

静观即对此刻发生的事情保持清醒和非评判性的接纳。换言之,直面现实。我们需要如实地看待事物本身,不增,不减,才能对当前的境遇报以最大的亦有效的关怀。我们平时大部分的状态都是感受、情绪和想法。比如,你看书,看到某个情节某个段落,你想到自己的经历,想到自己看过的其他的书。这些感受、情绪和想法会一直变化。

静观有时被看成"元觉察"的一种形式,即觉察的觉察。不是简单地感到愤怒,而是觉察到我现在正在愤怒;不是简单地考虑明天我在会场上该说些什么,而是觉察到我现在正在考虑明天在会场上该说些什么。

而觉察是容纳这些变化的一个筐。我们可以觉察到我们喝了冷水,我们可以觉察到端起杯子,杯子是凉的,我们可以觉察到暖呼呼的热水从喉咙咽下去,热气蔓延……觉察的内容一直会变,但觉察本身不会变。当我们用这种元觉察的方式去觉察我们的经历的时候,我们就能感受到:什么都在变化,喝水、吃东西、与人聊天、思考事情……什么都不是永恒的,那什么是永恒的呢?我们觉察这些变化的觉察本身。

这样,你自己的觉察就会变成你感知所有事情的最重要的工具。世界上纷繁复杂的事情来来去去,我们的想法、感受常常变化。所以这些外物——成功失败、所思所想所感,其实都不能定义我们。真正能定义我们的只是我们自己,只是我们自己内心深处对自己的定义,对自己价值感的确认。

这样,你的自我价值感会更稳定,你面对事情的时候也会更稳定,你就不会被眼前的感受、情绪、想法淹没,而能更好地面对生活中发生的各种各样的事。如果你很难进入觉察状态,试着想象一只红色的凤头鸟飞过天空,红色凤头鸟上下翱翔,忽高忽低,可以有很多种变化。但天空就只是静悄悄地在那儿,看着鸟的变化。

老师们,前面案例中提到的小杜老师出现工作疲惫无力感、迷茫倦怠感,这里就可以用"静观当下"的方法。

静观当下具体怎么做呢?我们来一起做一个身体扫描正念小练习。

身体扫描是一种基于正念的练习,旨在帮助人们更好地了解和接受自己的身体感觉。以下是身体扫描练习的指南。

1. 寻找一个安静的场所

选择一个你觉得安静、舒适、没有干扰的地方,例如卧室、客厅或任何你喜欢的地方。

2. 坐下来或躺下来

你可以选择坐下来或躺下来。如果你选择躺下来,建议在腰下放一些垫子或毯子,以保持舒适。

3. 关注呼吸

开始时,专注于呼吸。深呼吸数次,然后尝试将呼吸保持在一个自然、轻松的节奏。

4. 开始扫描身体

从头部开始,注意感觉。你可以想象自己的意识从头部慢慢向下移动,注意到每个部位的感觉。你可以按照以下顺序逐个扫描身体部位:头部、面部、颈部、肩部、胸部、腹部、臀部、大腿、小腿、脚和脚趾。在每个身体部位上停留几秒钟,注意感觉和感受。

5. 注意感受

在每个身体部位上停留时,注意那里的感觉。可能会感到温暖、紧张、舒适或疼痛等感觉。不要对这些感觉进行评判或试图改变它们,只是接受它们的存在。

6. 注意呼吸

在注意每个身体部位时,继续保持注意呼吸。如果你的思维开始漂移,不要担心,只需重新注意呼吸和身体感觉,然后回到扫描身体的位置。

7. 结束练习

完成身体扫描后,慢慢地将自己带回到当前的环境中,然后缓慢地移动身体,再站起来或离开练习区。

8. 实践常规

最好每天练习身体扫描,养成习惯。这可以帮助你更好地了解和接受自己的身体感觉,并减轻压力和焦虑。

值得关注的是,善待自己、共通人性、静观当下并不是三个独立的部分,而是互相作用,从而互相强化的。比如,当我们已经养成静观的习惯去应对焦虑事件时,才可以和我们的负面感受或经历保持一段心理距离,从而产生自我关爱和共通人性的感受,而不是被这些负面感受裹挟。另外,如果我们停止了那些对自己的批判或责备,而是在一段时间里面都保持自我接纳,那我们也更容易对自己的想法和情绪保持觉察,而不是下意识地逃避或者是拒绝一切负面情绪。而当我们意识到痛苦和失败是所有人都共有的体验,也会减少对自己的指责或评判,尝试接纳或者理解自己的痛苦经历或感受。

在生活中实践自我关怀,可以帮助老师们降低自我批评、孤立、反刍思维的影响,看到自己和他人的互相联系,以更清晰和平静的方式处理自己的情绪。

这里介绍几个自我关怀小练习。

转念书写

我们可以在纸上写下一些自我批判的想法,然后询问自己:当我有这些想法之后,我的行为是怎样的? 结果又发生了什么? 这些自我批判的想法有用吗? 如果它们没用的话,我当下希望听到怎样的一些声音,让我觉得自己是被理解或者是被安慰的? 这些新的想法,就是我们用自我关怀的方式去作回应的尝试。当我们看到自我批判的想法给我们带来了情绪的低落、行动的拖延、对自我的怀疑,也更多地去问问自己:能够安慰我自己的想法有哪些? 我可以对自己说些什么让自己感觉到被理解?

仁爱冥想

老师们,我们可以尝试写三个自我关爱的短句,比如"愿你善待自己""愿你远离痛苦""愿你幸福平安",然后在每晚睡觉前默默地重复这三句关爱的话,想象对自己和对他人送出衷心的祝福。这是一种非正式的冥想方式,表达了对自己和对他人的仁慈态度,也让我们变得更加平静和包容。我们可以搜索一些自我关怀的冥想资源,通过音频引导我们进行自我关怀的冥想,让自己更关爱自己,用更仁慈的眼光看待自己和世界。

信件书写

首先,我们可以把那些让我们感觉糟糕的事情写出来。然后,尝试把自己想象成一个无条件接纳自己的朋友,他(她)每时每刻都对身边的所有人充满了善意,富有同情心,之后代入他(她)的角色给自己写一封回信。我们可以看到在信件中,他(她)是怎么安慰自己的,他(她)是怎么看待自己经历的这些事情的,他(她)是怎么理解自己的,这些其实就是我们对自己的自我关怀。

短句改写

对应于自我关怀的三个成分,有一个基本的短句:

"这是一个痛苦的时刻"(静观当下),"痛苦是我们所有人都共有的东西"(共通人性),以及"愿我善待自己"(善待自己)。

在我们经历痛苦的时候,可以尝试改写这些短句,让它们可以在当下成为安慰我们的话。比如,当导师们在家校沟通时候遇到家长不配合时,可以把它改写成"这是一个令人气愤的时刻,大多数人不被尊重理解时都会感觉难过,我希望我对自己宽容一点,我可以尽力去调动资源努力沟通,但不苛责结果,因为我无法面面俱到、尽善尽美"。

默念这几个句子,让它们成为当下安慰自己的温柔言辞。

老师们,这里有一个温馨提示:

上述提到的练习在一开始可能会有些困难,因为有时候自我批判的想法好像自动就会出现在我们的脑海里。

所以这是一个需要长期练习的过程,当我们每一次留意到自己产生自我批判想法的时候,问问自己:我希望听到的是什么? 我可以对自己说些什么让自己

感觉好一些？然后尝试去发展自我关怀的回应方式,随之我们的思维方式可能也会改变。

实践思考

请看到本节的老师在自己手机相册中选择一张可以联结到"自我关怀"主题的照片,并用一段文字讲述该照片的背景故事以及自己此时此刻的感受,最后为照片起一个名字。

资源链接

1.[美]克里斯廷·内夫.自我关怀的力量[M].刘聪慧,译.北京:中信出版集团,2017.

2.[美]克里斯汀·内夫.静观自我关怀:勇敢爱自己的51项练习[M].姜帆,译.北京:机械工业出版社,2023.

3.[德]克里斯汀娜·布莱勒.自我关怀:让生命强大的必经之路[M].刘晓,译.北京:北京联合出版公司,2017.

图书在版编目（CIP）数据

聆听心语：中小学导师心育指南 / 梅洁主编.
上海：上海教育出版社，2024.9. — ISBN 978-7-
5720-3029-1

Ⅰ. G444-62

中国国家版本馆CIP数据核字第2024VY5494号

责任编辑　隋淑光
封面设计　蒋　妤

聆听心语：中小学导师心育指南
梅　洁　主编

出版发行　上海教育出版社有限公司
官　　网　www.seph.com.cn
地　　址　上海市闵行区号景路159弄C座
邮　　编　201101
印　　刷　昆山市亭林印刷有限责任公司
开　　本　700×1000　1/16　印张 21.25
字　　数　346 千字
版　　次　2024年10月第1版
印　　次　2024年10月第1次印刷
书　　号　ISBN 978-7-5720-3029-1/G·2691
定　　价　68.00 元

如发现质量问题，读者可向本社调换　电话：021-64373213